产业数字化转型与技术赋能丛书

智慧金融

李彤洲　孙建国　张禹　张斌　　编著

天津大学出版社
TIANJIN UNIVERSITY PRESS

图书在版编目（CIP）数据

智慧金融 / 李彤洲等编著. -- 天津：天津大学出版社，2023.8
（产业数字化转型与技术赋能丛书）
ISBN 978-7-5618-7508-7

Ⅰ. ①智… Ⅱ. ①李… Ⅲ. ①互联网络－应用－金融
Ⅳ. ①F830.49

中国国家版本馆CIP数据核字（2023）第110508号

出版发行	天津大学出版社
地　　址	天津市卫津路92号天津大学内（邮编：300072）
电　　话	发行部：022-27403647
网　　址	www.tjupress.com.cn
印　　刷	北京虎彩文化传播有限公司
经　　销	全国各地新华书店
开　　本	787mm×1092mm　1/16
印　　张	14.5
字　　数	362千
版　　次	2023年8月第1版
印　　次	2023年8月第1次
定　　价	48.00元

前　言

我国金融业在经历了金融信息化、互联网金融、金融科技的发展后，目前已步入了智慧金融阶段，即进入了技术与金融高度融合的发展阶段。智慧金融依托互联网技术，运用人工智能、大数据、云计算、区块链等科技手段，使金融业在业务流程、业务开拓和客户服务等方面得到全面的智慧化提升，实现金融产品、风控、营销、服务的智慧化。

为促进传统金融业的改革与转型升级，国家发布相关政策支持互联网、人工智能、大数据、云计算等新兴技术在金融领域的应用和融合创新，且在出台政策支持智慧金融发展的同时，也重视对行业的监管、规范与约束。2019 年 9 月，中国人民银行发布《金融科技（FinTech）发展规划（2019—2021 年）》，提出到 2021 年，建立健全我国金融科技发展的“四梁八柱”，进一步增强金融业科技应用能力，实现金融与科技深度融合、协调发展。近年来，金融科技呈现高速发展状态。随着金融科技市场的进一步发展，市场主体的来源和类型更加多元化，各类市场主体之间的对接合作不断深化、扩展，金融“新基建”加速转型，金融业开放程度不断加深。

随着鼓励政策和监管政策的持续完善，传统金融机构积极寻求转型，加大科技、资金、人才投入。在新兴金融产品和服务不断涌现的推动下，我国智慧金融的发展呈现产业政策明确支持发展、行业监管与规范化水平提升、金融科技稳步推进、产品与服务创新活跃、金融机构与技术企业深入合作的发展特点。

智慧金融领域的从业者、求职者和创业者越来越多，其中不乏具有金融或互联网背景的精英和专业人才，但由于智慧金融领域不断地衍生出新的概念和模式，这就迫切需要一本对相关知识点进行全面阐述的普及型图书，为从业者、求职者、创业者和在校的相关专业的本、专科学生答疑解惑。

本书介绍了近年来智慧金融领域的新理念、新技术、新方案，对智慧金融的基础理念、建设内容及未来发展等进行了系统性阐释，致力于构建一个相对完整和前沿的智慧金融体系。

本书关注前沿热点，体系完整清晰，图文并茂，深入浅出，注重理论和实践相结合，以独特的理论体系、逻辑框架和概念展开分析，为读者展示了智慧金融的整体图景。全书分为 7 篇，共 21 章内容。第 1、2 篇主要介绍了智慧金融的概况和技术原理；第 3、4 篇介绍了智慧金融在我国的主要产业分布和新兴业态发展；第 5 篇介绍了智慧金融领域目前存在的风险与监管措施；第 6 篇介绍了智慧金融的典型商业案例；第 7 篇介绍了智慧金融发展的影响与趋势。

本书可作为智慧金融的科普读物，或智慧金融、智慧城市相关课程的参考书，亦可为从事智慧金融的研究、规划、建设等工作的人员提供参考。因作者水平所限，书中难免有疏漏之处，还望广大读者批评指正。

作者

2023 年 5 月 15 日

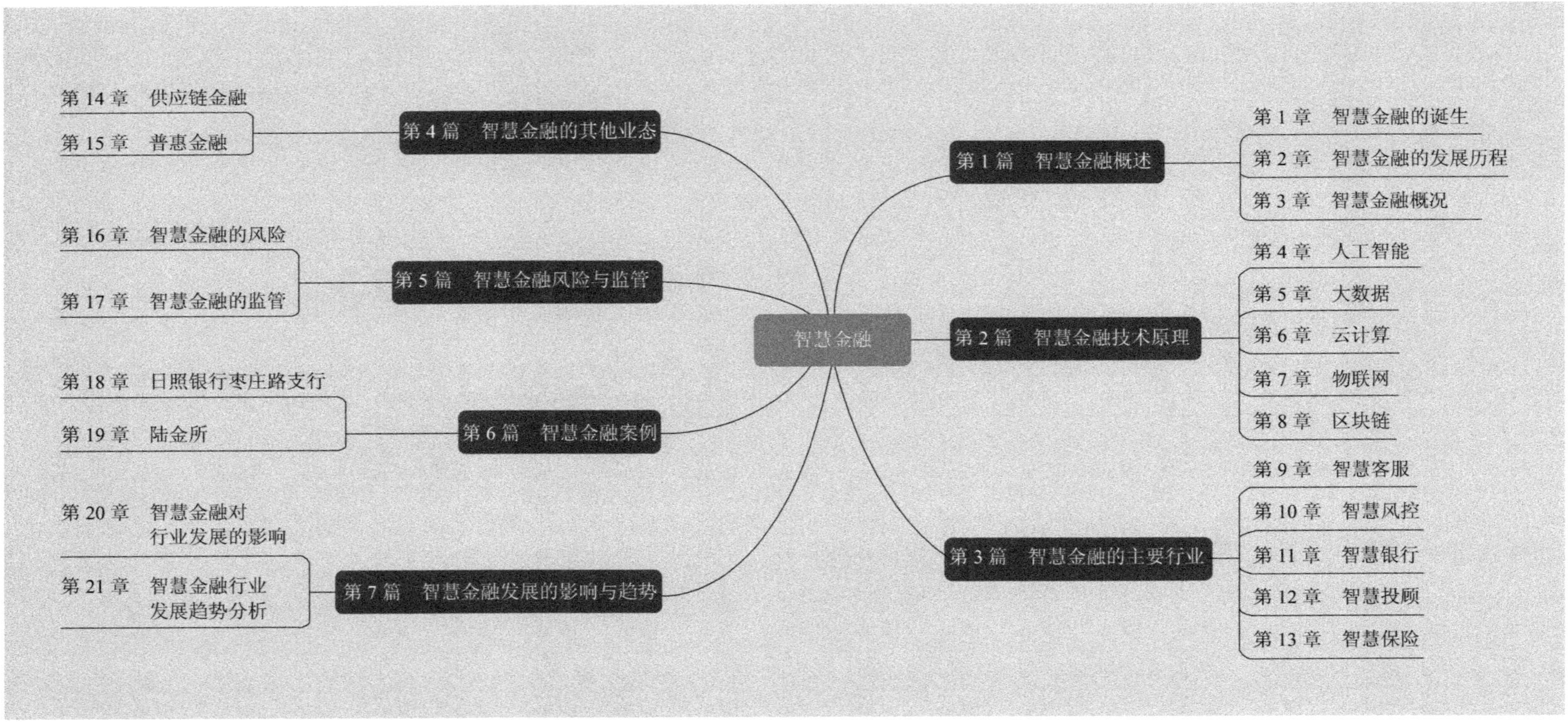

智慧金融
第 1 篇　智慧金融概述
第 1 章　智慧金融的诞生
第 2 章　智慧金融的发展历程
第 3 章　智慧金融概况
第 2 篇　智慧金融技术原理
第 4 章　人工智能
第 5 章　大数据
第 6 章　云计算
第 7 章　物联网
第 8 章　区块链
第 3 篇　智慧金融的主要行业
第 9 章　智慧客服
第 10 章　智慧风控
第 11 章　智慧银行
第 12 章　智慧投顾
第 13 章　智慧保险
第 4 篇　智慧金融的其他业态
第 14 章　供应链金融
第 15 章　普惠金融
第 5 篇　智慧金融风险与监管
第 16 章　智慧金融的风险
第 17 章　智慧金融的监管
第 6 篇　智慧金融案例
第 18 章　日照银行枣庄路支行
第 19 章　陆金所
第 7 篇　智慧金融发展的影响与趋势
第 20 章　智慧金融对行业发展的影响
第 21 章　智慧金融行业发展趋势分析

本书思维导图

目　　录

第1篇　智慧金融概述

第2篇　智慧金融技术原理

第 3 篇 智慧金融的主要行业

第 4 篇 智慧金融的其他业态

第 5 篇 智慧金融风险与监管

第 6 篇 智慧金融案例

第7篇　智慧金融发展的影响与趋势

第1篇　智慧金融概述

全球技术潮流奔腾向前，从蒸汽机、电气化到半导体、中央处理器、计算机、互联网、智慧设备、移动通信……在技术的演进历程中，其从取代人的手、脚等完成体力活动，发展到取代人的眼睛、耳朵等进行识别感知，而现在，随着基于大数据、深度学习、神经网络等的人工智能的发展，技术的发展已经逐步进入了取代人的大脑的智慧时代，机器不再仅仅是工具，而成为我们的生活和工作伙伴。有人欢呼，有人恐惧，但是这个新世界的轮廓已经逐渐清晰。

金融是现代经济的核心。金融服务行业一直是技术创新的积极实践者和受益者，并高度依赖信息和数据价值，这与技术发展的特性高度贴合。相比于其他行业，我国金融服务行业在全面信息化建设浪潮中始终处于前列。金融基础设施步入全面电子化阶段，金融服务全面进入互联网时代，特别是作为基础服务的移动支付实现了对发达国家的弯道超车，我国移动支付无论是业务规模，还是技术、模式和服务效率都已经走在世界前列。在中国广阔的大市场中，金融与技术的碰撞、聚合和动态发展，形成了互联网金融、金融科技等新业态和新模式，使金融生态和技术领域之间的聚合区域更具生命力和成长力，深刻改变了现代金融服务供需两侧的结构和关系。金融市场环境更加友好，无论是金融服务方还是金融消费方，对新的服务方式、新的性价比程度、新的产品业态等，都更加适应，期待更高。

如果说互联网金融更多强调的是互联网技术与金融业务的叠加，金融科技则侧重于金融服务机构利用科学技术实现的金融创新，那么在人工智能、大数据、云计算、物联网、区块链和分布式账本等新一代技术日趋成熟、高度融合的背景之下，未来的智慧金融将呈现出何种形态呢？本书将为您揭开其神秘面纱。

第 1 章　智慧金融的诞生

【思维导图】

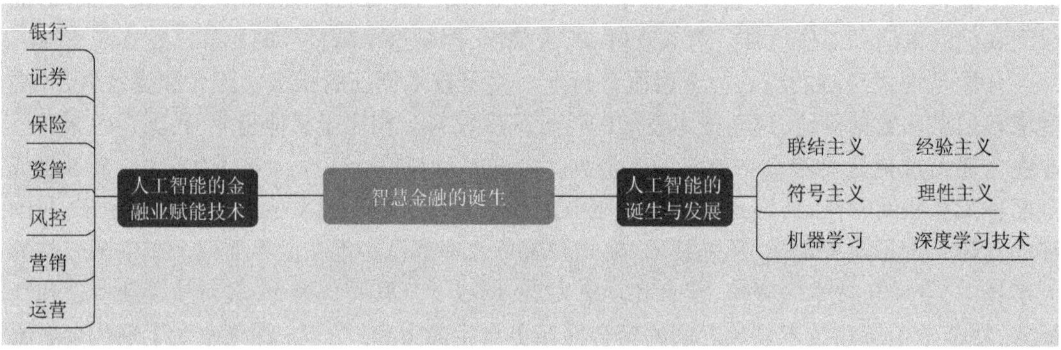

【导入案例】

在过去的几年里,我们每个人都体会到了工作与生活方式的深刻变化。

其实,这样的改变一直在我们身边发生着,只是我们平时不太关注罢了。

您有多少年没去过证券营业部了？上一次去银行网点又是什么时候呢？最后一次使用现金付款是什么时候呢？就连每年固定给车辆上的保险,也早就开始使用电子保单……

没错,这些都是智慧金融给我们日常生活带来的变化。

现在,我们就通过老王这个普通人一天的经历来看看我们的金融生活到底发生了什么样的改变,科技创新又在背后发挥了什么样的作用。

早晨 8 点:车辆出险,自助理赔

着急上班的老王,在路上不小心发生了车辆追尾事故,双方保险杠轻微受损,事故不大。

要在以往,这一上午时间都要耽误进去了。

如今则简单了很多。老王直接打开保险公司应用程序,选择自助理赔服务,在线报案并拍照上传,系统自动完成定损。几分钟后,车辆就可以开走了,等有空时再去修车。如果有需要,保险公司甚至还可以先行赔付,赔款到账后老王再去修车。

这样的服务通常被保险公司叫作 AI(artificial intelligence,人工智能)自助理赔,这看似简单,其实却是对保险公司客户服务、经营模式和组织架构等诸多内容的挑战。

在科技层面,除了 AI 算法在发挥巨大作用外,网络性能也提供了重要的支撑。显然,这样的理赔处理,对大数据分析的时效性要求很高,对网络的高吞吐、低时延、零丢包则是基本要求。

目前，很多金融机构通过采用华为 Cloud Fabric 数据中心网络的智慧无损以太网解决方案来满足以上需求。华为在提供超强业务转发能力的同时，还通过 iMaster NCE-FabricInsight 数据中心网络分析器，实现网络故障自动识别、智慧定位和潜在风险提前预测，从而满足金融机构的弹性扩展、极简部署、开放对接等业务需求。

【思政目标】

通过介绍华为在四面楚歌的情况下，坚持自立自强、自主研发的经历，来增强学生的民族自信心和自豪感，激发青年学生的爱国热情，培养其立志献身祖国的远大理想，帮助其树立"四个意识"，坚定"四个自信"。

【思政案例】

民族企业华为在逆境中成长

华为这家中国科技巨头，在经历了美国政府长达数年的制裁之后，如今面临着前所未有的挑战。不过，就像历史上的那些英雄一样，华为并没有因此而屈服。相反，其在逆境中崛起，展现出了强大的韧性和自我革新能力。

华为在过去几年中经历了很多挑战。美国政府以各种借口对华为进行了多轮制裁，并试图打压其在全球的业务。然而，华为并没有被击垮。相反，其积极应对，加强研发能力，并推出了一系列新产品。

尽管面临着重重困难，华为依然在不断前行。其鸿蒙系统正在逐渐取代安卓系统，而海思芯片也在逐步扩大市场份额。此外，华为还在物联网、云计算等领域积极拓展新兴业务。所有这些都表明，华为并没有因为制裁而失去自己的创新能力。

华为的成功并不是偶然的。它之所以能够在如此困难的环境中坚持下来，是因为它一直秉持着自己的核心价值观：以客户为中心，以奋斗者为本，长期艰苦奋斗。这些价值观使得华为在过去几十年中树立了自己的品牌声誉，使其在面对挑战时能够更加坚定地前行。

事实上，华为在过去几年中的表现也证明了这一点。尽管美国政府试图对华为进行技术封锁，但华为仍然保持着强大的竞争力。它的研发投入量依然很高，产品的质量和性能也在逐渐提升。此外，华为还积极开拓新的业务领域，以保持自己的竞争优势。

不过，华为也需要意识到自己的短板和不足之处。例如，在一些市场上，其品牌知名度还不够高，产品的售后服务也有待提升。因此，华为需要更加注重消费者体验，加强品牌建设，提高市场竞争力。

尽管面临着重重困难，华为依然保持着强大的创新力和前进动力。它的成功证明了，只要坚持社会主义核心价值观，并始终保有创新和自我革新的能力，任何挑战都无法阻挡一个企业前行的步伐。因此，我们应该学习华为的精神，秉持社会主义核心价值观，勇敢面对任何困难和挑战。

我们需要认识到，华为是中国科技企业的代表，它的成功也代表着中国科技的崛起。在全球科技竞争日趋激烈的背景下，中国企业需要更加注重自主创新，增强核心技术研发能力。只有这样，才能在未来的竞争中立于不败之地。

青年学生应奋发努力，增长才干，为中国企业的创新和发展尽一份力，为中国科技的崛起和发展努力！

1.1 人工智能的诞生与发展

1956 年，在美国的达特茅斯学院，一群年轻的科学家在为期一个月的小型学术沙龙——达特茅斯会议中，创造出了一个技术新名词——人工智能。

60 年后，各国高举人工智能政策大旗，资本也纷纷入场，于是人工智能随移动互联网的崛起而广泛普及，释放出巨大的商业应用价值。从手机里的人工智能美颜相机，到陪你聊天的智慧音箱，再到对着镜头眨眨眼就能完成付款的智慧支付系统，人工智能这些年快速走进我们的生活，并改变着我们的生活方式。

人工智能的应用何止于衣食住行。过去 30 年是中国金融业的大发展时期，银行、证券公司、保险公司、互联网金融企业等陆续出现，股票、基金、期货等金融产品更是变得越来越普及，个人的存款、贷款，企业的发债、上市，都离不开金融机构与金融市场。但金融业始终有解决不完的痛点，效率问题、人力成本问题、信息不对称等，而这一切都在悄然地被人工智能改善，并孕育出了一个新名词——智慧金融（AiFinance）。

智慧金融是人工智能技术与金融业的有机结合，其利用人工智能技术协助解决金融业态中长期存在并无法用人力资本来解决的问题。

《中国智能金融发展报告（2019）》指出，智能（智慧）金融是指人工智能技术与金融业深度融合的新业态，是用机器替代和超越人类部分经营管理经验与能力的金融模式变革。智慧金融是金融科技发展的高级形态，是金融业在数字化基础上的升级与转型，代表着金融业的未来发展趋势，并已成为金融业的核心竞争力。

在了解智慧金融的实例之前，下面先为大家解析一下什么是人工智能。

人工智能是计算机科学的产物。从 19 世纪英国数学家巴贝奇发明分析机，到 1946 年出现的世界上第一台通用计算机——电子数字积分计算机埃尼阿克（ENIAC），再到如今的个人计算机（PC）与移动终端（手机、平板电脑），计算机的出现成就了今天的人工智能，它是人工智能技术得以实现的载体。

20 世纪 50 年代，科学家图灵发表了一篇名为《计算机器与智能》（“Computing Machinery and Intelligence”）的文章，引发了人类对于计算机能否具备智慧的思考，文中提到的“模仿游戏”被后人定义为“图灵测试”（在不相见的情况下人机对话，人无法辨别出对话者为机器即为通过图灵测试）。文章启发了后来的麦卡锡、明斯基等一众年轻科学家，而正是这一众年轻科学家，在 1956 年达特茅斯会议上首次提出了人工智能的概念。

时至今日，人工智能已经走过 60 多年光阴，但人工智能技术依旧延续着最主要的两种路径，即模仿人脑思考的联结主义和将人类已掌握的知识用专家系统记录下来的符号主义，日后两者更是发展为以机器学习和神经网络为基础的经验主义和以知识图谱、专家系统为代表的理性主义。

自 1956 年至今，人工智能的发展可谓起起落落，高潮期持续 7~12 年，低谷期最长则达 17 年，而高潮期分别由理性主义、经验主义主导（图 1-1）。2006 年，人工智能开始从低谷向上爬升，那一年多伦多大学杰弗里·欣顿（Geoffrey Hinton）教授等知名学者创造出深度神经网络（深度学习）。2012 年，海量数据的使用与计算机芯片算力的优化，让人工智能掀起主升浪。

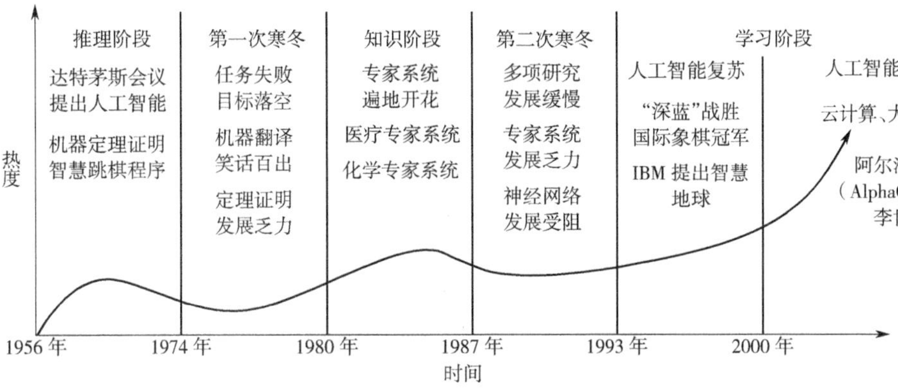

图 1-1　人工智能的发展历程

2016—2017 年，李世石和柯洁作为围棋界的高手，分别输给谷歌的阿尔法围棋（AlphaGo），这样的历史性瞬间将人工智能推向了第三次浪潮，之后人工智能技术从棋盘走入了我们的商业社会。

当下，人工智能的直接代表与体现是 20 世纪 80 年代崛起的机器学习。所谓机器学习就是结合海量数据与计算机的统计学科中的模型、策略、算法，通过愈发强大的计算能力（根据摩尔定律，当价格不变时，集成电路上可容纳的元器件的数目，每隔 18~24 个月便会增加 1 倍，性能也将提升 1 倍），让计算机具备在给出规则（监督学习）、不给出规则（无监督学习）以及给出部分规则（半监督学习）的情况下，自动地产出结果的能力。

而在机器学习的基础上，技术人员又通过深度神经网络的编制，形成深度学习技术，而通过借鉴经济学博弈论、强化学习（通过对机器决策结果的惩罚与奖励优化，更新模型参数），更是让 AlphaGo Zero 在围棋对战中，甚至不费吹灰之力就战胜了前一版的 AlphaGo。

在落地端，卷积神经网络（convolutional neural networks，CNN）在图像识别领域发力，机器的文字处理（自然语言处理/生成，natural language processing/natural language generation，NLP/NLG）技术在过去 5 年取得极大进步，而循环神经网络（recurrent neural networks，RNN）打通了语音处理能力的任督二脉。另外，更多的人工智能技术，如支持向量机器、长短时记忆网络、生成式对抗网络等都开始广泛应用于商业社会的技术细节中。图 1-2 为用生成式对抗网络 GAN 模型生成的凡·高作品。

图 1-2 用生成式对抗网络 GAN 模型生成的凡·高作品

当代表人类眼力的计算机视觉，代表听、说、读、写能力的自然语言处理/生成技术、语音处理技术有了长足进步之时，它们的商业落地就自然而然地实现了。

回到金融领域，当以上这些人工智能技术被应用于金融业中的文字、图像乃至音频信息的处理环节中，以及实现自动化时，原本需要重人力资本才能完成的大量复杂工作，机器能轻而易举地完成，让金融实操的效率大大提高。

1.2 人工智能的金融业赋能技术

智慧金融早已融入银行、证券、保险等行业的方方面面。

以手机银行的出现为例，用户通过一个手机客户端就能完成网上支付、移动支付、投资理财等工作。而在智慧金融的助力下，这些功能变得更高效、更安全。

相比传统的二维码支付，基于计算机视觉技术的人脸识别支付不需要用户拿出手机扫码；在资产管理端，用户将资产交给机器打理，机器人智慧投资顾问（简称“投顾”）服务会根据用户的资产规模、风险偏好、投资目标等，筛选出最合适用户的投资组合，同时人工智能还能帮用户做好风险控制与管理，并帮助用户维护好自己的信用（图 1-3）。另外，当用户不知道如何使用手机银行时，智慧客服系统通过机器引导，让用户更快地学会使用应用程序的新功能。

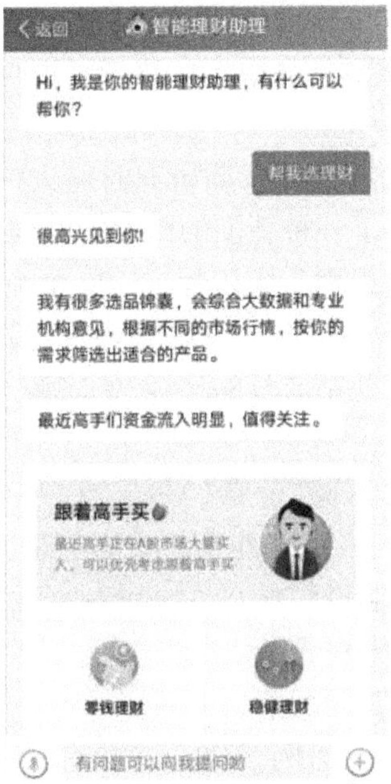

图 1-3　蚂蚁财富的智慧理财助理

手机银行还会根据用户的特点，定向、精准推送信息、金融产品及服务，帮用户配对最近的线下网点。而对于银行而言，财富管理需要的投资顾问、大堂经理等都被机器取代，大大节约了人力，并且机器会随时随地直接地服务用户。

在线下银行营业部，我们看见了机器人大堂经理，通过语音与用户互动，引导用户办理业务（图 1-4）；而银行业务人员通过人工智能技术精准地获取对公业务的用户资料，更加精确地服务好用户的投融资需求。

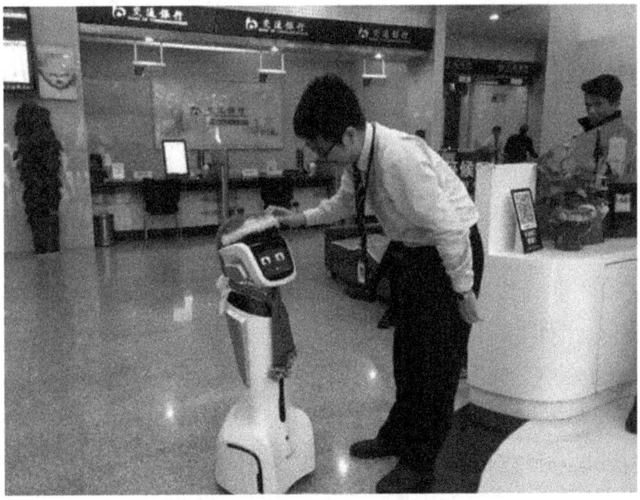

图 1-4　交通银行某分行的机器人大堂经理

这些人工智能赋能技术提高了银行服务的效率与质量，实现了“开放银行”从坐商到行商的概念转变，使其向未来银行 4.0 的智慧银行迈进。

人工智能在金融领域的应用案例还有很多。比如利用时空大数据识别中国光伏发电厂的项目，其能为国家、企业在可再生能源发展方面提供参考。长期以来，中国光伏发电厂的具体分布与规模并无精确数据参考，因此长期研究时空大数据的吴海山博士（微众银行人工智能部副总经理）带领团队提出了一种新型的深度学习框架 SolarNet，通过对大规模高分辨率卫星图像数据进行分析，成功识别了中国超过 500 个光伏发电厂，并测绘了分布地图，总面积超 2 000 平方千米。对这些数据进行关联性分析、多维度量化后能监测到中国光伏产业长期发展变化的细节，为政府补贴成长的产业、制定政策提供参考，并指导企业科学选址，提升投资回报。

在证券、保险、集合资产管理（简称“资管”）等领域，人工智能赋能高频程序化交易，知识图谱辅助产品研发、精算、量化与人工智能交易策略等细分领域。同时，自然语言处理技术与知识图谱技术也在帮助金融业的文职人员（投行业务的承做、法务、财务等人员）审核与查验相关的财务和法务文书，大大提升了效能。

而在风控、营销、运营中，人工智能的魔力也同样强大。

下面以 360 金融的数据科学团队为例，解释互联网信贷的技术风控。

互联网信贷大体分为贷前、贷中和贷后 3 个阶段，每个阶段都需要大数据与人工智能技术的参与。

贷前阶段主要涉及用技术的方式判断是否给借贷者授信，其中又分为反欺诈和信用风险判断两大块。反欺诈需要辨别出以骗款为目的黑色产业，在这方面，360 金融的数据科学团队通过构建关系网络，以知识图谱等形式找出风险点。

比如说抱团欺诈，技术团队就通过 GPS（global positioning system，全球定位系统）的一个精度范围对借贷者与群体进行分析，如果多个借款申请出现在同一个地理位置，并且连接在同一个 Wi-Fi 网络或者 4G（第四代移动通信技术）信号基站，就很有可能被判定存在抱团欺诈风险；另外，技术人员还参考了手机联系人的关系网络，如果同一批申请人存在相同的联系人关系网络，可能也存在欺诈风险。技术团队还会维护黑中介电话号码库，通过关系网络，锁定与黑中介有关联的人，并判定存在潜在的欺诈风险。

在贷前环节的信用评分中，历史数据作为有监督机器学习的测试数据集，将借贷人群分为好人与坏人。之后，通过规则条件、用户分层，用分类器对用户做信用分的区分，以拒绝低信用分的用户，提供高额度给高信用分用户。贷中环节则需要动态数据来调整用户的贷款额度与利率，通过数据为互联网用户运营提供策略。

在贷后环节，技术团队通过机器学习辅助收款的过程，结合机器学习模型判断用户还款能力，并进行用户分类，比如将用户分为容易收款的用户、不容易收款的用户，之后可据此利用不同的运营方式进行催收。

在营销和运营中，大型金融机构正在建立自己的数据中台大脑。以中国平安保险（集团）股份有限公司（以下简称“中国平安”）为例，其于 2013 年就完成了数据平台的建设，早期的数据平台的主要应用还是做结构化数据的商业智能（business intelligence，BI）分析，之后中国平安逐步建立起了完善的人工智能团队并具备了较高的技术能力，打造了集团智慧化应用的核心引擎“平安脑”。用中国平安首席科学家肖京的话说，人工智能技术赋能金融的益处是三提两降:提效果、提效率、提用户体验,降风险、降成本。

【知识窗】

据了解,目前我国小微企业的经济贡献与金融机构对小微企业的贷款支持力度并不匹配,小微企业贷款市场需求尚未得到充分满足。究其根源,风险成本高、获客成本高与服务成本高的“三高”问题,导致小微金融业务的投入产出难成正比。

这正是时代变革留下的发力方向与空间。依托金融科技“ABCD”(A,人工智能;B,区块链;C,云计算;D,大数据)降低银行端“三高”的同时,匹配小微企业客户端“短小频急”的资金需求,是化解供需两侧之间的结构性矛盾的重要途径。

【重点案例】

广东创新推出智慧金融信息化应用

2022 年 4 月 29 日,在广州市数字人民币试点动员部署会议暨体验推广活动中, 5G(第五代移动通信技术)消息结合数字人民币钱包、智慧商铺助手支付等智慧金融信息化应用精彩亮相。

本次活动现场展示了各大银行业金融机构、信息化支撑企业前沿的数字人民币技术、产品与解决方案。广东移动展示的工移 SIM PAY 硬件钱包支付应用吸引了现场观众的驻足体验。据介绍,此项支付方式将钱包标记化等信息安全存储在超级 SIM(subscriber identity module,客户识别模块)中,通过 NFC(near field communication,近距离无线通信技术)近场通信进行数据传输完成数字人民币交易。

此外,数字人民币与 5G 消息融合形成的便捷易用的社交支付方式,为数字人民币的快速推广提供了有力支撑。人们通过 5G 消息的短信窗口,即可完成个人数字人民币账户的登录、转账、查余额、查明细等操作。不仅如此, 5G 消息结合数字人民币钱包还重点考虑了使用的安全性,其交互内容采取加密方式传输,能更好地防范消息传输风险,有效守护客户的信息和资金安全。

近年来,在加速推动智慧金融发展方面,广东还创新推出了“智慧商铺——网+云+应用”融合产品方案,综合解决商铺的智慧组网、流量通话、多卡共享、收银软硬件、安防监控、红包引流、店铺推广等经营问题,并通过即将融合数字人民币支付的聚合收银功能,降低商铺经营成本,帮助商铺实现高品质、高效率、高质量经营。

【本章小结】

智慧金融基于人工智能而诞生,当人工智能技术应用于金融业,会让金融实操的效率大大提高。除了传统的金融行业,智慧金融在风控、营销、运营中同样发展迅速。

【思维拓展】

2022 年,电子科技大学开设重点专业——计算机科学与技术(智慧金融与区块链金融“双 A”联合学位实验班)。该专业面向国家在金融科技和区块链领域的重大战略需求,依托电子科技大学在计算机科学技术与人工智能等信息科技方面以及西南财经大学在金融方面的学科专业优势，充分整合两校的优质教育资源，以计算机科学与技术为载体，采用“新工科+新商科”的创新教育模式，共同培养既掌握计算机、大数据、人工智能、区块链等核心技术，又通晓金融理论，对信息科技与现代金融深度交叉融合、未来金融业务场景有深刻理解，具有跨界创新能力的创新型金融科技精英。

以未来金融科技与金融行业发展趋势为引领，电子科技大学和西南财经大学共同建设计算机科学技术与人工智能、智慧金融、区块链金融等系列跨学科课程，强调基于项目的创新实践学习，形成在国内具有广泛影响的“信息科技+现代金融”深度交叉融合的课程体系。

【自测题】

（1）什么是人工智能？

（2）在智慧金融时代，金融服务有哪些变化？

（3）目前，金融诈骗的手段、趋势是什么？如何利用智慧金融欺诈检测手段去应对？请查阅相关资料后说明。

第 2 章　智慧金融的发展历程

【思维导图】

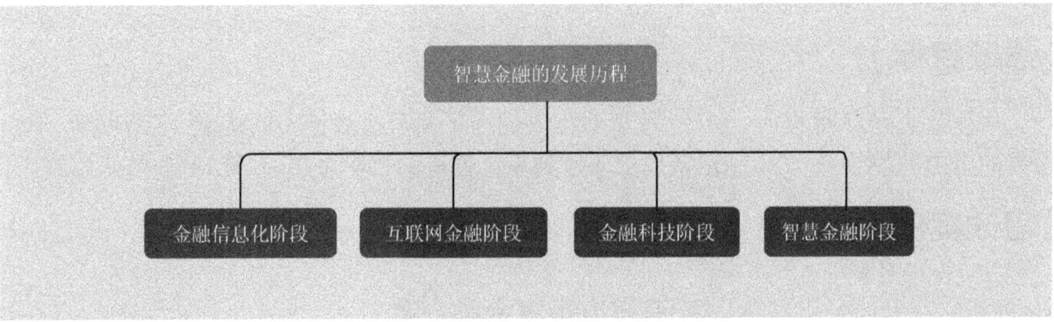

【导入案例】

上午 10 点:企业贷款申请远程审批

作为公司合伙人,老王正在帮公司申请最新的一笔中小企业政府支持贷款。昨天刚提交了资料,今天就进入最后一步——面谈审批了。

不过,不用真的见面,远程视频就可以搞定。除了能够对贷款申请人进行必要的录音录像,视频连线也是对申请人的人工智能审批过程。

当然,老王公司的贷款申请很顺利就通过了,银行第二天就发放了的贷款。

这家商业银行使用华为企业智慧屏 IdeaHub 作为视频终端,通过华为云 WeLink 进行视频连接,而老王只需用笔记本电脑的摄像头接入即可。

由于拥有丰富的开放接口,这一企业智慧屏可以与行业应用相结合,形成场景化应用方案,比如这次就是融入了贷款审批应用。在智慧金融场景中,华为企业智慧屏可以助力未来数字银行应用,通过人脸识别来提供精准高效的服务,并通过语音快速办理业务,呼叫理财顾问提供专业服务等。

下午 1 点:体验智慧银行汇学费

利用中午吃饭的时间,老王要去科技园区新开的 5G 智慧银行体验一下。

老王的女儿远在欧洲读书,今天他要去给女儿汇学费。

这家 5G 智慧银行完成改造开业以来,老王再次爱上了去银行网点。那里的客服机器人很吸引人,金融太空舱科技感十足,智慧柜员机的一对一远程专家服务也为老王带来了便利。

通过 5G 智慧银行,复杂的外汇审批问题顺利解决,学费成功汇出。

5G 智慧银行依托金融云、连接、物联网和人工智能等新技术,加速传统的以交易结算为主的柜台式网点向以“营销+服务”为主的智慧网点转型,代表着金融行业的未来趋势。

这些创新应用离不开银行广域网络基础设施的支持。该银行与华为联合创新推出了一套基于 5G 的 SD-WAN(软件定义广域网络)解决方案,实现银行网点交易业务及物联网业务在 5G 和 MSTP 专线 Underlay 网络(物理网络)上的传输,并在此基础上打造了 SD-WAN Overlay 网络(叠加网络),为不同等级的业务提供高可靠差异化服务。

此外,该银行网点的 NetEngine AR 路由设备还可实现零接触、分钟级快速部署,以满足银行业务快速上线的需求。

【思政目标】

从智慧金融发展的 4 个阶段,可以看出人们为了项目有效性不断进取、不断创新、不断发展的历史进程,引导学生感悟从局部入手到系统推进的哲学思想、系统观点、整体思路。

【思政案例】

京东方智慧金融方案

京东方在“屏之物联”战略指导下,不断加快物联转型的脚步,赋能千行万业。在智慧金融领域,京东方智慧金融解决方案助力中国工商银行北京金融街支行和中国建设银行北京市分行实现金融网点智慧化升级。2022 年,京东方的智慧网点综合管理平台的终端接入数量超过 10 000 台。值得一提的是,京东方专门开发了面向老年群体的适老金融屏,这款产品已在邮政储蓄银行、农业银行、兴业银行等多家银行的网点落地,可通过人脸识别、语音识别、照片修复等 AI 技术的应用,解决老年客户服务时效低、关怀度不高等问题。京东方还为华英证券打造了智慧楼宇解决方案,其已在无锡总部和北京、上海、深圳、成都、武汉等地分支机构相继落地并投入使用。

2.1 金融信息化阶段

计算机及通信技术被引入金融领域的早期阶段,可称为金融信息化阶段。在金融信息化阶段,金融行业主要借助网络技术和数据库技术,实现业务数据的汇总,并借助信息化系统应用,提高业务效率。

20 世纪初,美国银行间的支付结算通常是通过现金或黄金的实物交付完成的。1918 年,美国联邦储备系统(简称“美联储”)引入了一个专有的资金转账网络 Fedwire,在美联储委员会、12 家储备银行和美国财政部之间建立连接。20 世纪中叶,以计算机为核心的信息技术和网络技术迅猛发展,并在银行业务中得到了应用。1950 年,大来俱乐部(Diners Club)在纽约创立,并发行了世界上第一张塑料信用卡——大来卡。1952 年,富兰克林国民银行开始发行信用卡,金融机构进入信用卡发卡领域。1955—1958 年,旧金山的美国美洲银行(现名为“美国银行”, Bank of America)首次安装了 IBM702 型计算机,用于记账和编制报表。1967 年,世界上第一台自动柜员机在英国伦敦巴克莱银行安装。1973 年,环球银行金融电信协会(Society for Worldwide Interbank Financial Telecomm, SWIFT)成立，负责运营全球金融电文网络。1977 年，在美国银行卡全国联盟的基础上，信用卡跨行网络 VISA 国际组织成立。

我国金融业务信息化始于改革开放以后，起步较晚，但是发展迅速。改革开放初期，我国启动了电子化支付清算进程。1984 年开始，中国人民银行不再经营商业性金融业务。1985 年，中国银行发行了大陆第一张银行卡(信用卡)“珠江卡”，即“中银卡”，我国信用卡产业发展迈出了第一步。1987 年，中国银行加入 VISA 和万事达两大信用卡组织。1989 年，电子联行系统正式开始建设，于 1991 年投入运行，拉开了我国异地跨行支付清算业务处理电子化的序幕。1993 年，国家“金卡”工程正式启动。1995 年，人民银行实施电子联行“天地对接”工程，实现了支付系统无须人工干预的对接，我国联行清算系统步入现代化阶段。21 世纪以来，我国现代化支付系统建设速度加快，中国银联跨行支付系统和商业银行行业支付系统相继建成运行。金融信息化为我国金融服务产业转型升级奠定了坚实的基础，特别是包括支付清算等的现代化金融基础设施的信息化、电子化，为日后蓬勃兴起的互联网金融、金融科技等业务模式，提供了最为核心和关键的底层技术保障，在此基础上，我国银行卡、移动支付等产业得以实现跨越式发展。

2.2　互联网金融阶段

在金融互联网化的早期阶段，商业银行抓住先机，纷纷推出网上银行服务。1995 年，世界上第一家网络银行——安全第一网络银行(Security First Network Bank, SFNB)在美国成立，标志着新兴银行模式的诞生。1996 年，中国银行成为第一家使用互联网发布信息的国内银行。

随后，各商业银行先后建立互联网主页，推出账户查询、转账汇款等基本金融业务。随着互联网的持续发展和普及，经济活动步入远程化、数字化、虚拟化的新阶段，用户对高效、便捷的金融服务的需求显著增长，非银行支付机构快速崛起。美国最早的第三方支付机构 PayPal 于 1998 年 12 月初见雏形。1999 年，我国首家现代意义上的第三方支付机构首信易支付开始运行。随着电子商务的兴起，网络购物场景中的 C2C(consumer to consumer，个人与个人之间)支付需求大量涌现，互联网支付方式得以快速渗透进电子商务领域。2005 年，全球第一家 P2P(peer to peer lending，个人对个人)网贷平台 Zopa 在伦敦上线运营。2007 年，我国第一家线上 P2P 平台拍拍贷成立。2010 年，中国人民银行出台《非金融机构支付服务管理办法》。次年，腾讯财付通等第三方支付机构获得第一批支付业务许可证。

2012 年，国内学者谢平、邹传伟首次提出“互联网金融”概念，受到理论界和实务界的广泛关注。2013 年，余额宝横空出世，掀起了互联网理财热潮。同年，腾讯、蚂蚁金服、中国平安联合设立中国首家互联网保险公司——“众安保险”(众安在线财产保险股份有限公司)，完全依托互联网渠道开展销售和赔付业务，保险产品也主要为与互联网交易直接相关的险种。2014 年《政府工作报告》首次提出“促进互联网金融健康发展，完善金融监管协调机制”。2015 年，十部委联合发布《关于促进互联网金融健康发展的指导意见》，将“互联网金融”界定为“传统金融机构与互联网企业利用互联网技术和信息通信技术实现资金融通、支付、投资和信息中介服务的新型金融业务模式”，并确立了互联网支付、网络借贷、股权众筹融资、互联网基金销售、互联网保险、互联网信托、互联网消费金融等细分业态。

在互联网金融阶段，互联网等信息技术的应用实现了金融业务的渠道网络化，并促使一系列业务模式创新。金融服务机构搭建在线业务平台，通过互联网或者移动终端渠道汇集海量用户，实现金融业务中资产端、交易端、支付端、资金端等的互联互通，达到信息共享和业务撮合的目的，其本质上是金融服务渠道的变革。

2.3 金融科技阶段

早在 20 世纪 90 年代初期，花旗公司（花旗集团的前身）为了推动和加强金融行业内外的技术合作，发起了名为“金融服务技术联盟”（Financial Services Technology Consortium）的项目，该项目的简称采用了合成词汇“FinTech”，这是“金融科技”（FinTech）一词最早出现的情境。目前的“金融科技”已不再是花旗公司的一个项目名称，根据金融稳定委员会（Financial Stability Board，FSB）的定义，金融科技是通过技术实现的金融服务创新，它能带来新的业务模式、应用、流程或产品，从而对金融服务的提供方式产生重大影响。2015 年前后，互联网金融领域风险事件频发，“金融科技”的提法开始进入我国市场视野并迅速发展。

巴塞尔银行监管委员会（Basel Committee on Banking Supervision，BCBS）将金融科技创新服务分为市场支持服务，存贷款和资本筹集服务，支付、清算、结算服务，投资管理服务四大类（表 2-1）。

表 2-1 金融科技创新服务分类

服务类别	细分服务
市场支持服务	门户和数据集成
	生态系统（基础设施、开源、API——应用程序接口）
	数据应用（大数据分析、机器学习、预测建模）
	分布式账本技术（区块链、智慧合约）
	安全（客户身份识别和验证）
	云计算
	物联网、移动技术
	人工智能（机器人、金融自动化、算法）
存贷款和资本筹集服务	众筹
	信贷
	手机银行
	信用评分

续表

服务类别		细分服务
支付、清算、结算服务	零售类	手机钱包
		P2P 转账
		数字货币
	批发类	资金转移网络
		外汇批发
		电子汇兑平台
投资管理服务		高频交易
		复制交易
		电子交易
		智慧投顾

CB Insights 数据显示，2017 年是金融科技领域投资金额创纪录的一年，金融科技领域在投资规模上扭转了 2016 年负增长的态势，投资金额从 2013 年的 38 亿美元增至 2017 年的 166 亿美元，同期，投融资笔数由 594 笔增长至 1 128 笔。从区域分布上看，北美、亚洲、欧洲地区排名前三。在北美市场，金融科技风投规模占比超过 40%，欧洲市场金融科技风投金额同比增长 121%。得益于庞大的用户数量和市场广度，以及对创新技术和模式的开放和接受程度较高，我国金融科技产业活跃，取得了瞩目的成绩。在支付科技领域，移动支付与高铁、网购、共享单车并称为中国的“新四大发明”，更是推动中国成为全球第三大非现金支付市场。未来，保险科技（InsurTech）、理财科技（WealthTech）、监管科技（RegTech）的应用还将撬动金融科技的更加广阔的市场。

2.4　智慧金融阶段

在金融基础设施全面信息化、电子化的基础上，用户对通过远程渠道获取金融服务的模式的适应性不断增强，各类金融交易数据的收集、处理、分析、共享得以线上化，信息数据的规模不断扩大、多样性不断增强，在物联网、大数据、机器学习等技术的应用日益成熟的助推下，一个需求更多元、供给更精准、风险防控更高效、协同效应更显著的智慧金融时代正在悄然来临。

金融领域对金融信息的挖掘更加及时、深入，金融业开始从单纯技术层面融合的金融科技阶段走向更新金融思维与业态的智慧金融阶段。

在智慧金融阶段，有了大数据、云计算及人工智能等先进技术的辅助，金融服务将做到“千人千面”，更精准地感知客户需求和识别客户行为模式，实现个性化定制；同时，将更及时地预测金融市场的价格变化，洞察金融市场的风险，提供更加便捷的支付结算、更加安全的财富管理，促使一个开放透明、有着丰富信息资源的金融世界的形成。

【知识窗】

P2P爆雷的原因有哪些？怎么理解P2P爆雷？P2P平台通常在爆雷来袭之前就有一些迹象。以下是P2P爆雷的常见原因。

（1）平台违规。若P2P平台非法操作，爆雷只是时间问题。无论收入有多高，背景有多可靠，P2P平台的非法操作都有很高的爆雷率。

（2）平台的资金链崩溃。如果P2P平台建立了自己的资金池，用一批投资者的钱来偿还前一批投资者的本金和利息，只要有大量的投资者提前赎回，资金链就很容易崩溃，所以平台会很快爆雷。

（3）发布大量虚假竞价信息。P2P平台依靠发布的竞价信息来筹集资金。许多如雷贯耳的P2P平台通过发布虚假投标信息吸引资金，并把这些资金投资于高风险项目，如股票市场和房地产市场的项目。一旦投资失败，投资者的本金和利息就无法按时支付，所以平台很快就会爆雷。

（4）借款项目大量逾期。正常情况下，P2P平台上的项目不会大量逾期，但如果受大环境影响，借款人还款意愿普遍较弱，平台可能会出现大规模逾期情况。这将导致投资者无法在短期内收回他们的资金，此时平台也很容易爆雷。

【重点案例】

随着近年来网络理财的迅速发展，各类网络理财产品不断涌现，并呈现出爆发式增长态势。网络理财具有方便快捷、门槛低、收益高、投资周期灵活等优点，为人民群众提供了更多的理财选择，但网络理财欺诈也随之出现。

不法分子利用“高收益”“低风险”进行宣传，吸引不明真相的群众投资，然后用新投资者投进来的钱向老投资者支付利息，制造赚钱的假象。实际操控人最后携款消失，严重损害了人民群众的财产安全及金融市场的稳定。

网络理财欺诈的常用手法如下。

（1）高额返利，安全稳定。这是网络理财欺诈常用的宣传语，编造虚假理财平台的大背景，用远高于市场平均回报的利息诱骗目标群众。

（2）美女诱骗，组团忽悠。不法分子伪装成美女，以交友名义了解目标群众经济情况，向其推荐理财平台，首先把目标群众拉到聊天群中，群里每天都会有人发“收益”图片，并赞扬理财平台的安全可靠性，目标群众一旦动心就落入了设好的圈套，其实聊天群里面的大多数人都是“托儿”。

（3）传销式拉人头分红。不法分子通过推荐人机制，给推荐人分红，其推荐的人越多，得到的分红就越多，利用关系网络发展更多的受害人。理财平台需要不停地用新投资者投进来的钱来支付老投资者的利息。

（4）初期返利，后期无法提现。开始受害人都会投入小额资金，到期后连本带利取出，尝到甜头后开始投入大额资金，等再次提现的时候却无法提现，如果联系理财平台客服，理财平台客服会以账号异常，需要再次充值才能提现为由，骗取受害人更多的钱。

（5）平台投资项目“高大上”。比如投资美国原油、期货、指数的虚假项目，制造一个

“高大上”的形象，但这些虚假投资项目在理财平台上并没有详细介绍，网上也无法查询到相关信息。

【本章小结】

金融信息化为金融基础设施提供了底层保障；互联网金融提升了用户体验，培育了用户的使用习惯；金融科技让人工智能、区块链等新兴技术与金融服务的结合成为可能；智慧金融使技术与金融高度融合，促进相关生态发展。

【思维拓展】

银行智慧金融产业大脑建设

国内某银行为提高金融领域产业经济分析能力，建设智慧金融产业大脑，通过投融资、产业分析与客户数据分析，构建数据分析模型，进行银行内部特有用户画像分析，建立数字化营销获客平台、数字化信贷审批业务系统，为银行内部产业、行业、企业分析提供决策支持。

智慧金融产业大脑根据行业地域分布特征，筛选高质量发展行业优势企业，结合产业研究和数据挖掘分析，形成行业量化对比分析标准；在该标准下，生成更精准的、高质量的营销获客名单，帮助银行内业务人员快速发现各类有资金需求的高质量、低风险潜在客户；同时，构建风险监控体系，结合大数据与人工智能技术，帮助业务人员在贷前、贷中、贷后实时监控企业风险，提升银行内部对风险的“早识别、早预警、早处置”的能力，进一步提升营销获客工作效率与质量，助力对公金融营销业务发展创新。

【自测题】

基于图 2-1 的数据，试分析某城市智慧金融行业需求供给情况。

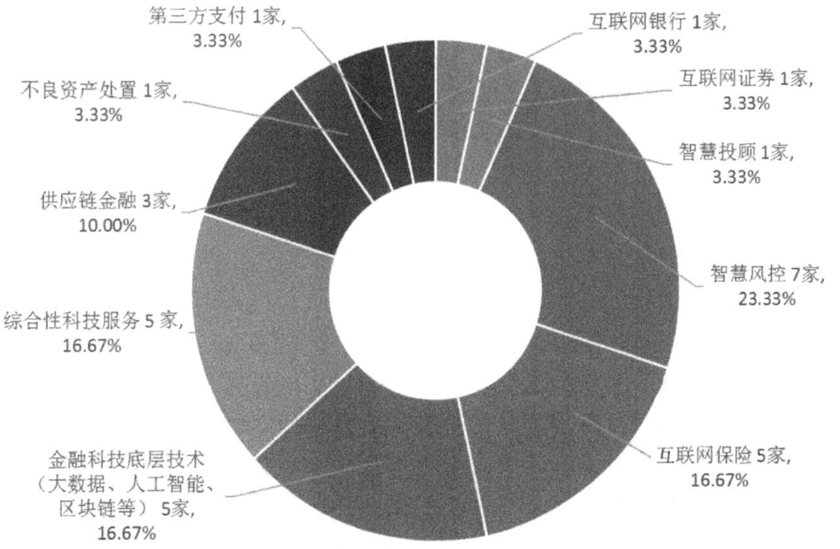

图 2-1　某城市金融行业企业情况（误差由四舍五入所致）

第 3 章　智慧金融概况

【思维导图】

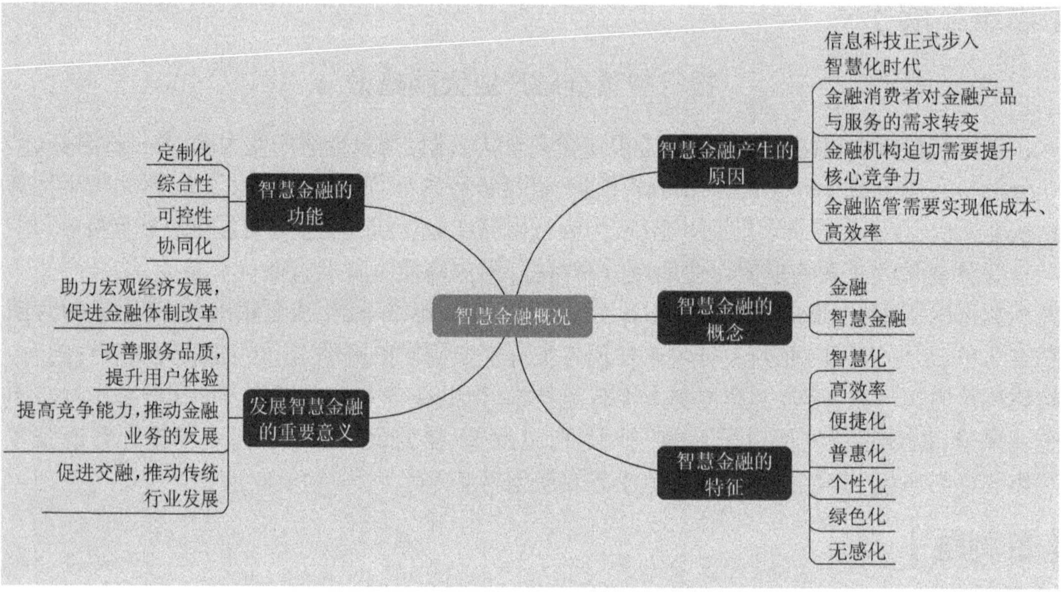

【导入案例】

晚上 7 点半：感受移动证券营业部带来的便利

作为资深股民，老王已经很多年不去证券营业部了，毕竟现在的一切交易都可以在手机和计算机上完成。因此，虽然自己开户的那家券商一直提醒他去营业部补办一点儿手续，但他一直拖延到今天。

前几天，他惊讶地发现小区门口的商业街上，冒出来了一个特殊的移动证券营业部，而且正是他开户的那家券商的。这个营业部还持续营业到晚上 8 点，正适合老王这样的上班族，于是，今天下班后他去补办了相关手续。

这个移动证券营业部的学名叫组装式智慧财富管理体验中心。

这种营业部通过对连接、SD-WAN、云计算、人工智能等新技术的组合应用，从业务上打破了传统营业部的场所限制，在转型为财富管理体验中心的同时，实现了线上线下的开放融合。它将成为券商渠道体系的全新触点，极大地提升客户体验和员工办公体验，在运营管理上实现了传统营业部无法实现的“随需、随建、随撤”的建设理想。

它的推出使得券商能够像零售商一样，通过分析客户在各区域停留的轨迹来调整营业部业务布局,并以此最大化终端建设的价值。

晚上 8 点:教父母使用银行的应用程序

老王的父母最近迷上了研究各大银行应用程序的种种功能。

虽然老王自认为是手机银行的老用户了,可真正研究起来老王才发现,自己用到的功能只是冰山一角;更多的生活、理财等功能,自己以前根本就没注意到。

一个个功能丰富又易用的银行应用程序,是由强大的银行数据中心在提供支撑。而对于一个数据中心来说,高性能的计算、存储和网络等基础设施都必不可少。

仅以存储为例,随着金融行业数据量的持续快速增长,对数据存取性能的要求越来越高,特别是核心交易需要更高的性能及更低的延迟。因此,银行、保险、证券等领域的金融企业,都纷纷开始采用闪存存储。

仅华为"全闪存"存储产品,就已经被 100 多家大型金融机构采用,其中包括全球排名前 20 的大银行中的 7 家。这一数字还在不断增长中。

老王一天的生活,只是我们这个时代的一个缩影。放眼我们周边,科技创新带来的改变还有很多很多。

在金融服务领域,智慧金融的时代也才刚刚开启,未来也还有更多领域值得我们去探索。为此,金融科技生态中的所有参与者——科技公司、金融企业、行业方案商、业界专家等,都需要协同努力,共创金融行业的新价值。

【思政目标】

随着科学技术的发展,人们的生活质量越来越高。低碳生活价值观的确立是推进生态文明建设的必然要求、构建和谐社会的本质要求、促进人的全面发展的现实需要。应培养学生低碳环保的意识,引导学生树立创新意识,积极探索学习新知识。

【思政案例】

智慧金融,赋能未来

智慧金融所倡导的理念,围绕着两个核心要素:一是数字化转型,二是智慧化应用。数字化转型是指将传统金融业务和流程进行数字化改造,建立基于互联网、大数据、云计算等新一代信息技术的金融服务平台。智慧化应用则是借助人工智能、机器学习、区块链等前沿技术,使金融服务个性化、智慧化,提供更加精准、高效的金融解决方案。

智慧金融在银行、保险、证券等领域有着广泛的应用。

首先,智慧金融在银行业中,通过引入人脸识别、语音识别等生物识别技术,实现了更加安全、便捷的身份认证和交易验证。同时,通过大数据分析和智能预测模型,银行可以更好地了解客户需求,提供个性化的金融产品和服务。

其次,智慧金融在保险业方面,通过传感器技术和物联网的应用,可以实时监测被保险人的风险情况,提供精确的保险定价和风险管理。此外,智能理赔系统可以自动处理保险理赔业务,提高理赔效率,减少人工错误。

最后,智慧金融在证券交易领域,通过区块链技术的应用,实现了去中心化的交易和结算,提高了交易的安全性和透明度。同时,基于人工智能的智慧投顾系统可以根据投资者的风险偏好和交易行为,为其提供个性化的投资建议。

智慧金融的发展离不开金融机构和科技公司的合作。金融机构需要积极拥抱科技创新,与科技公司合作,共同推动智慧金融的发展。同时,监管机构也应加强对智慧金融的监管,保障金融市场的稳定和健康发展。

总之,智慧金融作为金融业的创新方向,将为金融服务带来前所未有的变革。通过数字化转型和智慧化应用,智慧金融将提升金融服务的便利性、个性化和智慧化水平,为用户带来更好的金融体验,同时也为金融业带来更高的效率和更广阔的发展空间。

3.1 智慧金融产生的原因

3.1.1 信息科技正式步入智慧化时代

近年来,信息科技的发展取得了长足进步,云计算、大数据、移动互联网、区块链、物联网等技术,以及数据挖掘、机器学习等人工智能技术的日渐成熟和广泛应用使人类社会从电子化、信息化、网络化、数字化逐步迈向更高阶段的智慧化时代。金融业向来是新兴信息科技探索和应用的前沿阵地,随着新兴信息技术特别是智慧信息技术与现代金融业的深度融合,智慧金融应运而生。

3.1.2 金融消费者对金融产品与服务的需求转变

随着现代生产生活方式的不断改变,金融消费者对于金融产品与服务在时效性、便利化、个性化、智慧化、定制化等方面的要求不断提高,金融消费体验已成为金融客户选择金融产品与服务的重要关注点之一,智慧化产品与服务往往更受到金融消费者的青睐。此外,随着金融产品创新加速,金融业务种类日益多样化,金融消费者亟须通过智慧化产品与服务对理财、投资、投保、支付等各类金融活动提供支持。

3.1.3 金融机构迫切需要提升核心竞争力

随着金融市场竞争的日益激烈、互联网金融的兴起,金融机构提升资源配置效率、降低商业成本、防控运营风险都迫切需要智慧金融。另外,金融产品与服务的同质化不利于金融机构增强客户黏性和维护客户群,金融机构亟须创新产品业态与服务模式,满足客户多层次、多元化需求,而智慧化转型是增强其核心竞争力的重要途径。

3.1.4 金融监管需要实现低成本、高效率

面对日新月异的金融业态创新和海量的金融业务数据,金融监管机构如何实现精准、快速、高效的经济形势分析、金融市场监测和风险行为管控是新时期金融监管机构面临的问题。如何适应新时期金融监管要求,降低金融合规成本、增强合规能力,是金融机构面对的新挑战。而以大数据、数据挖掘、人工智能等信息技术为支撑的智慧化监管既能提升监管效

率，又能降低合规成本。

3.2　智慧金融的概念

简单地说，金融就是资金的流通，而智慧金融就是更迅速、更高效、更安全的资金流通。智慧金融是在信息社会，社会化网络、物联网、云计算等技术在金融领域的深入应用带来的金融体系和商业模式的变革。这种金融变革，推动资金更顺畅流通、更合理配置、更安全使用。智慧金融是在互联网时代，传统金融服务演化到的更高级阶段。

金融是经济的核心，资金是企业发展的血液和加速引擎。智慧金融能够优化资源配置方案，促进优胜劣汰，驱动资金在整个社会经济体中顺畅、高效流动，推动整个社会的和谐发展。资金从供给方涌出，按照指令，涌入需求最大、使用效率最高的经济体，实现增值和利益最大化，推动经济社会向更高阶段发展。

未来的金融服务将向智慧化的方向演进，以用户的需求和体验为立足点，以各类创新技术在金融领域的全面应用为实现条件，智慧金融将是更加高效、安全、个性化的综合性金融解决方案，贯穿金融服务垂直全流程，使资金融通的基础性作用以更加灵活、快速、精准的方式，服务智慧产业的转型升级，服务智慧生活的提质增效，进一步推动实体经济的高质量发展和社会民生的持续改善。

智慧金融依托互联网技术，运用人工智能、大数据、云计算等科技手段，使金融业在业务流程、业务开拓和客户服务等方面得到全面的智慧化提升，实现金融产品、风控、营销、服务的智慧化。

3.3　智慧金融的特征

3.3.1　智慧化

智慧化是智慧金融最本质的特点，智慧金融通过贴近用户思考方式、主动理解与感知用户需求、优化用户服务体验、提升研判与决策效率、防范金融运行风险等多种渠道推动金融产品、服务与监管向智慧化升级，充分利用前沿信息技术，打造“聪明”“人性”“体贴”的金融服务。同时，智慧金融也在逐步减少和替代金融活动中的人工干预。

3.3.2　高效率

智慧金融在业务办理、资金流转、交易决策、风险防控等方面能够实现快速响应、快速处理和快速反馈，满足用户的实时或准时处理要求。

3.3.3　便捷化

智慧金融服务在可获得性、易理解性、可操作性方面保持简单、灵活、便捷，金融消费者使用智慧金融产品与服务的时空与智力成本较低。

3.3.4 普惠化

智慧金融具有较强的广泛性和普遍适用性，对用户在金融知识、使用技能、业务准入上的要求较低。

3.3.5 个性化

智慧金融在客户需求理解与感知、客户营销与服务方案定制方面提供精准的个性化、定制化服务，打造“千人千面”的服务格局。

3.3.6 绿色化

智慧金融是先进信息技术与现代金融业高度融合与创新的产物，具有绿色、节能的特点，在降低金融活动中的人力、物力和其他能源资源消耗方面更具优势。

3.3.7 无感化

智慧金融可将传统金融服务与消费场景无缝融合，实现特定场景（如智慧停车场、无人超市等场景）下的无感支付和无感消费，使金融支付活动与消费场景下的其他行为融为一体。

3.4 智慧金融的功能

智慧金融是数字金融、物联网、云计算等技术有机融合的产物。其原理为：基于数字金融系统的基础框架，各类物联网传感器将人与相关的固定和移动 IT（internet technology，互联网技术）产品连接起来，将海量数据的存储、计算和交互服务交由云计算平台在“云端”处理。智慧金融的功能如图 3-1 所示。

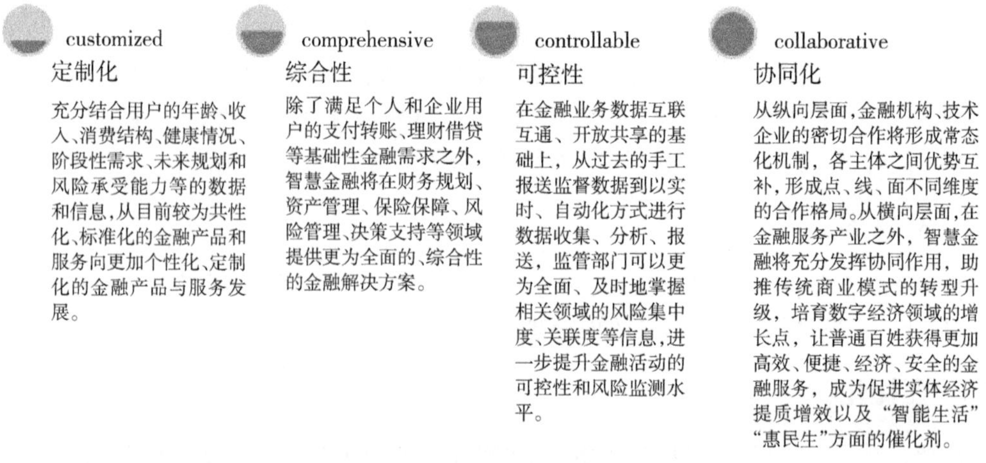

图 3-1 智慧金融的功能

3.5　发展智慧金融的重要意义

3.5.1　助力宏观经济发展，促进金融体制改革

金融在经济发展中处于举足轻重的核心地位。智慧金融的特点是即时、透明、智慧，能够让投资更畅通、效率与效益更高、成本更低、风险更小，让资源配置更合理，能更精准地满足用户需求，推动优胜劣汰，成为经济发展的动力。

智慧金融为政府科学决策，提供最坚实的依据和保障。其一，智慧金融拥有最真实、最全面的数据库，既包括宏观经济数据，又包括微观主体运行数据；既包括静态的资金总量数据、结构数据，又包括动态的资金流向数据、转化效率数据。这都有利于了解经济现状，是宏观调控的基础。其二，依据云计算应用体系，政府部门可以清晰地了解一定区域范围内的金融现状、存在的问题和发展趋势，使国家的政策调控更具灵活性，有助于提高金融政策传导效率，增强政策的有效性。其三，智慧金融拥有智慧风险评估系统、科学决策系统、健全的监管和预警体系，它们的互联互通又能够让任务流和信息流快速流动，因此其有助于政府采取并实施科学的调控措施。其四，智慧金融服务平台使得金融服务产品多样化和个性化成为可能，也促使金融调控手段更加丰富，组合形式更加灵活。

3.5.2　改善服务品质，提升用户体验

智慧金融能完善服务体系，提供多样化和个性化的服务。智慧金融的出现让用户享受到前所未有的优质服务。开放式金融平台能容纳更多服务商，服务商再按照用户的需求不断创新，开发有针对性的产品，满足用户的需求，使用户的选择范围更宽更广。智慧金融的云计算系统会按照用户资金状况和需求，进行复杂计算，提供多种可行的金融解决方案。用户可以根据自己的偏好，选择理财方案或者投资组合。

智慧金融能便利用户，提供即时化服务。在互联网条件下，用户的需求可在线即时得到满足。保险、证券、资产管理、付费转账等业务都可以在线办理。用户不仅可以实时查询账户信息，还可以在线交易操作，甚至可以根据个人情况和偏好，在线选择投资策略组合。用户只需点击鼠标，就可以完成业务操作，便利化程度提升。

智慧金融能优化环境，推动服务向质优价低方向发展。开放式金融平台为更多服务商提供了公平竞争的机会。由于竞争压力的存在，服务商不得不降低价格，以期获得市场份额，这便在一定程度上实现了让利于广大用户。与此同时，各服务商不断提高服务质量，消费者能够真正享受到质优价低的服务。

智慧金融能做到系统防范，降低风险。智慧金融平台中的分工越来越细，如其中有专业的风险控制服务商，他们提供的金融风险监测和预警系统能够根据外界环境变化和用户自身资产状况，实时做出风险分析和预测。一旦出现不利情况，系统就会发出预警，提醒消费者注意风险，调整投资策略，从而降低风险。在智慧金融体系下，信息更加透明，信息不对称带来的风险将大幅度降低。更加丰富的产品和服务使得用户的选择空间更大，组合更灵活，降低了单一品种带来的投资风险。

3.5.3 提高竞争能力,推动金融业务的发展

智慧金融给金融业带来了革命性的改变,将对金融业产生广泛而深刻的影响,有力地提高金融业的竞争力,推进金融业发展进程。

1. 转变经营方式,降低经营风险

智慧金融将变革传统的金融业务体系和合作关系,改变银行作为信用产品主要投资者一家独大的局面,以金融机构尤其是银行为主导的传统金融体系将逐步向多主体竞争合作方向转变。围绕用户的需求,银行、保险、基金等各类金融机构与第三方中介机构紧密合作,借助开放的服务平台,共同服务用户。多主体合作共赢的局面,既大大提高了银行为客户服务的主动性,又极大地改变了银行的形象。

智慧金融是融合了多主体的生态系统,主体之间保持既竞争又合作的关系。这种关系促进信用风险向银行体系外转移,降低系统性风险。各主体发挥所长,提供更专业的业务服务,各主体之间的合作关系也更加密切,有助于促进金融市场结构优化,保持整个智慧金融体系的健康性和稳定性。基于大数据和信息技术的风险管理系统更科学、更高效,诸如信用管理系统、企业运营风险评估系统、管理决策系统、贷后监测系统、风险预警系统等,都将替代传统人工操作的风险管理方式,使得风险管理和控制更加有效。

2. 协调资金配置,提高应变能力

借助现代科学技术,智慧金融系统能够以市场为基础,有效配置资金资源。智慧金融系统能准确判断用户的需求、资金的增值能力和风险,然后快速决策,将市场中的闲置资金转移到最缺资金的客户手中,加快了资金的流通速度,提高了资金配置效率。信息流、任务流、信用流和资金流相互交织,互相配合,加快资源配置的速度。

在信息获取能力上,智慧金融机构能够实时捕获市场信息变化,因而能做出迅速灵敏的反应,改变服务策略,适应市场需求。在组织结构上,智慧金融机构的组织结构以用户需求为导向,更加扁平化,依靠信息管理系统链接,更贴近用户,应变能力更强,从而提高企业效益。

3. 降低成本,拓展客户空间

智慧金融使金融机构通过网络化的虚拟方式在线开展业务,金融机构可以大幅度压缩有形的分支机构和营业网点,从而降低房屋租金成本、固定资产成本、管理成本和雇佣成本。另外,金融机构利用云计算技术,通过网络获得所需服务,因而没必要单独开发系统和购买大型设备与软件,降低了系统开发、运营和维护成本。

随着资本市场的发展、传统银行之间竞争的逐步加剧,大企业作为优质客户,成为商业银行争夺的目标。大企业资源有限,商业银行不得不以低利率来吸引大企业,金融机构利润空间日益收缩。传统银行不得不把目光投向中小企业。但是,对于传统银行来说,针对中小企业的金融服务的成本相对高,风险大。智慧金融体系下,信息的即时化和社会化使得中小企业的信息更加透明,加上更多第三方金融机构的参与,多个金融机构主体分工、共同服务中小企业用户。社会化分工使得针对中小企业的贷款风险日益降低。智慧金融使得银行将中小企业定位为重要目标客户成为可能。

4. 促进信用评价发展，完善信用体系建设

在我国发展市场经济的同时，信用体系建设却相对落后，因此经济领域信用缺失，违约、造假、欺诈现象依然存在。智慧金融的出现改变了原来银行信用一统天下的格局，多主体共同提供金融服务，信用评价业务由专门的第三方服务公司承担，使得信用评价更加科学、客观，分担了银行的风险。社会化网络的发展推动信息更加公开、透明，信用评价结果更加可靠。

3.5.4　促进交融，推动传统行业发展

在现代市场经济中，金融的作用日益凸显，其已渗透到经济生活的方方面面，金融与经济运行相互交融，二者之间的联系也越来越密切。

1. 拓展企业融资渠道

金融机构多样化的发展趋势，拓展了中小企业的融资渠道。除了银行贷款，创业投资、股权融资、债务融资、小额贷款、私募基金、租赁等融资渠道也敞开大门。企业可以选择多层次、多元化的融资渠道。互联网的即时化和透明化亦使得金融机构及第三方服务机构能即时掌握各家企业的真实信息，包括企业基本情况、信用状况、运营情况和发展前景等信息。金融机构或第三方服务机构能够利用获得的信息及时进行信用评估、预警监测，方便决策和应急处理。

2. 促进科技创新发展

在智慧金融体系下，高科技企业将获得更多的资金支持和金融服务，从而实现技术进步、科技成果的转化和普及应用，大幅度提高社会劳动生产率。智慧金融能够综合行业信息，判别资金需求项目的优劣和发展潜力，并促使资金流向最有发展前途、增值潜力最大的项目。智慧金融还可让信息更加透明，使得金融机构获得高科技企业信息，有助于企业评价和风险控制。

3. 降低企业运营风险

其一，智慧金融体系更加开放，信息实现最大限度的透明，企业的信用情况、运营情况、客户满意情况等都得以公开，有助于企业受到社会监督，使企业不断向正规化和专业化方向发展。其二，由于具有专业性和丰富经验，金融服务机构能够及时发现所服务企业在发展中存在的风险和机遇，为企业发展提供改进建议。其三，在智慧金融生态系统中，不仅金融主体种类繁多，金融主体提供的金融服务产品也向深度、广度发展，呈现出多样化的趋势。中小企业有机会按照投资偏好，选择投资组合，不仅可以增加收益，还可以降低购买单一产品所带来的风险。投资的多样化能有效分散所承担的风险，减少损失。其四，智慧金融平台还提供了许多风险控制工具，可以根据企业的运营状况和环境变化，随时给出风险评估结果，并在关键时刻发出预警，提醒企业采取应对措施，帮助企业掌控和化解风险。

【知识窗】

中小微金融机构的 AI 未来

AI 寒冬论的观点越发引起人们的关注。

虽然在过去十多年,人工智能的理论没有发生质变与飞跃,但随着计算机算力的提高和大数据的加持, AI 专家们开始用工程的思维做优化,让 AI 在金融领域落地。虽然有人说, AI 的冬天来了,但 AI 赋能金融业的路还很长。目前,大量金融机构(尤其是中小金融机构)甚至还远没有完成智慧金融发展的第一步——数字化(将数据结构化)。

回到宏观大环境上,我们可以看到我国经济增速放缓,粗放式的经营也即将结束,未来 AI 技术赋能的意义必将是更深远的。笔者认为,传统大型金融机构通过 AI 技术人员的引入,以及与外部 AI 技术团队的合作,已经开启了智慧金融之路。而资产价值较小的金融机构,包括中小城商行、农商行,以及中小证券、期货公司等,也必将经历一次智慧金融的大浪淘沙。

目前,大量专门服务于金融、法律与医疗等高标准化行业的 AI 技术团队获得融资,开始专注于服务金融机构的部分业务,同时大型金融机构培育的技术团队,因为多年的金融业数字化转型技术与经验积累,也开始降维服务中小微金融机构。这都为中小微金融机构提供了战略契机。尽管如此,叠加中国金融开放的大背景,中小微金融机构的智慧金融之路依旧任重道远。

智慧互联时代的来临,使得不确定性、多变性、复杂性正成为商业常态,一场颠覆性革命正在发生;“互联网+”和信息技术的高速发展不断改变着用户的消费习惯;机器学习、数据挖掘和认知计算使企业赢利模式发生变革。唯智者方能生存。

智慧企业需要智慧财资。只有借助数字工具、智慧技术和开放平台,改变财务管理规则、财资经营思维和金融服务方式,重塑财资职能架构、组织关系和能力模型,财资行业才能实时感知和响应企业生产服务需求,帮助企业以智慧洞见未来。

【重点案例】

中国工商银行的智慧银行生态系统 ECOS

2019 年,中国工商银行(简称“工行”)发布智慧银行生态系统 ECOS,以前沿金融科技支撑新时期的转型发展,掀开了智慧银行建设的新篇章。ECOS 蕴含“企业级”“客户”“开放”“智慧”四大内涵,着力实现“客户服务智慧普惠、金融生态开放互联、业务运营共享联动、创新研发高效灵活、业务科技融合共建”五大目标,从根本上构建面向未来、更具新时代特征、更加智慧的经营发展模式。

ECOS 涉及业务架构和 IT 架构两个重要方面。业务上,工行将秉承生态化核心理念,面向未来延展企业级业务架构的内涵和外延,为架构转型提供指导。技术上,工行将逐步实施 IT 架构转型,打造“主机+开放平台”的双核心架构、企业级分布式技术框架、全面云化的金融服务和大数据服务云平台。

工行的金融服务不仅针对 2 000 多家生态合作伙伴,而且还通过金融生态云方式引入了财资、教育、景区等 15 个行业的 1.88 万行业用户,将金融服务无缝嵌入 ETC(electronic toll collection,电子不停车收费系统)通行、故宫博物院购票、教育缴费、企业财资管理等生产生活场景(图 3-2)。工行的线下网点已经不是客户必须去的场所,工行的金融服务已无处不在、便捷可得。

图 3-2　工行的金融服务

其中，作为 ECOS 建设的重要环节，财资管理云开启了银企合作新模式：将企业财资管理服务与工行领先的金融服务紧密融合在支持多银行的统一平台；以客户为中心，整合入口，通过“金融+场景”的方式为企业提供端到端的一体化解决方案；通过创新合作模式与管理机制，有效实现了金融服务生态圈建设的两个核心价值——保障客户的永续经营、提升风险管控能力。

财资管理云不仅帮助企业有效整合分散在各成员单位的财资资源，增强集团管控力度，提升企业资金使用与业务处理效率，而且深入挖掘数据价值，为企业战略决策提供量化支撑依据，通过智慧化操作、精细化管控、数字化决策，实现运营管理的数字化、智慧化、精细化、集约化以及金融服务的便捷化、一体化。

【本章小结】

网络时代的信息化发展催生了智慧金融，智慧金融成为金融业变革的风向标。智慧金融依托金融科技手段，实现金融产品、风控、营销、服务的智慧化。定制化、协同化等使得金融业务具有了时代新功能，反过来智慧金融可以助力宏观经济发展，促进金融体制改革等。

【思维拓展】

随着移动互联网的快速发展，现今社会几乎人手一部智慧手机，人们的衣食住行需求皆可通过各种应用程序来满足。营销获客的思路和方法随之发展转变，电子名片也应运而生，即通过网络来传递和使用名片。

借助移动互联网技术，依托社交软件，电子名片可发挥出更多的价值和作用。电子名片能够被更智慧化、更便捷化地分享、传播和展现给更多的目标人群（图 3-3）。

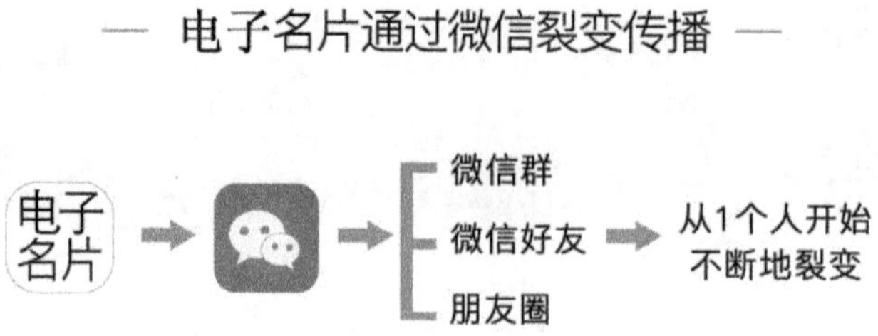

图 3-3 电子名片的传播模式

【自测题】

伴随着改革开放的推进,我国的社会经济得到了全面的发展,一跃成为世界第二大经济体，2021 年我国的国民生产总值达到 114 万亿元,总量稳居世界第二,较上年同比增长 8.1%。请调研我国智慧金融发展最好的 10 个城市的产业体量和产业分布情况,并形成 Excel 表格。

第2篇　智慧金融技术原理

科技改变金融，科技改变未来。新科技蓬勃发展，势不可当，越来越多的行业借助科技的力量来解决互联网时代行业发展中存在的痛点和难题。金融与科技密切结合，促进互联网金融向更加健康的方向发展，无论是智慧投顾模式的出现还是区块链等技术的应用，都使金融业在业务流程、业务开拓和客户服务等方面得到了全方位的智慧化提升，最终实现了金融产品、风控、营销、服务等的智慧化，这就是智慧金融存在的意义。

智慧金融是指科技与金融的全面融合。随着各项前沿技术逐步投入交易场景，金融全流程的智慧化水平也得到了空前提升。

智慧金融是在当今信息社会伴随着互联网、物联网、云计算等高科技在金融领域的深入应用，带来的金融体系和商业模式的重大变革而诞生的。发展智慧金融，推动资金更顺畅流通、更合理配置和更安全使用，对于发展宏观经济、推动金融业的创新和更好地服务个人和企业用户，都具有重要意义。

在互联网技术（互联网、移动互联网、物联网）、大数据、人工智能、分布式技术（区块链、云计算）、安全技术（生物识别技术）等金融科技手段愈发成熟的同时，金融与科技的融合也在不断迭代升级，广度和深度持续拓展，技术对于金融的作用，将逐渐从辅助作用转变为重要的支撑作用。

第4章　人工智能

【思维导图】

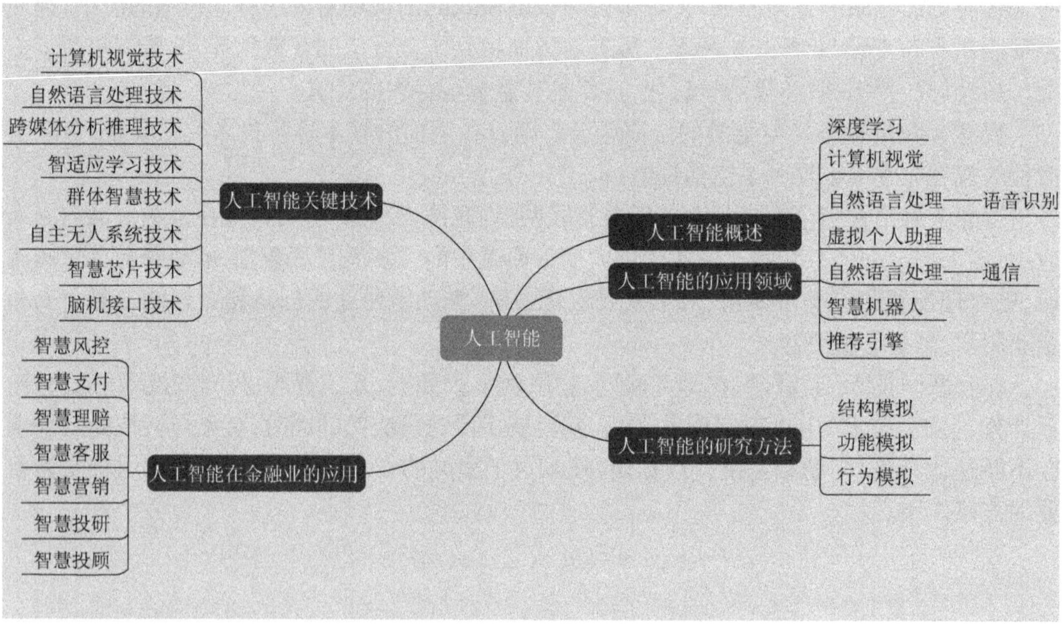

【导入案例】

虚拟个人助理

Siri、Google Now 和 Cortana 是各种渠道（iOS，Android 和 Windows Mobile）上的虚拟个人助理。

当你用自己的声音向它们提出要求时，它们会协助你找到有用的信息。你可以说“离我最近的饭馆在哪里”，“今日我的日程安排是什么”，“提醒我八点打电话给杰里”，当虚拟个人助理接收信息后，它会查找信息，并将相应信息传输给你或发送指令给其他应用程序。

人工智能在虚拟个人助理中十分重要，其使它们可以收集有关需求的信息并运用该信息更好地辨认您的言语并为您提供适合个人偏好的结果。

微软标明 Cortana“不断了解它的用户”，而且终究会发展出猜测用户需求的能力。虚拟个人助理处理来自各种渠道的许多数据以了解用户，并更有效地协助用户组织和跟踪所需信息。

【思政目标】

有人预测，10 多年后，人工智能将取代世界上 50%的工作岗位，如翻译、客服、司机、交易员、保姆等。试想，到时候，我们能和每天自我对弈 100 万盘棋并从中学习的 AlphaGo 竞争吗？我们能做到像人脸识别技术一样在很短的时间内对比无数机场摄像头视频找到通缉犯吗？如今的年轻人如果不紧跟时代，保持学习的态度的话，那么在未来数十年内，人工智能技术发展成熟后，将很可能面临失业而无法找到工作的中年危机。

【思政案例】

人工智能引领新时代

全球瞩目的新锐历史学家尤瓦尔·赫拉利在《未来简史：从智人到智神》一书中，特别对人工智能时代人类将走向何方这一问题做出回应，并得出“人工智能将造就无用阶级”的悲观结论。他认为，技术进步是继瘟疫、饥荒和战争之后新的人类威胁，人工智能等技术的进一步发展会使得机器在体力和智力上完全超越人类，所带来的后果是造就“一个全新而庞大的阶级：这一群人没有任何经济、政治或艺术价值，对社会的繁荣、力量和荣耀也没有任何贡献”。到那时，这些无用的人只能整日靠药物维持生存并靠电脑游戏打发时间，聊以慰藉。人类社会历史将走向终结。

人工智能的发展不仅是一个技术问题，更是一个哲学问题。假如人工智能的出现必然要毁灭人类，那么时至今日人类又有何种理由去大力发展它呢？难道是为了表现人工智能的强大和聪明，显示人类自身的愚蠢？抑或人类觉得在世太久，必须引爆一个“定时炸弹”促成自身的毁灭？因此，尤瓦尔·赫拉利关于人工智能的看法，到底是脑洞大开的无理构想，还是关于未来社会历史的提前剧透，需要我们回到马克思那里，借助马克思主义理论予以审慎甄别。

4.1　人工智能概述

人工智能（AI）这一概念自 1956 年提出至今已有 60 多年的历史，其在国际上已被确认为当代高科技的核心之一。

人工智能是一个广义词，对于其定义，学界各有说法，我们很难给出准确的定义或一般性的定义。其基本含义有：

人工智能用机器（计算机或智慧机）来模仿人类的智慧行为；

人工智能也叫机器智慧（图 4-1），是研究如何使机器具有认识问题与解决问题的能力的，是研究如何使机器具有感知功能（如视、听）、思维功能（如分析、综合、计算、推理、联想、判断、规划、决策）、行为功能（如说、写、画）及学习与记忆等功能的。

所以，如果一个计算机系统具有某种学习能力，能够针对有关问题给出正确的答案，而且使用的方法与人类相似，还能解释系统的智慧活动，那么这个计算机系统便被认为具有某种智慧。

人工智能用计算机技术的概念和方法对智慧进行研究,因此它从根本上提供了一个全新的理论基础。作为一门学科,人工智能的目的是了解使智慧得以实现的原理;作为一项技术,它的最终目的是设计出完全与人类智慧相媲美的智慧计算机系统。

到目前为止,计算机作为一种最有效的信息处理工具,人们对它的依赖度越来越高。但是,与人脑相比,计算机的智慧在许多方面还不及婴幼儿。如果计算机具有一定的智慧,能够模拟人类的智慧活动,成为人脑的延伸,那么计算机对人类将产生不可估量的影响。

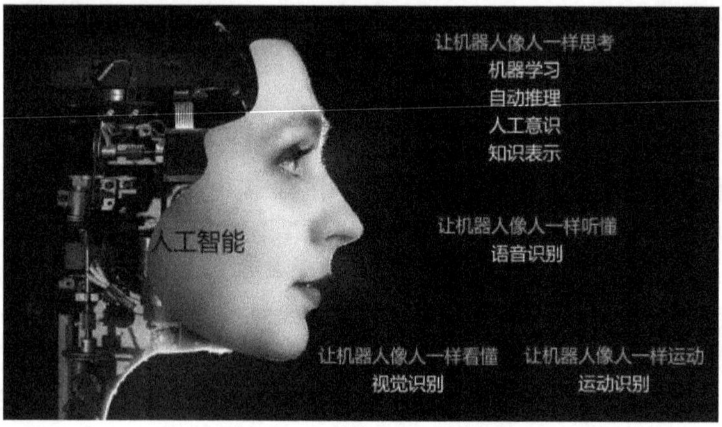

图 4-1　人工智能的现状与未来

目前,在使计算机更加智慧化方面,我们已经取得了很大的进展,许多人工智能计算机系统在不少领域实际上已超出了人类技能水平,如计算机可以下出极高水平的象棋,用来诊断某种疾病,用来发现数学概念。

人工智能是使技术适用于人类的钥匙,是自动化技术向智慧技术方向发展的关键(图 4-2),也是揭示人类智慧和人脑奥秘的有力工具。

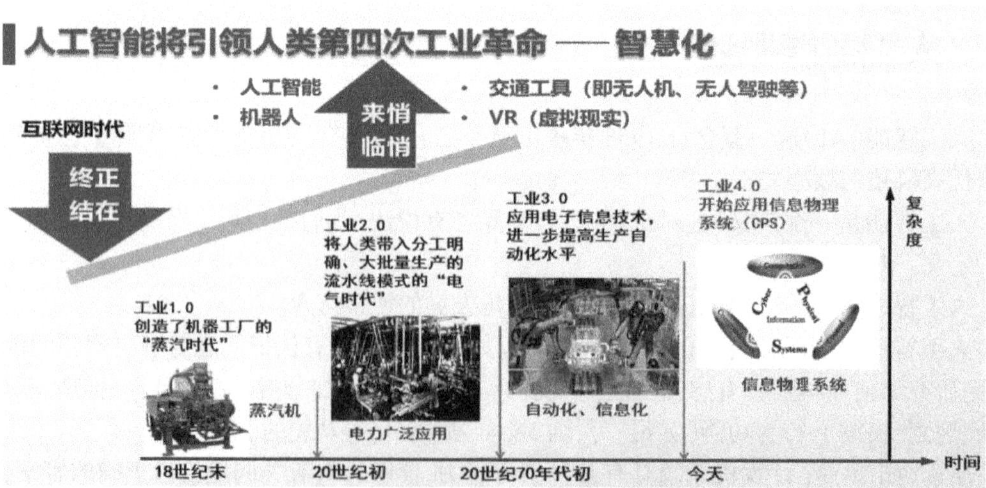

图 4-2　四次工业革命的发展历程

4.2 人工智能的应用领域

人工智能技术的细分应用领域包括:深度学习、计算机视觉、自然语言处理——语音识别、虚拟个人助理、自然语言处理——通信、智慧机器人、推荐引擎等。

4.2.1 深度学习

深度学习作为人工智能领域的一个应用分支,不管是从市面上相关公司的数量还是投资人投资喜好的角度来看,都是一个重要应用领域。说到深度学习,大家第一个想到的肯定是 AlphaGo,通过一次又一次的学习、更新算法,其最终在人机大战中打败围棋大师李世石。百度的机器人“小度”多次参加“最强大脑”的“人机大战”,并取得胜利,这亦是深度学习技术的应用结果。

4.2.2 计算机视觉

计算机视觉是指计算机从图像中识别出物体、场景和活动的能力。计算机视觉应用领域有着丰富的细分领域。其中,医疗成像分析被用来提高疾病的预测、诊断和治疗水平,人脸识别被移动支付或者网上的一些自助服务用来进行安全认证。同时,在安防及监控领域,计算机视觉也被广泛应用。

4.2.3 自然语言处理——语音识别

语音识别最通俗易懂的讲法就是将语音转化为文字,并对其进行识别认知和处理。语音识别的主要应用领域包括医疗听写、语音书写、计算机系统声控、电话客服等。

4.2.4 虚拟个人助理

虚拟个人助理这个概念对大家来说可能还比较陌生。但是说到其代表 Siri,大家就比较熟悉了。除了 Siri 之外,Cortana 也是典型代表。

4.2.5 自然语言处理——通信

自然语言处理将各种有助于实现目标的多种技术进行了融合,实现人机间自然语言通信。

4.2.6 智慧机器人

智慧机器人在生活中随处可见,扫地机器人、陪伴机器人……这些智慧机器人不管是跟人语音聊天,还是自主定位导航行走、安防监控等,都离不开人工智能技术的支持。

4.2.7 推荐引擎

网站会根据用户浏览过的页面、搜索过的关键字推送给用户一些相关的网站内容,这其实就是推荐引擎的一种表现。

谷歌之所以会做免费搜索引擎，就是为了收集大量的自然搜索数据，丰富数据库，为人工智能数据库建立做准备。

4.3 人工智能的研究方法

4.3.1 结构模拟（神经计算、生理学派、连接主义）

结构模拟是指模拟人脑的神经网络结构以实现智慧化的研究方法。其主要特征如下。

（1）通过神经元之间的并行协同实现信息处理，具有并行性、动态性、全局性。

（2）通过神经元间分布式的物理连接存储信息，具有联想记忆功能、容错性。

（3）通过神经元间连接强度的动态调整实现自学习和自适应功能。

（4）善于模拟人类的形象思维过程。

4.3.2 功能模拟（符号主义、心理学派、逻辑学派）

功能模拟是指以人脑的思维模型为基础，将问题或知识表示成某种逻辑网络，采用符号推演的方法，实现搜索、推理和学习等功能的研究方法。其主要特征如下。

（1）立足于逻辑运算和符号操作，适用于模拟人的逻辑思维过程。

（2）用显式的符号表示知识，容易表现人脑的思维模型。

（3）通过现有的数字计算机可以方便地实现高速的符号处理。

（4）能与传统的符号数据库进行连接，易于模块化。

（5）以知识为基础。

4.3.3 行为模拟（行为主义、进化主义、控制论学派）

行为模拟是指基于感知-行为模型的研究途径和方法。其主要特征如下。

（1）模拟人在控制过程中的智慧活动和行为特征，具有自寻优、自适应、自组织、自学习等功能。

（2）强调智慧系统与环境的交互，认为智慧取决于感知和行动，智慧行为可以不需要知识。智慧只有在环境中才是真正的智慧，智慧水平体现在对环境的适应水平上，如 Brooks，机器虫。

4.4 人工智能关键技术

人工智能关键技术的选取标准如下：

（1）技术相对取得较大突破；

（2）应用场景相对明确；

（3）在产业界、学术界、投资界引起较大的关注。

几种常见的人工智能关键技术如图 4-3 所示。

图 4-3　人工智能关键技术

4.4.1　计算机视觉技术

计算机视觉(computer vision)是一门研究如何使机器“看”的科学，更进一步地说，是指用摄影机和计算机代替人眼对目标进行识别、跟踪和测量的科学。近几年，计算机视觉技术实现了快速发展，其主要学术原因是 2015 年基于深度学习的计算机视觉算法在 ImageNet 数据库上的识别准确率首次超过了人类，同年谷歌也开源了自己的深度学习算法。计算机视觉技术的主要功能有图像获取、预处理、特征提取、检测/分割和高级处理(图 4-4)。

图 4-4　计算机视觉技术的主要功能

计算机视觉技术的典型应用案例如下。

(1)交通。自动驾驶汽车需要计算机视觉技术。特斯拉(Tesla)、宝马(BMW)、沃尔沃(Volvo)和奥迪(Audi)等汽车制造商已经通过摄像头、激光雷达、雷达和超声波传感器从环境中获取图像，研发自动驾驶汽车探测目标、车道标志和交通信号的功能，从而实现安全驾驶。

(2)安防。中国在使用人脸识别技术方面处于领先地位，这项技术被广泛应用于警察工作、支付识别、机场安检,甚至在某些公园用于分发厕纸以防止厕纸被盗。

（3）医疗。由于90%的医疗数据是基于图像的,因此医学中的计算机视觉技术有很多用途,比如新的医疗诊断方法的启用、X射线分析、乳房X射线检查、患者监测等。

（4）翻译。传统翻译采用人工查词的方式,不但耗时长,而且错误率高。光学字符识别(optical character recognition, OCR)技术的出现大大提升了翻译的效率和准确度。用户通过简单的拍照、截图或画线就能得到准确的翻译结果。

（5）体育赛事。计算机视觉技术还有助于比赛和策略分析、球员表现和评级,以及体育节目中品牌赞助的可见性跟踪。

（6）农业。半自动联合收割机可以利用计算机视觉技术等来分析粮食品质,并找出农业机械穿过作物的最佳路径。另外,它也可用来识别杂草和作物,有效减少除草剂的使用量。

（7）制造业。计算机视觉技术可以帮助制造商更安全、更智慧、更有效地运营,比如预测性维护设备故障、对包装和产品质量进行监控以及通过计算机视觉技术降低不合格品率。

4.4.2 自然语言处理技术

自然语言处理(NLP)是一门通过建立形式化的计算模型来分析、理解和处理自然语言的学科,也是一门横跨语言学、计算机科学、数学等领域的交叉学科。自然语言处理是指用计算机对自然语言的形、音、义等进行的处理,即对字、词、句、篇章的输入、输出、识别、分析、理解、生成等的操作和加工。自然语言处理的具体表现形式包括机器翻译、文本摘要、文本分类、文本校对、信息抽取、语音合成、语音识别等。

可以说,自然语言处理就是让计算机理解自然语言。自然语言处理机制涉及两个流程,即自然语言理解和自然语言生成。自然语言理解是让计算机将输入的语言变成有意思的符号和关系,然后根据目的进行再处理;自然语言生成则是把计算机数据转化为自然语言。实现人机间的信息交流是人工智能界、计算机科学界和语言学界所共同关注的重要问题。自然语言处理技术的技术层次如图4-5所示。

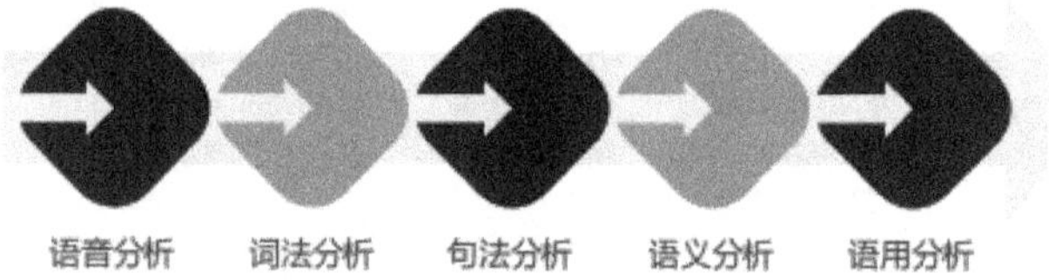

图4-5 自然语言处理技术的技术层次

从2008年到现在,在图像识别和语音识别领域的成果激励下,人们也逐渐开始引入深度学习来做自然语言处理研究,由最初的词向量到2013年的word2vec(即word to vector),将深度学习与自然语言处理的结合推向了高潮,其在机器翻译、问答系统、阅读理解等领域取得了一定成功。深度学习是一个多层的神经网络,从输入层开始经过逐层非线性的变化得到输出,从输入到输出做端到端的训练。把输入端到输出端的数据准备好,设计并训练一个神经网络,即可执行预想的任务。RNN(循环神经网络)已经是自然语言处理最常用的方法之一，GRU（gate recurrent unit，门控循环单元）、LSTM（long-short term memory，长短期记忆网络）等模型相继引发了一轮又一轮的热潮。

自然语言处理研究可以分为基础性研究和应用性研究两部分，语音和文本是两类研究的重点。基础性研究主要涉及语言学、数学、计算机学科等领域，相应的技术有消除歧义、语法形式化等。应用性研究则主要集中在一些应用自然语言处理技术的领域，例如信息检索、文本分类、机器翻译等。由于我国基础性研究即机器翻译的研究起步较早，且基础性研究是任何应用性研究的理论基础，所以语法、句法、语义分析等基础性研究历来是重点，而且随着互联网技术的发展，智慧检索类研究近年来逐渐升温。近年来，自然语言处理技术在产业界和学术界不断取得突破，取得代表性成果的组织有谷歌、阿里巴巴、百度、搜狗、科大讯飞等公司，清华大学、Allen 人工智能研究所等高校或研究所，以及其他多种类型的组织或个人（图 4-6）。

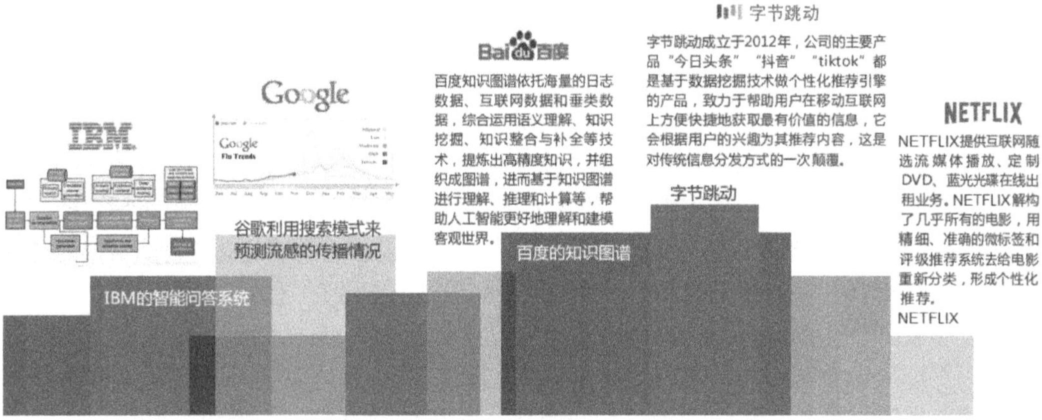

图 4-6　在自然语言处理技术上取得代表性研究成果的组织

4.4.3　跨媒体分析推理技术

以往的媒体信息处理模型往往只针对某种单一形式的媒体数据进行分析推理，比如图像识别、语音识别、文本识别等，而越来越多的任务需要计算机像人一样能够协同综合处理多种形式（文本、音频、视频、图像等）的信息，这就是跨媒体分析推理。跨媒体是一个比较广义的概念，既表现为网络文本、图像、音频、视频等复杂媒体对象的混合并存，又表现为各类媒体对象形成的复杂的关联关系和组织结构，还表现为具有不同模态的媒体对象跨越媒介或平台的高度交互融合。不同模态的媒体对象通过跨媒体能从各自的侧面表达相同的语义信息，能比单一的媒体对象及其特定的模态更加全面地反映特定的内容信息。相同的内容信息也可跨越各类媒体对象交叉传播与整合，只有对这些多模态媒体对象进行融合分析，才能全面、正确地理解这种跨媒体综合体所蕴含的内容信息。

跨媒体分析推理技术主要包括跨媒体检索、跨媒体推理、跨媒体存储等研究范畴，可应用于网络内容监管、舆情分析、信息检索、智慧医疗、自动驾驶、智慧穿戴设备等场景。

近年来，跨媒体分析推理技术在产业界和学术界也不断取得突破。

4.4.4 智适应学习技术

作为教育领域最具突破性的技术,智适应学习(intelligent adaptive learning)技术模拟了老师对学生一对一教学的过程,赋予了学习系统个性化教学的能力。和传统千人一面的教学方式相比,智适应学习技术能带给学生个性化的学习体验,提升了学生的学习投入度和学习效率。采用了智适应学习技术的学习系统能够针对学生的具体学习情况提供个性化学习解决方案,包括定位学生的知识漏洞、持续地评估学生的学习能力水平和知识状态、实时动态提供个性化学习内容。智适应学习技术让一直困扰教育领域的质量、成本、可获取性三大矛盾因素变成了历史。

智适应学习技术体系包括知识状态诊断、能力水平评测和学习内容推荐等。知识状态诊断技术是指通过少量试题,在较短时间内精准诊断出学生的知识漏洞的技术,这一技术较常用的算法是知识空间理论。能力水平评测技术是指评测出学生的知识掌握情况,分析出学生得到提升的学习能力、得到锻炼的学习思维和学会的学习方法的技术,这一技术较常用的算法是项目反应理论、贝叶斯知识追踪。学习内容推荐技术是指依据学生学习情况,推荐合适的学习内容的技术,这一技术较常用的算法是机器学习算法,该算法以学生的所有信息为输入,输出的是学生接下来需要学习的内容,这样可达到学习效率最大化的目的。

2010 年后,智适应学习技术得到了快速发展,这背后的推动因素有强大的计算力和海量的数据,更重要的还有贝叶斯网络算法的应用。学生知识状态的确定是一件高成本的事,传统模式下判断学生的知识状态需要针对每一个知识点出题考查,有了强大的计算力后,就能够快速模拟出学生的知识状态空间,并且定位学生的知识状态;而海量的数据有助于机器学习算法发挥出更大的价值。采用了贝叶斯网络算法之后,智适应学习系统能够实时持续地评估学生当前的能力水平,并且及时动态调整学习内容,这在之前是没法实现的。

目前,在全球已有一亿多名学生在使用智适应学习系统,其覆盖了各个年龄段,从小学、初中、高中到高等教育、职业教育和成人教育,其已被应用到文、理、工、医等不同学科领域。

大量学生使用数据显示,智适应学习系统的教学效果好于传统教学模式。

1. 人机大战

美国曾进行过一系列关于智适应教育的人机大战。在这一系列人机大战中,智适应教育表现出了 3 个亮点:接受智适应教育的学生平均分高于接受传统教学的学生,学习成绩提升效果显著;及格率普遍提升,对于基础较差的学生来说,效果尤为明显;学生能够提前完成学习任务,学习效率显著提高。

2. 小学

迈阿密一所小学的学生每天用智适应学习系统复习,准备佛罗里达州的统一测试,在 2015 年一次全新的并且难度更大的测试中,该校三年级到五年级学生比同地区其他学生表现更优异,英语和数学学科的成绩平均高出 10%。

3. 中学

City Springs 初级中学是一所公立学校,在 2015 年使用智适应学习系统后,其学生在学业成绩上有了很大进步。对于阅读学科,在美国西北测评协会(Northwest Evaluation Association,NWEA)研发的 MAP(Measures of Academic Progress)测试中,达到预计进步程度的三年级到八年级学生的比例比没有开始智适应学习系统学习的 2014 年的同年级的学生高出 25 个百分点。对于数学学科，除了七年级学生的分数提高 13%，其他年级学生的分数均提高超过 20%。

4. 大学

亚利桑那州立大学引进数学智适应辅助课程后，学生课程通过率提高了 17%，课程退学率降低了 56%，且 45%的学生提前四周完成课程。在伊利诺伊大学，运用过智适应学习系统制订学习计划的学生比没有使用的学生取得了更好的考试成绩。在美国雷丁区社区学院中，使用智适应学习产品的学生比未使用的学生的数学分数高出 12.5%。

自 2014 年，在中国，以松鼠 Ai 1 对 1 为智适应领域领军企业，新东方、好未来等公司开始投入智适应领域。其中，松鼠 Ai 1 对 1 自主研发的智适应学习系统能够模拟教师为孩子一对一量身制定教育方案，并且一对一实施教育，比传统教育的效率提升了 5~10 倍。松鼠 Ai 1 对 1 成立实验室，与斯坦福国际研究院进行联合技术开发，并且与卡内基梅隆大学、中国科学院自动化研究所成立了 AI 智适应教育联合实验室，机器学习教父汤姆·米切尔（Tom Mitchell）教授任首席 AI 科学家，卡内基梅隆大学计算机及心理学系教授、Cognitive Tutor 的创办者肯·凯丁格（Ken Koedinger）任首席学习科学家。

4.4.5 群体智慧技术

群体智慧（collective intelligence）也称集体智慧、群智。群体智慧是一种共享的智慧，是集合众人的意见进而将其转化为决策的一种过程，用来应对单一个体做出随机性决策的风险。对群体智慧的研究实际上可以被认为是属于社会学、计算机科学等的一个分支学科，它是研究从夸克层次到细菌、植物、动物以及人类社会层次的群体行为的一个领域。

群体智慧最早源于对以蚂蚁、蜜蜂等为代表的社会性昆虫的群体行为的研究，自 1991 年意大利学者多里戈（Dorigo）提出蚁群优化（ant colony optimization，ACO）算法开始，群体智慧作为一个理论被正式提出，并逐渐吸引了大批学者的关注，从而掀起了研究高潮。1995 年，肯尼迪（Kennedy）等学者提出粒子群优化（particle swarm optimization，PSO）算法，此后群体智慧研究迅速展开。目前，群体智慧的研究主要包括智慧蚁群算法和粒子群优化算法。智慧蚁群算法主要包括蚁群优化算法、蚁群聚类算法和多机器人协同合作系统。其中，蚁群优化算法和粒子群优化算法在求解实际问题时应用最为广泛。

随着群体智慧技术在诸如机器学习、过程控制、经济预测、工程预测等领域取得了前所未有的成功，它已经引起了包括数学、物理学、计算机科学、社会科学、经济学及工程应用等领域的科学家们的极大兴趣。目前，关于群体智慧技术的国际会议在全世界各地定期召开，各种关于信息技术或计算机技术的国际会议也都将群体智慧技术作为主要研讨课题之一。

群体智慧技术的 4 项原则如图 4-7 所示。

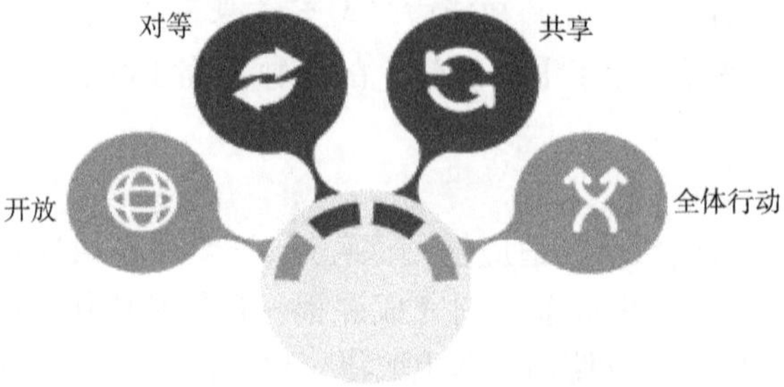

图 4-7　群体智慧技术的 4 项原则

华为以智慧路由器为核心打造了 HiLink 智能家居生态，与多家顶级家居硬件厂商合作，致力于构建一个协调各种家居智慧行为的平台。

京东宣布，无人配送站建立完成，这是全球第一个无人配送而且可以自提货物的物流站点，该站点能实现全程无人配送中转，无人机将货物送到无人智慧配送站顶部，并自动卸下货物后离开，从入库、包装到分拣、装车、配送，全程由机器人进行操作。

阿里巴巴研究团队推出了一个多智能体双向协调网络 BiCNet，智能体可以通过该网络进行交流以达到协同工作的目的，该研究中使用了暴雪娱乐公司的一款知名战略游戏，模拟游戏中各种单位之间的协同合作。

4.4.6　自主无人系统技术

自主无人系统是能够通过先进的技术进行操作或管理而不需要人工干预的系统，是由机械、控制、计算机、通信、材料等领域的多种技术融合而成的复杂系统。自主无人系统可应用到无人驾驶车辆、无人机、服务型机器人、空间机器人、海洋机器人、无人车间、智慧工厂等场景中，并实现降本增效。

自主性和智慧性是自主无人系统最重要的两个特征。人工智能无疑是发展自主无人系统的关键技术之一。利用人工智能的各种技术，如图像识别、人机交互、智慧决策、推理和学习，是实现和不断增强自主无人系统这两个特征的最有效的方法。

2018 年 7 月，沈阳新松发布了蛇形臂机器人。蛇形臂机器人拥有 12 个关节 24 个自由度，可以平稳、灵活地避开障碍物，并支持远程遥控，适合在核检修、航空航天装配和狭小领域勘察中应用。

2018 年 9 月，阿里巴巴人工智能实验室团队开发出了业界领先的单车智慧系统，包括全天候、全场景的厘米级定位，也包括了大规模的仿真平台，每天能够运行上万千米的测试和模拟。

2019 年 9 月，大疆创新发布了多项产品更新，尤其是加强了无人机技术在全球农业市场中的应用。

2019 年 11 月，由国家自然科学基金委员会等单位主办的第十一届“中国智能车未来挑战赛”举行，相比于前几年，该届挑战赛包括了无人驾驶智能车真实综合道路环境测试、复杂环境认知水平能力离线测试两部分，以赛促研。

2019 年 12 月，百度 Apollo 自动驾驶开放平台升级到 Apollo 5.5 版本，开放“点到点城市自动驾驶”能力，另外 Apollo 还全新发布了车路协同、智慧车联两大开放平台。

4.4.7　智慧芯片技术

目前，关于智慧芯片并没有一个严格的和公认的定义。一般来说，运用了人工智能技术的芯片都可以称为智慧芯片，但是狭义上的智慧芯片特指针对人工智能算法做了特殊加速设计的芯片，现阶段，这些人工智能算法一般以深度学习算法为主，也可以包括其他机器学习算法。智慧芯片可按技术架构、功能和应用场景等分成多种类别。智慧芯片的分类如图 4-8 所示。

近年来，我国学术界和产业界都加大了对芯片技术的研发力度，国内智慧芯片技术不断取得新的成果。一些基于传统计算架构的芯片和各种软硬件加速方案相结合，在一些人工智能应用场景下取得了巨大成功，但由于市场需求的多样性，很难有任何单一的设计和方法能够很好地适用于各类情况。因此，学术界和产业界涌现出了多种专门针对人工智能应用的新颖设计和方法，覆盖了从半导体材料、器件、电路到体系结构的各个层次。

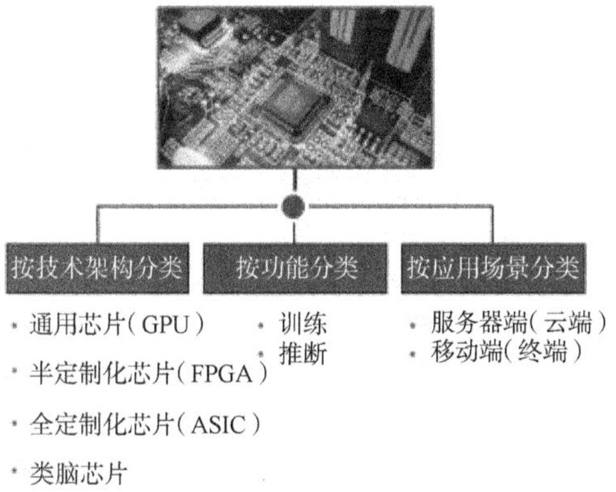

图 4-8　智慧芯片的分类

4.4.8　脑机接口技术

脑机接口（brain-computer interface，BCI）是在人或动物脑（或者脑细胞的培养物）与外部设备间建立的直接连接通路。通过单向脑机接口技术，计算机可以接受脑传来的命令，或者发送信号到脑，但不能同时发送和接收信号。而双向脑机接口允许脑和外部设备间的双向信息交换。2013 年，自美国首次宣布启动“脑计划”以来，欧洲国家以及日本、韩国等陆续参与“脑科技”竞赛项目。已公开的数据表明，全球在脑机接口相关领域的研发支持已经超过 200 亿美元。

（1）教育方面。脑机接口技术能够实现认知负荷、注意力水平、情绪状态等高级思维活动的实时测量，为学习者或教师根据测量结果调整学习策略或教学策略提供支持；可通过开展学习过程中的脑信号控制，帮助学习者调控自身的情绪、注意力状态，提升学习效果。浙江强脑科技有限公司运用神经反馈训练学生认知功能，已积累超过 30 000 个案例，有效改善率达到 75%以上。

（2）医疗方面。脑机接口技术能帮助重病患者和脑卒中、肌萎缩侧索硬化症等的患者与看护者和外界沟通，通过脑控鼠标移动、脑控键盘输入来实现；帮助（高位）截瘫患者恢复取拿物品、喝水等一般自理能力。在 2014 年巴西世界杯上，29 岁的截瘫青年朱利亚诺（Juliano）通过脑控外骨骼"机械战甲"成功开球。

（3）健康方面。脑机接口技术可以通过对大脑的连接，对大脑施加刺激或根据信号分析对其进行反馈训练，从而达到恢复其功能的目的。比如通过安装可控的智慧化义肢帮助残疾人恢复日常生活能力，帮助自闭症、抑郁症等患者实现行为症状背后脑功能的改善。BrainCo 自闭症研究组康谱睿启利用该技术，对自闭症儿童社交动机改善的有效率超过 85%（初步试验结果）。

（4）娱乐方面。脑机接口技术为传统休闲娱乐产品提供附加值和新卖点，为消费者接触新兴脑科技提供触点，主要有脑控音乐播放、脑控电子绘画、脑控点灯等。

4.5 人工智能在金融业的应用

4.5.1 智慧风控

智慧风控运用多种人工智能技术，全面提升风控的效率与精度。风险作为金融业的固有特性，与金融业务相伴而生，风险防控是传统金融机构面临的核心问题。

智慧风控主要得益于以人工智能为代表的新兴技术近年来的快速发展，在信贷、反欺诈、异常交易监测等领域得到广泛应用。

与传统的风控手段相比，智慧风控改变了过去以满足合规监管要求为主的被动式管理模式，转向以依托新技术进行监测预警为主的主动式管理方式。

以信贷业务为例，传统信贷流程中存在欺诈、信用风险和申请流程烦琐、审批时间长等问题。通过运用人工智能相关技术，金融机构可以从多维的海量数据中深度挖掘关键信息，找出借款者与其他实体之间的关联，从贷前、贷中、贷后各个环节提升风险识别的精准程度（图 4-9）。智慧催收技术则可以替代 40%~50%的人力，为金融机构节省人力成本。同时，人工智能技术可以使得小额贷款的审批时效从过去的几天缩短至 3~5 分钟，进一步提升客户体验。

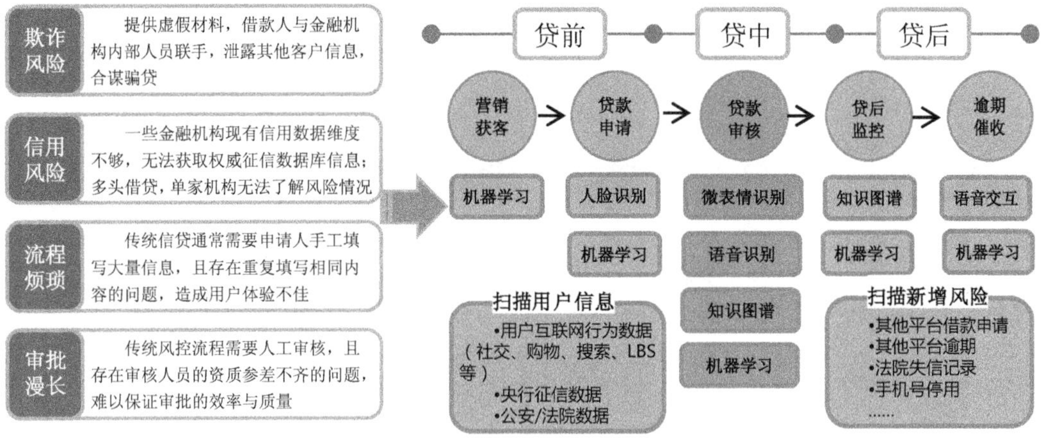

图 4-9　传统信贷业务面临的问题和智慧风控流程

4.5.2　智慧支付

智慧支付以生物识别技术为载体，提供针对多元化消费场景的解决方案。

在海量消费数据累积与多元化消费场景叠加影响下，手环支付、扫码支付、NFC（near field communication，近场通信）支付等传统数字化支付手段已无法满足现实消费需求，以人脸识别、指纹识别、虹膜识别、声纹识别等生物识别载体为主要手段的智慧支付逐渐兴起，科技公司纷纷针对商户和企业提供多样化的场景解决方案，全方位提高商家的收单效率，并减少顾客的等待时间。

智慧支付作为线上和线下服务的有效连接，结合智慧终端、物联网、数据中心，能够将结算支付、会员权益、场景服务等功能多角度呈现给消费者，同时可以将支付数据与消费行为及时反馈至后台，为商户的账目核对、会员营销管理、经营数据分析等工作提供支持（图 4-10）。

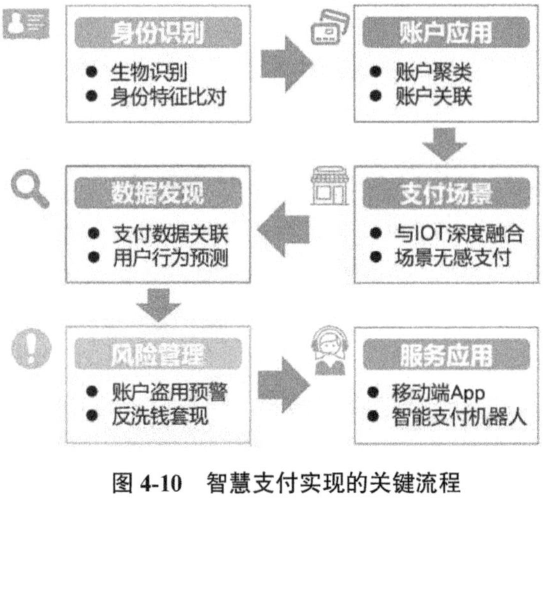

图 4-10　智慧支付实现的关键流程

未来，以无感支付为代表的新型技术将提供无停顿、无操作的支付体验，全面应用于停车收费、超市购物、休闲娱乐等生活场景。人脸识别支付和指纹识别支付的特征对比如图4-11所示。

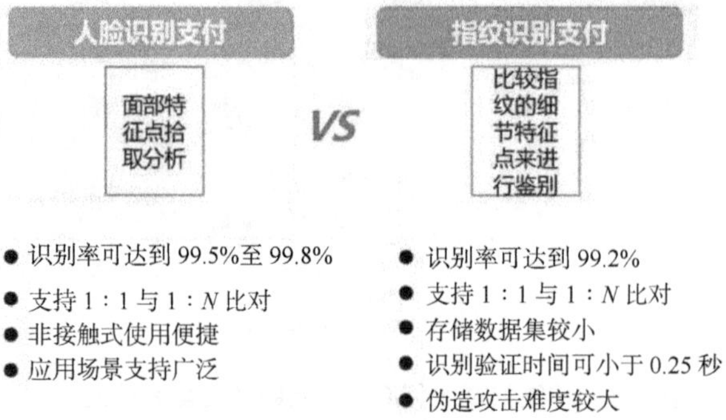

图 4-11　人脸识别支付与指纹识别支付的特征对比

4.5.3　智慧理赔

智慧理赔的简化处理流程，降低运营成本，提升用户满意度。

传统理赔过程往往需要经过多道人工程序才能完成，既耗费大量时间，也需要投入许多成本。

智慧理赔主要利用人工智能相关技术代替传统的劳动密集型作业方式，明显简化理赔处理过程。

以车险智慧理赔为例，通过综合运用声纹识别、图像识别、机器学习等核心技术，智慧理赔经过快速核身（即核验身份）、精准识别、一键定损、自动定价、科学推荐、智慧支付这 6 个主要环节实现车险理赔的快速处理，克服了以往理赔过程中出现的欺诈骗保、理赔时间长、赔付纠纷多等问题。

根据统计，智慧理赔可以为整个车险行业带来 40%以上的运营效能提升，减少 50%的查勘定损人员的工作量，将理赔时效从过去的 3 天缩短至 30 分钟，明显提升用户满意度。

4.5.4　智慧客服

智慧客服构建知识管理体系，为客户提供自然高效的交互体验方式。

银行、保险等领域的售前电销、售后客户咨询及反馈服务频次较高，这对呼叫中心的服务效率、质量把控、数据安全提出了严格要求。

智慧客服基于大规模知识管理系统，面向金融业构建企业级的客户接待、管理及服务智慧化解决方案。

在与客户的问答交互过程中，智慧客服系统（图 4-12）可以实现“应用—数据—训练”的闭环，形成流程指引与问题决策方案，并通过运维服务层将其以文本、语音及机器人反馈动作等方式传递给客户。

此外,智慧客服系统还可以对客户提问进行统计,针对相关内容进行信息抽取、业务分类及情感分析,了解服务动向并把握客户需求,为企业的舆情监控及业务分析提供支撑。据统计,目前金融领域的智慧客服系统渗透率预计将达到 20%~30%,可以解决 85%以上的客户常见问题,针对高频次、高重复率的问题的解答,其优势更加明显。智慧客服系统能缓解企业运营压力并合理控制成本。

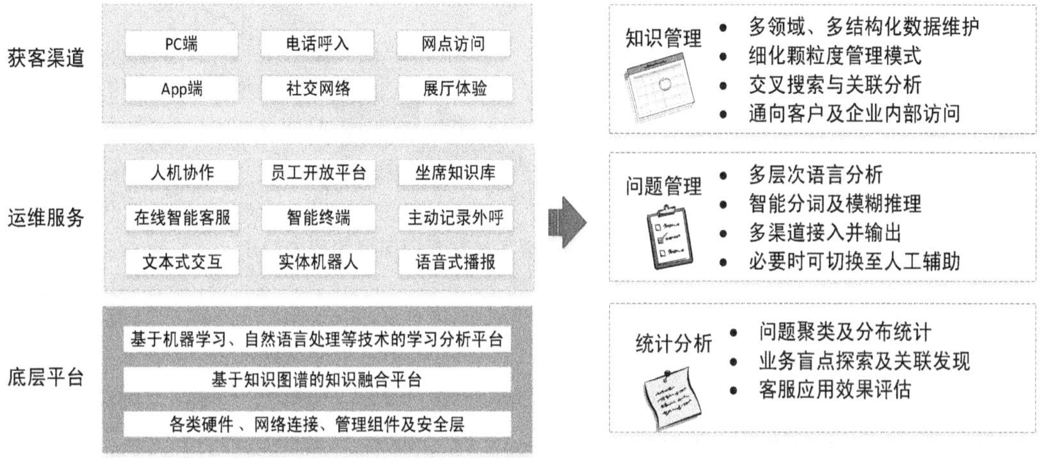

图 4-12　智慧客服系统服务体系架构及主要功能

4.5.5　智慧营销

智慧营销改变了传统营销模式,能提供个性化营销服务。

营销是金融业保持长期发展并不断提升自身实力的基石,因此营销环节对于整个金融业的发展来说至关重要。

传统的金融营销渠道主要还是以实体网点、电话短信推销、地推沙龙等方式将金融相关产品销售给潜在客户,这些营销方式容易因市场需求的把握不够精准而使得客户产生抵触情绪,同时对标准化产品以群发的方式进行推送也无法满足不同人群的需要。

智慧营销主要通过人工智能等新技术的使用,基于收集到的客户交易、消费、网络浏览等行为数据利用深度学习相关算法进行模型构建,帮助金融机构与渠道、人员、产品、客户等环节相连通,从而实现对更多用户群体的覆盖,为消费者提供千人千面、个性化与精准化的营销服务。智慧营销降低了金融机构经营成本,提升了其整体效益,未来此领域仍需注意控制推送渠道、适度减少推送频率、进一步优化营销体验等。

金融业的传统营销渠道和智慧营销典型流程的对比如图 4-13 所示。

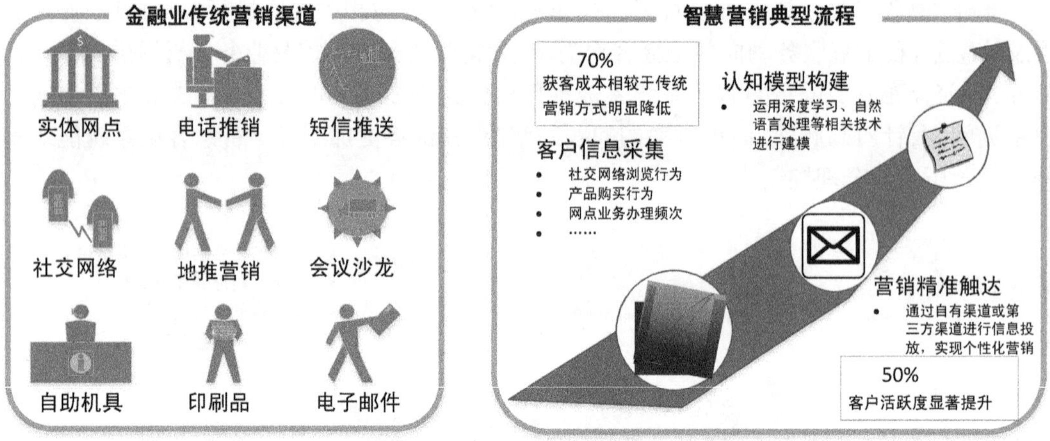

图 4-13　金融业传统营销渠道和智慧营销典型流程的对比

4.5.6　智慧投研

智慧投研（即投资研究）能克服传统投研模式弊端，快速处理数据并提高分析效率。

2022 年，中国资产管理市场总规模达到 133.8 万亿元，发展前景广阔，这对投资研究、资产管理等金融服务的效率与质量提出了较高要求。智慧投研以数据为基础、以算法逻辑为核心，利用人工智能技术由机器完成投资信息提取、数据处理、数据分析、研究报告撰写及风险提示，辅助金融分析师、投资人、基金经理等专业人员进行投资研究。人工智能技术在投研流程中的赋能效应如图 4-14 所示。

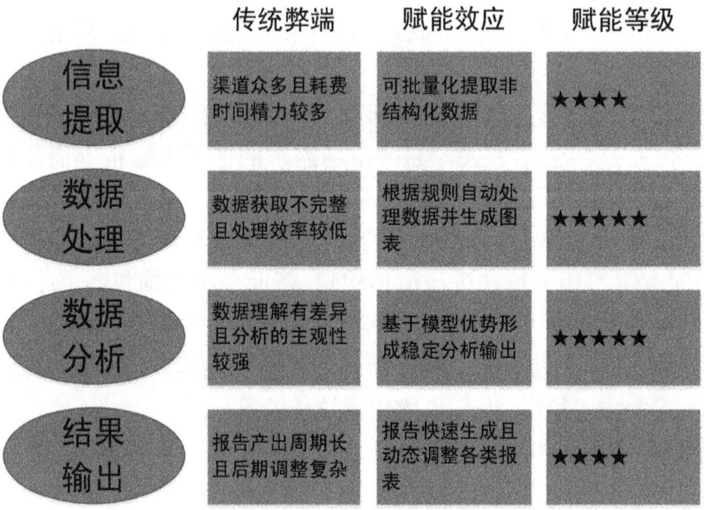

图 4-14　人工智能技术在投研流程中的赋能效应

智慧投研能够构建百万级别的研究报告知识图谱体系，克服传统投研流程中数据获取不及时、研究稳定性差、报告产出周期长等弊端，拓展信息渠道并提升知识提取及分析效率，在文本报告研究分析、资产管理、搜索推荐等细分领域广泛应用（图 4-15）。智慧投研的终极目标是实现从信息提取到报告产出的投研全流程整合管理，它基于更加高效优化的算法模型与更高的行业认知水平，形成横跨不同金融细分领域的研究体系与咨询建议，并在金融产品创新设计方面提供服务支撑。

图 4-15　智慧投研典型应用产品

4.5.7　智慧投顾

智慧投顾聚焦个人理财投资，能有效降低交易成本并提升服务体验。

智慧投顾的概念始于 2010 年兴起的机器人投顾（robo-advisor）技术。智慧投顾于 2014 年进入中国市场后，经历技术的不断升级与服务模式的逐步创新，渐渐为市场与公众所熟知并接受。

智慧投顾从投资期限、风险偏好、回报预期等维度，运用人工智能相关技术形成个性化的资产配置方案，同时辅以营销咨询、资讯推送等增值服务，相较于传统理财，管理费率普遍降低 80%，门槛也由百万元以上降低至 1 万元左右。

智慧投顾在应用落地过程中不仅需要良好的算法平台与技术体系做支撑，更需要对大量行业与用户行为数据进行收集处理，国内互联网科技巨头与金融机构分别在技术端和数据端发力，结合各自优势推出符合中国客户的个性化产品。

【知识窗】

机器人学是一个交叉学科，主要研究环境适应机器仿生、机器人自主行为、人机协作、微纳操作机器人、制造装备机器人、科学工程机器人、服务型机器人等。目前国内的机器人行业还没有形成规模，商业化做得好的有大疆、沈阳新松机器人公司等。

强人工智能是人工智能研究的最主要目标之一，强人工智能也指通用人工智能（artificial general intelligence，AGI）。强人工智能通常把人工智能和意识、感性、知识和自觉等人类的特征联结。实现强人工智能至少需要拥有以下能力：自动推理，使用一些策略来解决问题，在不确定的环境中做出决策；知识表示，包括构建常识知识库；自动规划；学习；使用自然语言进行沟通；整合以上这些手段来达到同一个的目标。

【重点案例】

国风少女来了！国内首个虚拟文物解说员“文夭夭”上岗

随着技术的不断突破，虚拟数字人行业快速发展，虚拟数字人已经广泛应用在文娱、电商等领域，不再是什么稀奇事物。2022年5月18日国际博物馆日，百度智能云联合中国文物交流中心、极幕科技精心打造的国内首个文博虚拟宣推官“文夭夭”（图4-16）正式亮相。

在外貌设计上，“文夭夭”的人物形象非常活泼可爱，将中国传统文化和现代元素完美融合，头上扎了可爱的双丸子头，后部增加现代编发，在唐代花钿妆容的修饰下，非常灵动。服饰方面，“文夭夭”身着一袭淡雅长裙，腰系唐朝花鸟镂空香熏球，精致的少女气息扑面而来。值得一提的是，这位少女的名字取自《诗经》：“桃之夭夭，灼灼其华。”

国风少女“文夭夭”已正式入职中国文物交流中心。未来，这位少女还将在各大博物馆上岗，提供讲解、导览、咨询等多种服务。

不仅如此，“文夭夭”还将走向世界，未来她将作为文博界的首位虚拟宣传大使，跟随国家级的展览赴海外出访交流，传播中国文化。

据悉，“文夭夭”的形象制作和“听说读写”等AI能力，均依托于百度的智能数字人平台“百度智能云曦灵”打造。得益于数字人的身份，“文夭夭”可跨越时空限制，同时服务数十上百家博物馆。

图4-16　国内首个文博虚拟宣推官“文夭夭”

【本章小结】

智慧金融的诞生得益于人工智能技术的发展，当人工智能技术融入金融业，金融实操的效率大大提升。除了传统的金融行业，在风控、营销、运营中，智慧金融同样也发展迅速。

【思维拓展】

2022 年 7 月 11 日，人工智能公司 DeepMind 公司发布了一项最新的 AI 研究结果：科学家创造了一个全新的 AI 系统，该系统具有类似于人类婴儿的思维模式，对事物会表现出同婴儿一般的反应。更让人惊叹的是，该系统通过训练还会不断成长，甚至可完全媲美 3 岁小孩。

据报道，这个 AI 系统名为“PLATO”，即 Physics Learning Through Auto-Encoding and Tracking Objects（通过自动编码和跟踪对象进行物理学习）的首字母缩写。研究者通过给 PLATO 观看许多描绘简单场景的视频来训练它，这些视频的内容（比如，球落到地上，球滚到其他物体后面又再次出现，很多球弹来弹去）涵盖了婴儿在出生后的最初几个月所拥有的基本知识。

报道称，在此之前，即便是最先进的 AI 系统，也难以捕捉到日常人类场景中的“常识性”知识，比如指导预测、推理和行动，直到 PLATO 的出现。

来自该公司的神经科学家路易斯·皮洛托解释，他们基于发展心理学家几十年研究得出的研究结论编写程序，即婴儿对物理世界的了解，并在此基础上对影响物理理解的不同因素或概念进行了分类。

他们将重点放在了人类在生命之初学习到的 3 个关键概念上，即永恒性（即意味着物体不应该突然消失）、坚固性（即固体物体不能相互穿过）和连续性（即物体在空间和时间中有其位置），并将不可变性和方向惯性两个概念也放到了 AI 系统的数据集当中。

在接受数据集训练后，当 PLATO 面对一个不符合学习过的场景（如物体互相穿过却没有发生相互作用）时，就会表现得很惊讶，像人类婴儿一样。虽然 PLATO 仍然需要额外的训练才能与 3 岁小孩完全媲美，但科学家们发现，他们可以运用发展心理学领域的知识让 AI 系统像人类婴儿一样“学会思考”。

科学家认为，这些新发现不仅标志着人工智能的发展又向前了一步，还可以为人类认知及其工作和进化提供更多的借鉴。

【自测题】

请思考人工智能的未来。

（1）人工智能技术将深入社会方方面面，彻底重塑传统制造业。人工智能对劳动力的冲击，将影响就业。企业应如何应对？

（2）人工智能和物联网相结合，给生活带来了更多的便利。人工智能可以和什么电器连在一起？

（3）人工智能具备自主学习的能力后，能够自己完成哪些技术工作？

第 5 章　大数据

【思维导图】

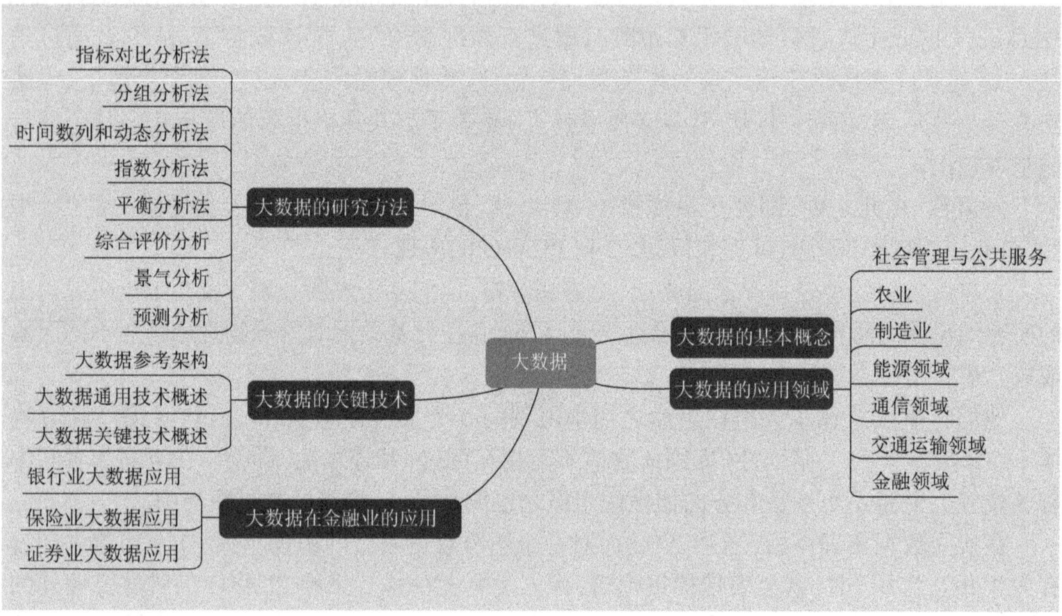

【导入案例】

阿迪达斯的“黄金罗盘”

阿迪达斯产品线丰富。过去,面对展厅里各式各样的产品,经销商很容易按个人偏好下订单。现在,阿迪达斯会用数据说话,帮助经销商选择最适合的产品。首先,从宏观上看,一、二线城市的消费者对品牌和时尚更为敏感,经销商可以重点投放采用前沿科技的产品、运动经典系列服装、设计师合作产品系列。在三、四线城市,消费者更关注产品的价值与功能,诸如纯棉制品这样高性价比的产品,在这些城市的市场会更受欢迎。其次,阿迪达斯会参照经销商的终端数据,给予其更具体的产品订购建议。比如,阿迪达斯可能会告诉某三、四线城市市场的经销商,在其辖区,普通跑步鞋比添加了减震设备的跑步鞋更好卖;至于颜色,比起红色,当地消费者更偏爱蓝色。

阿迪达斯的这种订货方式得到了经销商的认可。阿迪达斯与经销商商定卖哪些产品,什么产品又会热卖。这样,经销商就不会再遇到库存问题了。

【思政目标】

通过大数据,阿迪达斯和经销商们可以更准确了解消费者对商品的需求,并在市场上站住脚。如今,大数据逐渐成为很多行业企业实现其价值的最佳途径,大数据的应用也将全面展开。国家大数据战略已成为国家战略的重要部分。

通过对大数据相关内容的介绍,帮助学生认识大数据应用的意义与作用,培养学生系统思维能力,引导学生在日常学习与生活中透过数据发现问题、解决问题。

【思政案例】

"黄金罗盘"金融梦想

挖掘大数据,让阿迪达斯有了许多有趣的发现。同在我国南部,那里的部分城市受我国香港风尚影响非常大。同为一线城市,北京和上海的消费趋势不同,而气候是主要的原因。同时,一些一、二线城市的消费者需要不同的服装以应对不同场合的需要,对于上班、吃饭、喝咖啡,他们需要不同风格的多套衣服。但在三、四线城市,一位女性往往只要有应对上班、休闲、宴请场合的 3 种不同风格的服饰就可以了。两相对比,一、二线城市显然为阿迪达斯提供了更多细分市场选择。

实际上,对大数据的运用顺应了阿迪达斯大中华区战略转型的需要。

库存危机后,阿迪达斯从"批发型"公司转为"零售驱动型"公司,它从过去只关注把产品卖给经销商变成了将产品卖到终端消费者手中的有力推动者。而数据收集分析恰恰能让其更好地帮助经销商提高售罄率。

阿迪达斯大中华区相关负责人表示:"我们与经销商伙伴展开了更加紧密的合作,以统计到更为确切可靠的终端消费数据,有效帮助我们重新定义了产品供给组合,从而使我们在适当的时机,将符合消费者口味的产品投放到相应的区域市场。一方面降低了他们的库存量,另一方面提高了单店销售率。卖得更多,售罄率更高,也意味着利润更高。"

5.1　大数据的基本概念

大数据是新时代最重要的"数字金矿",是全球数字经济发展的核心动能。数据资源如同农业时代的土地、劳动力,工业时代的技术、资本,它已经成为信息时代重要的基础性战略资源和关键生产要素,是推动经济发展质量变革、效率变革、动力变革的新引擎,不断驱动人类社会加快在信息化时代的前进步伐,逐步向智慧化时代迈进。大数据作为数据资源价值挖掘的动力源,受到了世界各国政府和国际组织的高度重视,世界主要国家和地区竞相开展大数据战略布局,推动大数据技术创新研发与产业应用落地,旨在以大数据为抓手,抢占数字经济时代全球竞争制高点。

大数据(big data),亦称巨量资料。麦肯锡全球研究院给出的定义是:大数据是一种规模大到在获取、存储、管理、分析方面大大超出了传统数据库软件工具能力范围的数据集合,具有海量的数据规模、快速的数据流转速度、多样的数据类型和低价值密度四大特征。大数据是需要新处理模式才能具有更强的决策力、洞察发现力和流程优化能力来适应其海量、高增长率和多样化特性的信息资产。

大数据技术的战略意义不在于掌握规模庞大的数据信息,而在于对这些含有意义的数据进行专业化处理。换言之,如果把大数据比作一种产业,那么这种产业赢利的关键在于提高对数据的加工能力,通过加工实现数据的增值。

综上所述,大数据指所涉及的资料量规模巨大到无法通过主流软件工具在合理时间内经过获取、管理、处理并整理达到帮助企业做出经营决策的目的的资源。

5.2 大数据的应用领域

5.2.1 社会管理与公共服务

我国政府在"放管服"改革中运用数据治理方式,大大提升了政府治理能力,服务型政府和高效政府建设成果已初步显现。政府数据治理在推进过程中通常会面临传统体制、思维模式、基础设施、技术能力、制度保障等方面可能存在的阻滞因素,因此必须针对这些薄弱环节进行改善,为实现数据治理创造有利的外部环境,从而使"放管服"改革能借助现代科技顺利推进,早日实现我国治理体系和治理能力的现代化。

政府数据治理以"数据共享、互联互通、业务协同"为原则,运用大数据技术实现政府数据的开放与共享,达到改进政府管理、辅助政府决策、评估政府绩效及监督政府行为等目的,从而构建多元主体共治的政府治理新体系。"跨层级、跨地域、跨系统、跨部门、跨业务"的"五跨"数据治理成为趋势,通过政务服务数据"三张清单"(需求清单、供给清单、负面清单)的梳理、政务信息资源目录的编制、数据共享交换平台的建设,有力推动了政府数据治理体系的形成,提升了政府对数据资产的管理能力,使政府部门清晰地掌握现有数据资源的情况,并且联动政府内各个部门,让每个人都参与数据治理。政府数据治理促使政府决策模式从"经验决策"向"科学决策"、政府治理理念从"权威治理"向"数据治理"、政府治理方式从"模糊治理"向"精准治理"转变,帮助政府提升内部现代化管理水平和对外公众服务能力。

5.2.2 农业

随着国家乡村振兴战略的推进,农业作为支撑国民经济发展的基础产业,正在被互联网、大数据、人工智能等新科技重构和升级。农业大数据已广泛应用于农业生产、经营、管理、服务等全产业链,涉及农业生态环境监测、农产品质量安全溯源、设施农业、精准农业,以及农资投入、农机服务、农技服务、金融农投、农业保险等各涉农环节。

大数据在农业生产中的应用包括:通过对气象、疫病及灾害数据进行分析,及时对疫病、灾害进行评估预警,提升对农业生产过程中病害、自然灾害的防控;通过监测气候、土壤和空气质量、农资使用、作物生长等情况,预测环境因素的变化,推进精准农业建设,进行精准种植、养殖,最大限度提高农业生产效率。

大数据在农业经营中的应用包括:通过加强农产品价格周期波动规律研究,一方面为农业生产主体提供较为精准的预测与预警信息，并指导其制订生产计划，在市场价格波动中减损增效，降低生产风险；另一方面，剖析农产品整体供需关系、价格影响因素、流通渠道和流向，形成产销过剩或紧缺预警，保障农产品供需平衡，优化产品结构及销售渠道，制定正确的经营战略。

大数据在农业监管中的应用包括：通过农业全产业链数据资源统筹共享，提高监管部门工作效率和业务监管能力，实现对土地资源的实时监测，及时发现基本农田侵占、耕地红线低值预警、农村耕地水资源污染等情况，提高土地流转透明度，实现土地经营权管理和跟踪。

大数据在农业服务中的应用包括：基于农业经营主体信用档案、行政许可与行政处罚、认证或登记、监督检查与奖励等信息，构建信用评分模型，实现对涉农生产主体的信用评估，满足农业生产经营主体的信贷资金需求，拓展融资渠道。

5.2.3　制造业

在《中国制造 2025》国家战略文件的指导下，随着一批智慧制造试点示范项目和工业互联网试点示范项目的建设，大数据已经在智慧化产品与装备、智慧化生产、智慧化服务等领域形成了典型应用模式，并逐步深入产品研发设计、生产制造、服务保障等核心业务环节，大数据已经成为制造业生产力、竞争力、创新能力提升的关键。

首先，基于统一标准化思路的工业大数据产品研发设计，实现了研发过程的智慧化，提升了创新能力、研发效率和设计质量。通过产品全生命周期数据的采集，工业大数据建模和数字仿真技术优化设计模型，及早发现设计缺陷，减少试制实验次数，降低研发成本，提升设计效率，缩短产品研发周期。其次，工业大数据技术综合制造过程中设备、效率、成本、耗能等数据展开建模分析，实现了运行过程的状态监测与优化工艺参数推荐，通过对生产工艺过程参数、设备运行状态参数与产品质量性能、生产线排产负荷、耗能等数据进行关联性深度挖掘，形成数据闭环，得出工艺参数的最优区间、车间排产计划的最优方案、厂房能效优化的最佳调控手段等。

工业大数据技术的发展和相关标准化工作的推进，也带来了制造业产业链上下游企业间各协同环节的信息共享和同步升级，企业可根据自身优劣势对业务进行重新取舍，整合资源，实现平台化运营，优化价值链。另外，基于大数据构建的产品故障预测系统，能帮助用户实时掌握产品状态，在产品出现异常前展开预测性维修。基于数据标准化思路的企业全流程的数据集成贯通与工业大数据建模分析，支撑了以大规模定制为代表的典型智慧制造模式。基于研发知识库的大数据产品模块化分析以及基于协同创新平台所整合的内外部产业链协同设计能力，可实现产品的个性化设计。基于工业生产大数据的互联工厂柔性化生产能力，保障了个性化设计订单低成本高效率的制造。结合物流大数据分析优化的物流配送系统，可充分保障个性化定制产品在最短时间内按承诺交付至用户。

5.2.4　能源领域

目前，大数据在电力、石油、天然气、煤炭和新能源等能源行业的应用主要表现为企业通过综合采集、处理、分析与应用能源领域生产经营数据，以及人口、地理、气象等诸多相关领域数据，优化库存、合理调配产品供给，并对数据进行实时分析，加速推进能源产业发展及商业模式创新。大数据在能源领域的成功应用充分体现了能源生产和消费方式与大数据理念的深度融合。

5.2.5 通信领域

通信领域具有典型的超大规模海量数据特征，利用大数据分析技术，通过虚拟化的存储途径，使得各种结构类别的数据都能在同一平台中得以整合存储，节约资源，减少成本。通过数据挖掘技术对用户的行为进行数据分析和预测，不仅可以分析用户的喜好与购买能力，还可以预测用户日后的购买方向，从而实现经济效益最大化。在移动站点布局、网络结构优化方面，为使网络运行顺畅，达到最好的状态效果，通信运营商可在大数据技术的支撑下，通过遗传算法、神经网络、模拟退火算法等算法模型，找出最合适的基站建设点，实现干扰分析、话务预测、掉话处理等预测分析。同时，为满足通信业务对大数据平台在数据规模、性能、扩展性等方面的需求，通信大数据系统也呈现出敏捷、智慧、可信的发展趋势。

5.2.6 交通运输领域

随着交通运输服务与管理的信息化、智慧化发展，大数据在交通运输领域中的应用成为热点。大数据的应用使人们重新认识了交通需求和交通运行的内在规律，同时也改变了交通运输的规律。

要推进交通运输领域大数据应用的发展，各级交通运输主管部门间、政府与企业间须密切合作，建立数据定义、处理、交换等方面的标准的完整体系，只有这样才能取得共赢。为落实国务院《促进大数据发展行动纲要》和《国务院关于印发政务信息资源共享管理暂行办法的通知》的有关要求，攻克交通运输领域在数据资源共享利用中的难题，交通运输部印发了《交通运输部办公厅关于推进交通运输行业数据资源开放共享的实施意见》（交办科技〔2016〕113 号）。随后，交通运输部印发了《交通运输政务信息资源共享管理办法（试行）》。在宏观层面，国家通过打造国家综合交通运输信息平台，落实交通运输行业实施国家大数据战略的工作任务，实现了行业相关业务系统、平台的统一整合。

5.2.7 金融领域

如今，“数字蝶变”席卷金融业各个领域。随时、随地、随人、随需的普惠金融服务也成为数字金融时代的标志之一，金融机构转型已经是行业共识。大数据、云计算、人工智能、区块链等技术正在逐步与金融业务进行深度融合，推动行业转型升级。金融大数据在供应链金融、智慧营销、信用评估、风险定价、反欺诈、风控、股市行情预测、黑产防范等具体业务中都有着广泛的应用。

大数据技术逐渐向金融领域各个业务场景进行深入渗透，带来了整体效率的提升和服务模式的转变，促进了金融领域的创新发展。银行业、保险业、证券业等都对金融大数据的应用进行了广泛的探索。

大数据在银行业的典型应用主要体现在智慧营销、风控、供应链金融等领域。在精准的用户画像的基础上，银行通过金融大数据能够开展有效的智慧营销，对用户流失进行预警，深入理解用户特征和风险偏好，智慧预测用户需求，进行交叉和个性化推荐等。金融大数据在风控中的应用主要体现在身份验证、授权、贷中监控等环节,银行等金融机构整合企业内外部数据,对数据进行实时动态挖掘,能更准确估算用户价值、信用额度,并预测违约概率等。供应链金融授信主体是整个链条,银行将金融大数据应用在供应链金融中,可以根据企业间的关联及企业法人和股东的关联关系,挖掘企业关系图谱,助力供应链金融的风险控制和企业关系分析。

大数据在保险业的典型应用主要体现在骗保识别、精细化运营等领域。结合金融大数据和企业数据,保险企业能够针对保险欺诈进行建模,从而较为准确地分析和预测欺诈等非法行为;借助金融大数据可为用户提供个性化解决方案,进行用户关联销售、流失用户预警、潜在用户挖掘、用户生命周期管理等。

大数据在证券业的典型应用主要体现在股价预测、用户关系管理等领域。随着大数据技术在证券业的应用,对非结构化的数据和结构化的数据的收集和分析,使得市场情绪分析成为可能,从而实现股价预测的辅助决策。大数据技术基于用户的账户状态、交易习惯、风险偏好等进行用户聚类和细分,为用户提供个性化服务;基于历史数据进行建模,对用户流失进行预警。

此外,网络泄密等数据安全问题的出现,推动大数据在金融领域的发展重心逐步向数据安全防护转变,国家有关部门也出台相应政策加强金融业数据安全管理,数据安全必将成为金融大数据下一步的重要发展方向。同时,随着金融大数据与实际业务的紧密结合,产业链分工更为明确,服务内容更为专业化,整体呈现服务专业化、多样化的趋势。

5.3　大数据的研究方法

5.3.1　指标对比分析法

指标对比分析法是统计分析的 8 种方法之一。指标对比分析法又称比较分析法,是统计分析中最常用的方法,是通过有关的指标对比来反映事物数量上的差异和变化的方法,有比较才有鉴别。

指标对比分析法可分为静态比较分析法和动态比较分析法。静态比较是同一时间条件下不同总体指标的比较,如不同部门、不同地区、不同国家的比较,也称横向比较;动态比较是同一总体条件不同时期的指标数值的比较,也称纵向比较。

5.3.2　分组分析法

在分组分析法中,组成统计总体的各单位具有多种特征,这就使得在同一总体范围内的各单位之间存在许多差别,统计分析不仅要对总体的数量特征和数量关系进行分析,还要深入总体的内部进行分组分析。分组分析法是根据统计分析的目的要求,把所研究的总体按照一个或者几个标志划分为若干个部分,加以整理,进行观察、分析,以揭示各部分的内在联系及其规律性的方法。

应用分组分析法的关键在于正确选择分组标值和划分各组界限。

5.3.3 时间数列和动态分析法

时间数列是将反映同一指标在时间上的变化和发展的一系列数值,按时间先后顺序排列得到的结果,又称动态数列。它能反映社会经济现象的发展变动情况。编制和分析时间数列,可以找出动态变化规律,为预测未来的发展趋势提供依据。时间数列可分为绝对数时间数列、相对数时间数列、平均数时间数列。

时间数列速度指标是可以根据绝对数时间数列计算出来的速度指标,包括发展速度、增长速度、平均发展速度、平均增长速度。

在统计分析中,如果只有孤立的一个时期的指标值,是很难做出判断的。如果编制了时间数列,就可以使用动态分析法进行分析,反映分析对象的发展水平和速度的变化规律。

5.3.4 指数分析法

指数是指反映社会经济现象变动情况的相对数,有广义和狭义之分。根据指数所研究的范围的不同,其可分为个体指数、类指数与总指数。

指数分析法的作用包括:一是可以综合反映复杂的社会经济现象的总变动的方向和程度;二是可以分析某种社会经济现象的总变动受各因素变动影响的程度,这是一种因素分析法,操作方法为通过指数体系中的数量关系,假定其他因素不变,观察某一因素的变动对总变动的影响。

因素分析就是将研究对象分解为各个因素,把研究对象的总体看成各个因素变动的共同结果,通过对各个因素的分析,对研究对象总变动中各个因素的影响程度进行测定。因素分析按其所研究对象的统计指标不同可分为对总量指标变动的因素分析,对平均指标变动的因素分析。

5.3.5 平衡分析法

平衡分析法是研究社会经济现象数量变化对等关系的一种方法。它把对立统一的双方按其构成要素一一排列起来,给人以整体的概念,以便从全局观察它们之间的平衡关系。平衡关系广泛存在于经济生活中,大至全国宏观经济运行,小至个人经济收支。平衡分析法的作用包括:一是从数量变化对等关系上反映社会经济现象的平衡状况,分析各种比例关系适应的状况;二是揭示不平衡的因素和发展潜力;三是利用平衡关系从各项已知指标中推算未知的个别指标。

5.3.6 综合评价分析

社会经济现象往往是错综复杂的,社会经济运行状况是多种因素综合作用的结果,而且各个因素的变动方向和变动程度是不同的。如对宏观经济运行的评价,涉及生活、分配、流通、消费各个方面;对企业经济效益的评价,涉及人、财、物合理利用和市场销售状况。如果只用单一指标,就难以做出恰当的评价。

进行综合评价分析包括 4 个步骤。

(1)确定评价指标体系,这是综合评价分析的基础和依据。要注意评价指标体系的全面性和系统性。

(2)收集数据,并对计量单位不同的指标的数值进行同度量处理。可采用相对化处理、函数化处理、标准化处理等方法。

(3)确定各指标的权数,以保证评价分析的科学性。根据各个指标所处的地位和对总体的影响程度的不同,为不同指标赋予不同的权数。

(4)对指标进行汇总,计算综合分值,并据此做出综合评价。

5.3.7　景气分析

经济波动是客观存在的,是任何国家都难以完全避免的。避免大的经济波动,保持经济的稳定发展,一直是各国政府和经济专家面临的宏观调控和决策领域的重要课题。景气分析正是针对这一课题产生和发展的。景气分析是一种综合评价分析,可分为宏观经济景气分析和企业景气调查分析。

宏观经济景气分析是国家统计局 20 世纪 80 年代后期开始着手建立的监测指标体系和评价方法,经过十多年时间的不断完善,已形成制度,定期提供景气分析报告,对宏观经济运行状态起到晴雨表和报警器的作用,便于国务院和有关部门及时采取宏观调控措施,以经常性的小调整,防止经济的大起大落。

企业景气调查分析是在全国的各类大中型企业中,采取抽样调查的方法,通过问卷的形式,让企业负责人回答对有关情况的判断和预期的方法。这种判断和预期分为两类:一是对宏观经济总体的判断和预期;二是对企业经营状况的判断和预期,如对产品订单、原材料购进、价格、存货、就业、市场需求、固定资产投资等的判断和预期。

5.3.8　预测分析

在做出宏观经济决策和微观经济决策时,不仅需要了解经济运行中已经发生了的实际情况,而且需要预见未来将发生的情况。根据已知的过去和现在推测未来,就是预测分析。

统计预测属于定量预测,以数据分析为主,在预测中结合定性分析。统计预测的方法大致可分为两类:一类是主要根据指标时间数列自身的变化与时间的依存关系进行预测,属于动态分析;另一类是根据指标之间相互影响的因果关系进行预测,属于回归分析。

预测分析的方法有回归分析法、滑动平均法、指数平滑法、周期(季节)变化分析和随机变化分析等。比较复杂的预测分析需要建立计量经济模型,而求解模型中的参数又有许多方法。

5.4　大数据的关键技术

5.4.1　大数据参考架构

大数据是一种新兴的、不断演进的技术,与其相关的技术标准体系也在社会各界的广泛参与和关注下不断完善。结合美国国家标准与技术研究院和 ISO/IEC JTC 1/SC 32 数据管理和交换分技术委员会的研究成果,我国制定并发布了《信息技术　大数据　技术参考模型》

（GB/T 35589—2017），给出了大数据参考架构，如图 5-1 所示。

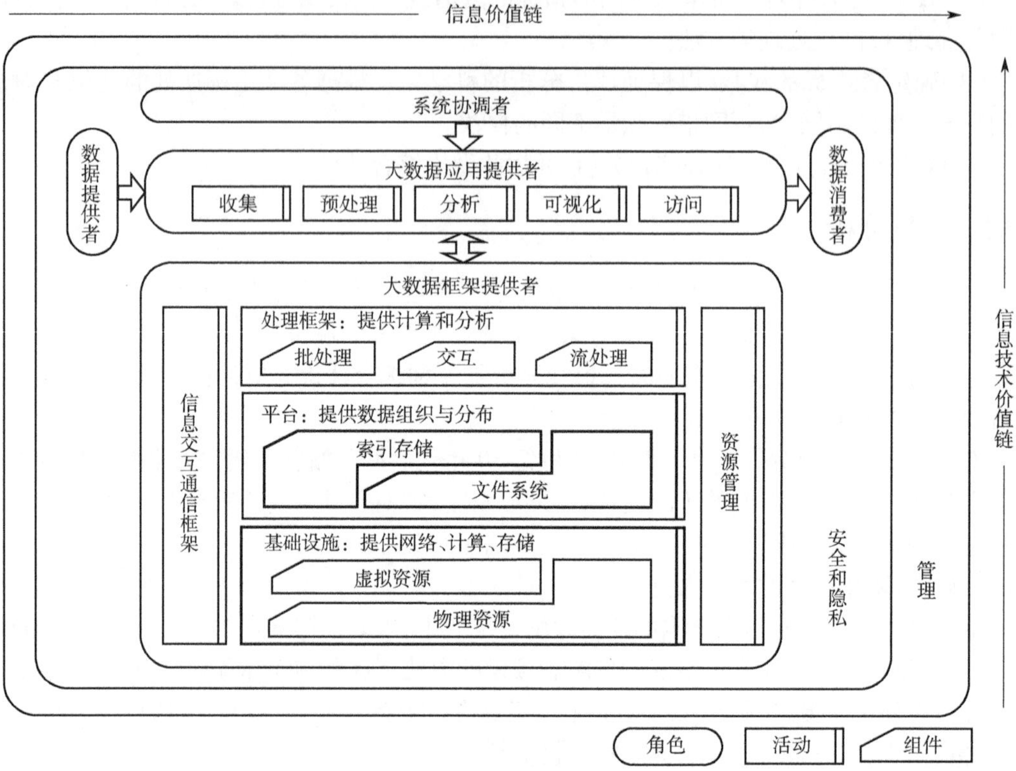

图 5-1 大数据参考架构

大数据参考架构是一个通用的大数据系统概念模型，它表示了通用的、实现无关的大数据系统的逻辑功能构件之间的互操作的接口，可以作为开发各种具体类型的大数据应用系统架构的通用技术参考框架。大数据参考架构采用构件层级结构来表达大数据系统的高层概念和通用的构件分类法。从构成上看，大数据参考架构是由一系列在不同概念层级上的逻辑构件组成的。这些逻辑构件被划分为 3 个层级，从高到低依次为角色、活动和组件。5 个主要的模型构件代表在每个大数据系统中存在的不同技术角色：系统协调者、数据提供者、大数据应用提供者、大数据框架提供者和数据消费者。另外两个非常重要的模型构件是安全和隐私、管理，它们代表能为大数据系统其他 5 个主要模型构件提供服务和功能的构件。其中管理角色的功能尤其重要，被集成在所有大数据解决方案中。

大数据参考架构体系中的管理角色可以归类为系统管理、大数据管理和大数据治理这 3 个活动组。系统管理活动组涉及调配、配置、软件包管理、软件管理、备份管理、能力管理、资源管理和大数据基础设施的性能管理等活动。大数据管理涵盖了大数据生命周期中所有的处理过程，其活动和功能是验证数据在生命周期的每个过程是否都能够被大数据系统正确地处理。大数据治理负责定义在数据全生命周期中如何访问和处理数据，从而实现更广泛的策略实施和指引，以确保数据管理的角色和责任的执行、维护数据的合规性、满足数据质量要求、实现标准化数据管理和利用、降低数据管理的成本、定义和验证数据访问要求来提高数据安全性、建立数据访问的过程以提高性能等目标的实现。

5.4.2　大数据通用技术概述

大数据技术应用于大数据系统端到端的各个环节，其包括数据接入、数据预处理、数据存储、数据处理、数据可视化、数据治理以及安全和隐私保护等。

（1）数据接入。大数据系统需要面向不同的应用和数据源（如互联网、物联网等）进行离线或实时的数据采集、传输、分发。为了支持多种应用和数据类型，大数据系统的数据接入需要基于规范化的传输协议和数据格式，提供丰富的数据接口，读入各种类型的数据。

（2）数据预处理。预处理是大数据重点技术之一。由于采集到的数据在来源、格式、质量等方面可能存在较大的差异，大数据系统需要对数据进行整理、清洗、转换等，以便支撑后续数据处理、查询、分析等的进一步应用。

（3）数据存储。随着大数据系统数据规模的扩大、数据处理和分析维度的增多、大数据应用对数据处理性能要求的不断提高，数据存储技术得到持续的发展与优化。一方面，基于大规模并行处理数据库（MPPDB）集群实现了海量结构化数据的存储与高质量管理，并能有效支持结构化查询语言（SQL）和联机事务处理（OLTP）查询。另一方面，基于分布式文件系统 HDFS 实现了对海量半结构化和非结构化数据的存储，进一步支撑内容检索、深度挖掘、综合分析等大数据分析应用。同时，数据规模的快速增长，也使得分布式存储成为主流的存储方式，而充分利用分布式存储设备的资源能够显著提升大数据系统的容量和读写性能，以使其具备较强的扩展性。

（4）数据处理。不同大数据应用对数据处理的需求各异，导致产生了如离线处理、实时处理、交互查询、实时检索等不同的数据处理方法。离线处理通常是指对海量数据进行批量的处理和分析，对处理的实时性要求不高，但数据量巨大，占用的计算及存储资源较多。实时处理指对实时数据源（比如流数据）进行快速分析，对分析处理的实时性要求高，单位时间处理的数据量大，对中央处理器（CPU）和内存的要求很高。交互查询是指对数据进行交互式的分析和查询，对查询响应时间要求较高，对查询语言的支持要求高。实时检索指对实时写入的数据进行动态的查询，对查询响应时间要求较高，并且通常需要支持高并发查询。近年来，为满足不同数据分析场景在性能、数据规模、并发性等方面的要求，流计算、内存计算、图计算等数据处理技术不断发展。同时，人工智能的快速发展使得机器学习算法更多地融入数据处理与分析过程，进一步提升了数据处理结果的精准度、智慧化和分析效率。

（5）数据可视化。数据可视化是大数据技术在各行业应用中的关键环节。其通过直观反映数据各维度指标的变化趋势来支撑用户分析、监控和数据价值挖掘。数据可视化技术的发展使得用户借助图表、2D/3D 视图等多种方式，通过自定义配置可视化界面实现对各类数据源进行面向不同应用要求的分析。

（6）数据治理。数据治理涉及数据全生命周期端到端的过程，不仅与技术紧密相关，还与政策、法规、标准、流程等密切相关。从技术角度来看，大数据治理涉及元数据管理、数据标准管理、数据质量管理、数据安全管理等多方面技术。当前，数据资源分散、数据流通困难（模型不统一、接口难对接）、应用系统孤立等问题已经成为企业数字化转型的最大挑战。大数据系统需要通过提供集成化的数据治理能力，实现数据资产管理及数据资源规划的统一。

（7）安全和隐私保护。大数据系统的安全与系统的各个组件、系统工作的各个环节相关，需要从数据安全（例如备份容灾、数据加密）、应用安全（例如身份鉴别和认证）、设备安全（例如网络安全、主机安全）等方面全面保障系统的运行安全。同时，随着大数据应用的不断深入，数据隐私保护（包括个人隐私保护、企业商业秘密保护、国家机密保护）也已成为大数据技术的重点研究方向之一。

5.4.3 大数据关键技术概述

1. 分布式数据库技术

分布式数据库是指将物理上分散的多个数据库单元连接起来组成的逻辑上统一的数据库。随着各行业大数据应用对数据库需求的不断提升，面对数据量的快速增长及系统规模的急剧扩大，数据库技术不断对系统的可扩展性、可维护性提出更高要求。当前，以结构化数据为主，结合空间、文本、时序、图等非结构化数据的融合数据分析成为用户的重要需求方向。同时，大规模数据分析对算力的要求不断提高，这就需要充分发挥异构计算单元（如CPU、GPU、AI加速芯片）的作用来满足应用对数据分析性能的要求。

分布式数据库主要分为OLTP数据库、OLAP数据库、HTAP系统。OLTP（联机事务处理）数据库，用于处理数据量较大、吞吐量要求较高、响应时间较短的交易数据分析。OLAP（联机分析处理）数据库，一般通过对数据进行时域分析、空间分析、多维分析，迅速、交互、多维度地对数据进行探索，常用于商业智慧领域和系统的实时决策。HTAP（混合交易/分析处理）系统，混合OLTP和OLAP业务，同时对它们进行处理，用于对动态的交易数据进行实时的复杂分析，使得用户能够更快做出商业决策，支持流、图、空间、文本、结构化等多种类型的数据的混合负载，具备多模引擎的分析能力。

分布式数据库的发展呈现出与人工智能融合的趋势。一方面，分布式数据库基于人工智能技术进行自调优、自诊断、自愈、自运维，能够针对不同场景提供智慧化性能优化能力；另一方面，主流的数据库语言对接人工智能技术，能有效降低人工智能技术的应用门槛。此外，结合异构计算算力，分布式数据库能基于对不同CPU架构（ARM、X86等）的调度进行结构化数据的处理，并基于对GPU、AI加速芯片的调度实现高维向量数据分析，提升数据库的性能、效能。

2. 分布式存储技术

随着数据（尤其是非结构化数据）规模的快速扩大，以及用户对大数据系统在可靠性、可用性、性能、运营成本等方面需求的提升，分布式架构逐步成为大数据存储的主流架构。

基于产业需求和技术发展，分布式存储主要呈现出3个方面的趋势。一是基于硬件处理的分布式存储技术。目前，大多的存储仍使用传统硬盘（HDD），少数的存储使用固态硬盘（SSD），或者采用SSD+HDD的模式，充分利用硬件来提升性能的探索，推动着分布式存储技术的进一步发展。二是基于融合存储的分布式存储技术。针对现有存储系统对块存储、文件存储、对象存储、大数据存储的基本需求，需要有一套系统支持多种协议融合，以降低存储成本，提升上线速度。三是与人工智能技术融合，例如基于人工智能技术实现对性能的自动调优、对资源使用的预测、对硬盘故障的预判等，以提升系统可靠性和运维效率，降低运维成本。

3. 流计算技术

流计算是指在数据流入的同时对数据进行处理和分析，适用于需要高速并发处理且时效性要求较高的大规模计算场景。流计算系统中的关键是流计算引擎，目前流计算引擎主要具备以下特征：支持流计算模型，能够对流式数据进行实时的计算；支持增量计算，可以对局部数据进行增量处理；支持事件触发，能够实时对变化进行及时响应；支持流量控制，避免因流量过高而导致系统崩溃或者性能降低等。

随着数据量的不断增长，流计算系统的使用日益广泛，同时传统的流计算平台和系统的一些不足开始逐渐显现。状态的一致性保障机制不够完善、处理延迟性较强、吞吐量受限等问题的出现，推动着流计算平台和系统向新的发展方向延伸。其发展趋势主要包括：更高的吞吐速率，以应对海量的流式数据；更低的延迟性，逐步实现亚秒级的延迟；更加完备的流量控制机制，以适应更加复杂的流式数据；容错能力的提升，以较小的开销来应对问题和错误。

4. 图数据库技术

图数据库是利用图结构进行语义查询的数据库。相比关系模型，图数据模型具有独特的优势。一是图数据模型借助边的标签，能对具有复杂甚至任意结构的数据集进行建模；而使用关系模型，必须人工将数据集归化为一组表并指定它们之间的 JOIN 条件，才能保存原始结构的全部信息。二是图数据模型能够非常有效地执行涉及数据实体之间多跳关系的复杂查询或分析，由于图数据模型用边来保存这类关系，因此只需要简单的查找操作即可获得结果，具有显著的性能优势。三是相较于关系模型，图数据模型更加灵活，能够简便地创建及动态转换数据，降低模式迁移成本。四是图数据模型擅于处理网状的复杂关系，在金融大数据、社交网络分析、安全防控、物流等领域有着更为广泛的应用。

5.5　大数据在金融业的应用

金融业是典型的数据驱动行业，每天都会产生大量的数据，包括交易数据、报价、业绩报告、消费者研究报告、各类统计数据、各种指数等。所以，金融业拥有丰富的数据，数据维度比较丰富，数据质量也很高，其利用自身的数据就可以开发出很多应用场景。

如果能够引入外部数据，还可以进一步加快数据价值的变现。

外部数据中比较好的有社交数据、电商交易数据、移动大数据、运营商数据、工商司法数据、公安数据、教育数据和银联交易数据等。

5.5.1　银行业大数据应用

银行业的大数据应用场景比较丰富，比较典型的集中在数据库营销、用户经营、数据风控、产品设计和决策支持等方面。目前来讲，大数据在银行的商业应用还是以其自身交易数据和客户数据为主，外部数据为辅；以描述性数据分析为主，预测性数据建模为辅；以经营客户为主，经营产品为辅。

银行数据的类型包括交易数据、客户数据、信用数据、资产数据。

银行大数据应用的类型如图 5-2 所示。

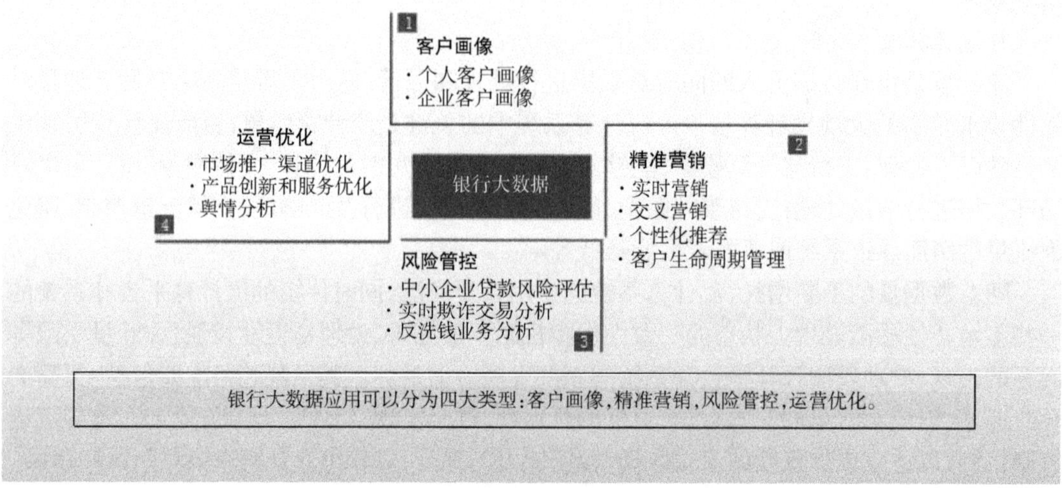

图 5-2　银行大数据应用的类型

1. 客户画像

客户画像（图 5-3）主要分为个人客户画像和企业客户画像。

个人客户画像包括人口统计学特征、消费能力数据、兴趣数据、风险偏好等。

企业客户画像包括企业的生产、流通、运营、财务、销售和客户数据以及相关产业链上下游数据等。

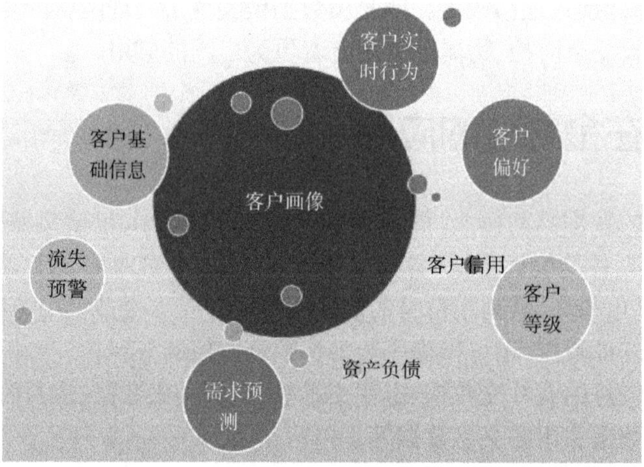

图 5-3　客户画像

客户画像的五大步骤如下。

（1）先利用数据仓库进行数据集中，筛选出强相关信息，对定量信息定性化，生成数据管理平台（data management platform，DMP）需要的数据。

（2）利用 DMP 进行基础标签和应用的定制，结合业务场景需求，进行目标客户筛选或对用户进行深度分析。

（3）利用 DMP 引入外部数据，完善数据场景设计，提高目标客户精准度。

（4）找到满足客户需求的方式，面向客户进行营销，并对营销效果进行反馈，衡量数据产品的商业价值。

（5）利用反馈数据来调整营销活动和提高投资回报率，形成市场营销的闭环，实现数据商业价值变现的闭环。

2. 精准营销

在客户画像的基础上，银行可以有效开展精准营销。

1）实时营销

实时营销是根据客户的实时状态进行的营销，比如根据客户的所在地、客户最近一次消费等的信息有针对性地进行营销，比如某客户采用信用卡采购孕妇用品，可以通过建模推测其怀孕的概率，并推荐孕妇类客户喜欢的业务，又比如将改变客户生活状态的事件（换工作、婚姻状况改变、购房等）视为营销机会。

2）交叉营销

交叉营销是进行不同业务或产品的交叉推荐，比如银行可以根据客户交易记录分析，有效地识别小微企业客户，然后用远程银行来实施交叉销售。

3）个性化推荐

银行可以根据客户的喜好为其提供服务或者向其推荐个性化的银行产品。比如根据客户的年龄、资产规模、理财偏好等，对客户进行精准定位，分析出其潜在金融服务需求，进而有针对性地进行营销推广。

4）客户生命周期管理

客户生命周期管理包括新客户获取、客户防流失和客户赢回等。

如招商银行通过构建客户流失预警模型，面向流失率等级较高的前20%的客户发售高收益理财产品，对其予以挽留，使得金卡和金葵花卡客户流失率分别降低了15个百分点和7个百分点。

3. 风险管控

风险管控利用大数据技术对中小企业贷款进行风险评估并对实时欺诈交易进行识别、对反洗钱业务进行分析，帮助银行降低风险。

4. 运营优化

运营优化通过大数据分析方法改善银行的经营决策，为管理层提供可靠的数据支撑，使其经营决策更加高效，精确性更高。

1）市场推广渠道优化

通过大数据，银行可以监控不同市场推广渠道尤其是网络推广渠道的质量，从而进行合作渠道的调整和优化，还可以分析哪些渠道更适合推广哪类银行产品或者服务，从而进行渠道推广策略的优化。

2）产品创新和服务优化

银行可以将客户行为转化为信息流，基于此分析客户的个性特征和风险偏好，更深入地理解客户的习惯，智慧化分析和预测客户需求，从而进行产品创新和服务优化。如兴业银行通过对还款数据的挖掘比较区分优质客户，根据客户还款数额的差别，提供差异化的金融产品和服务。

3）舆情分析

银行可以通过爬虫技术，抓取社区、论坛和微博上关于银行、银行产品和服务的相关信息，并通过自然语言处理技术进行正负面信息判断，尤其是及时掌握银行、银行产品和服务的负面信息，及时发现和处理问题，对于正面信息可以加以总结并继续优化相关服务。银行也可以抓取其他银行的正负面信息，及时了解同行做得好的方面，将其作为自身业务优化的借鉴。

5.5.2 保险业大数据应用

保险业主要通过保险代理人与保险客户进行联系，对客户的基本信息和需求掌握得很少，因此极端依赖外部保险代理人和渠道（银行）。随着互联网保险的兴起，用户会被分流到互联网渠道，特别是年轻人会更加喜欢通过互联网这个渠道来满足自己的需求。未来线上客户将成为保险公司的重要客户来源。

保险业的产品是一个长周期性产品，保险客户再次购买保险产品的转化率很高，经营好老客户是保险公司的一项重要任务，所以保险公司应该进行数据挖掘分析和客户画像以了解客户。

保险业的大数据应用场景是围绕着保险产品和保险客户的，典型的大数据应用有利用用户行为数据来确定保险价格，利用客户外部行为数据来了解客户需求，向目标用户推荐产品等。

保险公司可以为客户建立人生档案，基于客户个人在生命周期的各个阶段的需要，为客户提供保险产品。

保险业的大数据应用的类型如图 5-4 所示。

1. 精细化营销

1）客户细分和差异化服务

风险偏好是确定保险需求的关键。风险喜好者、风险中立者和风险厌恶者的保险需求是不同的，一般来讲，风险厌恶者有更高的保险需求。

在对客户进行细分时还要结合客户职业、爱好、习惯、家庭结构、消费方式偏好数据等，利用机器学习算法对客户进行分类，并针对不同类别的客户提供不同的产品和服务。

2）客户精准营销

在网络营销领域，保险公司可以通过收集互联网用户的各类数据，如地域分布等属性数据，搜索关键词等即时数据，购物行为、浏览行为等行为数据，以及兴趣爱好、人脉关系等社交数据，通过对数据的处理与分析，在广告推送中实现地域定向、需求定向、偏好定向、关系定向等定向方式，实现精准营销。

3）客户关联销售

保险公司可以用关联规则找出最佳险种销售组合，利用时序规则找出客户生命周期中购买保险的时间顺序，从而把握客户提高保额的时机，建立既有客户再销售清单与规则，从而促进保险产品的销售。借助大数据，保险业可以直接锁定有需求的客户。

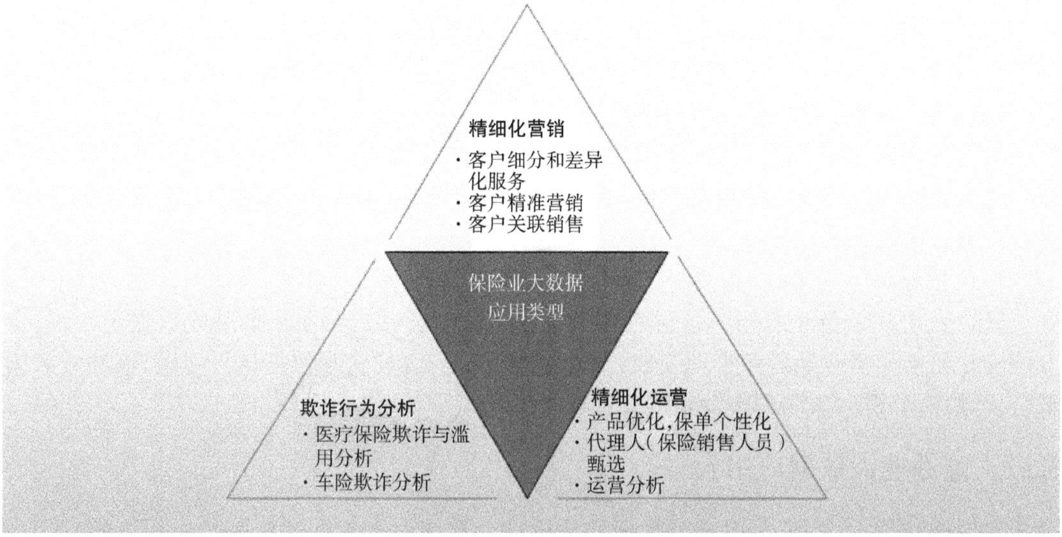

图5-4　保险业的大数据应用的类型

以淘宝退货运费险为例,据统计,淘宝用户退货运费险索赔率在50%以上,该保险产品给保险公司带来的利润只有5%左右,但是有很多保险公司都有意愿去提供这种保险产品。因为客户购买退货运费险后,保险公司就可以获得客户的个人基本信息,包括手机号和银行账户信息等,并能够了解客户的购买信息,从而实现精准推送。假设某客户购买并退货的是婴儿奶粉,保险公司就可以推测出该客户家里有小孩,可以向其推荐关于儿童疾病险、教育险等利润率更高的产品。

2. 欺诈行为分析

保险公司基于企业内外部交易数据和相关历史数据,利用大数据技术可实时或准实时预测和分析欺诈等非法行为。

1)医疗保险欺诈与滥用分析

医疗保险欺诈与滥用通常可分为两种:一是非法骗取保险金,即保险欺诈;另一类则是在保额限度内重复就医、浮报理赔金额等,即医疗保险滥用。

保险公司能够利用相关历史数据,寻找影响保险欺诈行为的最为显著的因素及这些因素的取值区间,建立预测模型,并通过自动化计分功能,快速将理赔案件依照欺诈与滥用可能性进行分类处理。

2)车险欺诈分析

保险公司能够利用过去的欺诈事件的相关数据建立预测模型,对理赔申请进行分级处理,可以在很大程度上解决车险欺诈问题,车险欺诈分析包括车险理赔申请欺诈侦测、业务员及修车厂勾结欺诈侦测等。

3. 精细化运营

1)产品优化,保单个性化

在没有精细化的数据分析和挖掘的情况下,保险公司把很多人都放在同一风险水平之下，客户购买的保险产品并没有完全解决客户的各种风险问题。

保险公司可以通过自有数据和客户的社交网络数据，解决现有风险控制问题，为客户定制个性化的保险产品，构建更准确、利润率更高的保单模型，给客户提供个性化的解决方案。

2）代理人（保险销售人员）甄选

保险公司可根据代理人（保险销售人员）业绩数据、性别、年龄、入司前工作年限、其他保险公司经验和代理人人员思维性向测试等，找出销售业绩相对好的销售人员的特征，以便优选高潜力销售人员。

3）运营分析

保险公司基于企业内外部运营、管理和交互等方面的数据分析，借助大数据平台，可全方位统计和预测企业经营和管理绩效；基于保险保单和客户交互数据进行建模，借助大数据平台，可快速分析和预测再次发生的或者新的市场风险、操作风险等。

5.5.3 证券业大数据应用

大数据时代，券商已意识到大数据的重要性。券商对大数据的研究与应用正处于起步阶段，目前国内外证券业的大数据应用大致有以下 3 个方向：股价预测、客户关系管理、投资景气指数。

1. 股价预测

英国对冲基金德温特资本市场（Derwent Capital Markets）通过分析推特的数据内容来感知市场情绪，从而指导投资。其在首月的交易中实现了赢利，1.85%的收益率远高于平均数只有 0.76%的其他对冲基金的收益率。

麻省理工学院的学者，根据情绪词将推特上的相关内容标定为正面或负面情绪内容。结果发现，无论是如"希望"这类的正面情绪内容，还是"害怕""担心"这类的负面情绪内容，其占推特总内容数的比例，都预示着道琼斯指数、标准普尔 500 指数、纳斯达克指数的下跌。

美国佩斯大学的一位博士追踪观察了星巴克、可口可乐和耐克 3 家公司在社交媒体上的受欢迎程度，同时比较它们的股价，结果发现，它们在脸谱上的粉丝数、推特上的听众数和油管上的观看人数都和它们的股价密切相关。

2. 客户关系管理

1）客户细分

大数据技术通过分析客户的账户状态（类型、生命周期、投资时间）、账户价值（资产峰值、资产均值、交易量、佣金贡献和成本等）、交易习惯（周转率、市场关注度、仓位、平均持股市值、平均持股时间、单笔交易均值和日均成交量等）、投资偏好（偏好品种、下单渠道和是否申购）、投资收益（本期相对和绝对收益、今年相对和绝对收益、投资能力等）来进行客户聚类和细分，从而发现客户交易模式类型，找出最有价值和赢利潜力的客户群，以及他们最需要的服务，更好地配置资源和政策，改进服务，抓住最有价值的客户。

2）流失客户预测

券商可根据客户历史交易行为和流失情况来建模从而预测客户流失的概率。如 2012 年海通证券股份有限公司自主开发的"给予数据挖掘算法的证券客户行为特征分析技术"

应用在客户深度画像和基于画像的用户流失概率预测上。该技术通过对海通证券股份有限公司的 100 多万样本客户半年交易记录的海量信息分析，建立了客户分类、客户偏好、客户流失概率的模型。海通证券股份有限公司开发该技术的初衷是希望通过对客户行为的量化分析，测算将来客户的流失概率。

3. 投资景气指数

2012 年，国泰君安证券推出了"个人投资者投资景气指数"（简称"31 指数"），其通过一个独特的视角传递个人投资者对市场的预期、当期的风险偏好等信息。国泰君安证券研究所通过对海量个人投资者样本进行持续性跟踪监测，对账本投资收益率、持仓率、资金流动情况等一系列指标进行统计、加权汇总后，得到了综合性投资景气指数。

"31 指数"通过对海量个人投资者真实投资交易信息的深入挖掘分析，来了解个人投资者交易行为的变化、投资信心的状态与发展趋势、对市场的预期及当前的风险偏好等信息。在样本选择上，国泰君安证券研究所选择了资金在 100 万元以下、投资年限在 5 年以上的中小投资者，样本规模高达 10 万，覆盖全国不同地区，所以，这个指数较有代表性。在参数方面，主要根据中小投资者持仓率的高低、是否追加资金、是否赢利这几个指标，来看投资者对市场持乐观态度还是悲观态度。

"31 指数"每月发布一次，以 100 为中间值，100~120 属于正常区间，120 以上表示趋热，100 以下则表示趋冷。

【知识窗】

2022 大数据十大关键词

2022 年 6 月 28 日，中国信息通信研究院云计算与大数据研究所发布了"2022 大数据十大关键词"（图 5-5）。

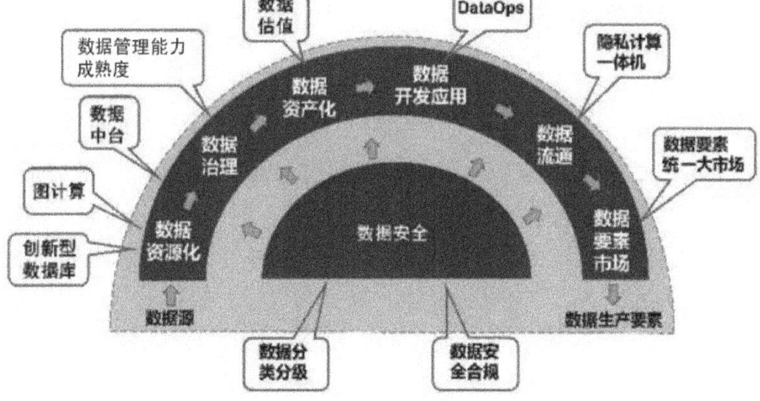

图 5-5　2022 大数据十大关键词

"2022 大数据十大关键词"涉及数据从计算机语言到成为生产要素的全生命周期，包括：数据资源化，即数据从计算机语言变为可被人类识别的信息；数据治理，即对散乱的、庞杂的数据进行归类、整理、管理；数据资产化，即将数据与货币对应挂钩；数据开发应用，即加工数据，使其为业务赋能；数据流通，即完成数据在部门与部门间、机构与机构间点对点的合规交换共享；数据要素市场，即促进全社会按照统一规范的制度、体系完成数据的合规流通利用；数据安全，即保障数据在其流转的全生命周期中符合相关法律法规。

【重点案例】

啤酒与尿布

"啤酒与尿布"的故事产生于20世纪90年代的美国沃尔玛超市中。沃尔玛的超市管理人员分析销售数据时发现了一个令人难以理解的现象：在某些特定的情况下，啤酒与尿布两种看上去毫无关系的商品会经常出现在同一个购物篮中。这种独特的销售现象引起了管理人员的注意，经过后续调查他们发现，这种现象出现在年轻的父亲身上。

如果这个年轻的父亲在卖场只能买到两种商品中的一种，则他很有可能会放弃购物而到另一家超市，直到他可以一次同时买到啤酒与尿布为止。沃尔玛超市发现了这一独特的现象后，开始在卖场尝试将啤酒与尿布摆放在相同的区域，让年轻的父亲可以同时找到这两种商品，并很快地完成购物。沃尔玛超市因为可以让这些客户一次性购买到两种商品，从而获得了很好的商品销售收入，这就是"啤酒与尿布"故事的由来。

当然"啤酒与尿布"的故事必须具有技术方面的支持。1993年美国学者阿格拉沃尔（Agrawal）提出通过分析购物篮中的商品集合，找出商品之间关联关系的关联算法，并根据商品之间的关系，找出客户的购买行为。阿格拉沃尔从数学及计算机算法角度提出了商品关联关系的计算方法——Apriori算法。沃尔玛超市从20世纪90年代开始尝试将Apriori算法引入POS机（销售点终端机）数据分析中，并获得了成功，于是产生了"啤酒与尿布"的故事。

其实，大数据的影响除了以上列举的方面外，它同时也能在经济、政治、文化等方面产生深远的影响。大数据可以帮助人们开启循"数"管理的模式，也是我们当下"大社会"的集中体现。三分技术，七分数据，得数据者得天下。

【本章小结】

现在的社会是一个高速发展的社会，科技发达，信息繁杂，人们之间的交流越来越密切，生活也越来越方便，大数据就是这个高科技时代的产物。

有人把数据比喻为蕴藏能量的煤矿。煤炭按照性质可分为焦煤、无烟煤、肥煤、贫煤等，而露天煤矿、深山煤矿的挖掘成本又不一样。与此类似，大数据并不在"大"，而在于"有用"。价值含量、挖掘成本比数量更为重要。对于很多行业而言，如何利用这些大数据是赢得竞争主动的关键。

大数据在经济发展中的巨大意义并不代表其能取代一切对社会问题的理性思考，科学发展的逻辑不能被湮没在海量数据中。著名经济学家路德维希·冯·米塞斯曾提醒过："就今日言，有很多人忙碌于资料之无益累积，以致对问题之说明与解决，丧失了其对特殊的经济意义的了解。"这确实是需要警惕的。

在这个快速发展的智慧硬件时代，困扰应用开发者的一个重要问题就是如何在效率、覆盖范围、传输速率和成本之间找到那个微妙的平衡点。企业利用相关数据可以降低成本、提高效率、开发新产品、做出更明智的业务决策等。

【思维拓展】

大数据应用意味着尽可能把信息收集起来，统计分析人的行为和周边人的行为。大数据的核心价值在于存储和分析海量数据。大数据技术的战略意义不在于掌握大量数据信息，而在于对这些有意义的数据进行专业处理。

大数据看上去和我们普通人的生活相距甚远，但其实不然。大数据目前已经存在于我们生活中的各种角落里了。

大数据是指无法在一定时间内用常规软件工具对其内容进行抓取、管理和处理的数据集合。大数据技术是指从各种各样类型的数据中，快速获得有价值信息的技术。适用于大数据的技术，包括大规模并行处理数据库、数据挖掘电网、分布式文件系统、分布式数据库、云计算平台、互联网和可扩展的存储系统。

【自测题】

大数据技术在为我国社会创造商业价值的过程中，也为公民的个人隐私保护埋下了安全隐患，主要表现在应用服务商、软件服务商、移动终端商对个人信息的不重视、防护系统更新或研发的速度慢、相关法律法规的不完善、个人隐私边界的模糊等层面。

请思考我国相关政府部门是如何从法律法规、技术升级的角度出发，构建个人隐私保护的外部环境，用制度手段，引导企业提升对个人隐私保护的重视，加强数据隐私的防护力度，进而为大数据技术的健康发展奠定坚实的基础的。

第 6 章　云计算

【思维导图】

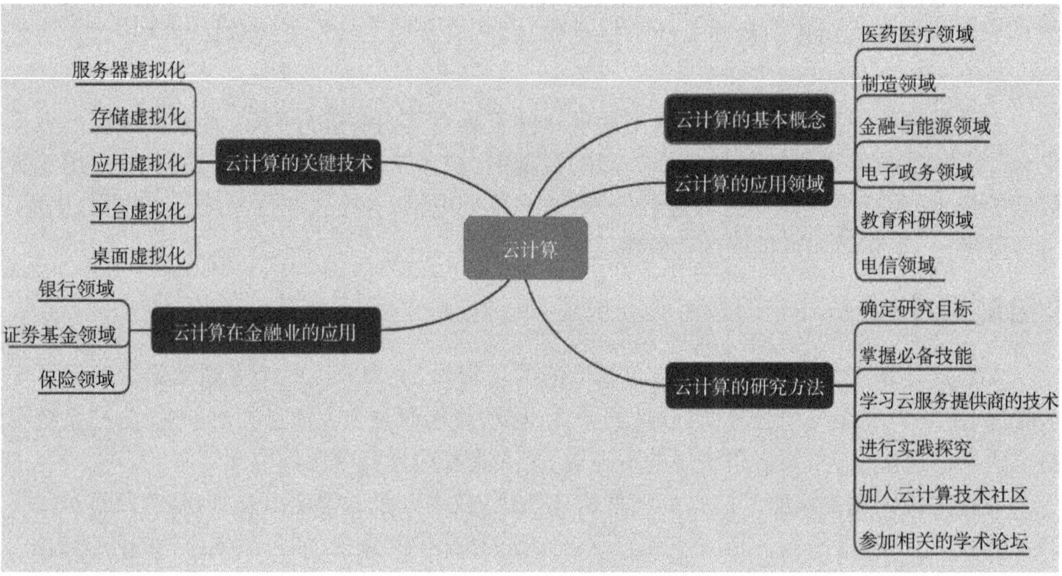

【导入案例】

尽管云计算被越来越多地提及，无论是国家还是各大互联网企业，几乎都分出来一部分精力投入云计算。但是对于不懂技术、没有接受过相关培训的人来说，云计算还是可望而不可即的高科技。

其实，云计算已经在我们的生活中发挥着作用了，常用的应用程序、搜索引擎、听歌软件，它们的服务器都“跑”在“云”上，为我们提供服务。但这些对于我们而言还是在间接接触云计算，在我们的日常生活中真正直接使用云计算技术能满足我们哪些需求呢？

使用云计算技术可以实现我们“在家办公”这个需求。购买一台云服务器，安装 Windows 以后，就相当于拥有了一台随时随地能使用的计算机，其性能随需求而定，即使是手机、平板电脑等移动设备也可以轻松地连接上“云电脑”，方便我们处理工作事宜。

与我们日常使用的网盘不同，直接在云计算服务商处购买的个人网盘服务，具有极强的私密性和安全性。目前我们使用的网盘就像商场存包处的一个个存包箱，不仅我们可以用密码纸打开它，商场也有钥匙或者可以用其他技术打开它。而从云计算服务商处购买的个人网盘就像是买了一个远程的保险箱，只有你自己能打开。云服务商连“钥匙”带“箱子”一起给你，它也没有打开“保险箱”的权限。这对那些需要存储高机密数据的用户来说是十分重要的。

喜欢玩游戏的朋友有时候会因为自己计算机的配置不够高而错过很多需要高配置才能运行的大型游戏，而云计算技术帮用户解决了这一问题。云游戏将游戏运行在云服务器上，用户只需要一个能接收画面的设备和畅通的网络就能尽情享受 3A 大作（即一些高成本、高体量、高质量的游戏）带来的快感。

【思政目标】

通过了解最美逆行者医护工作者的抗击新型冠状病毒肺炎（简称“新冠肺炎”）疫情的事迹，培养学生的坚定信念。

【思政案例】

认识最美逆行者

学生在课前进行分组调研，调查学习医护工作者抗击新冠肺炎疫情的种种事迹，并讨论如何利用云计算技术在图像中识别出医护工作者的美丽面庞，分组调研口罩在防疫抗疫中的重要性，根据调研完成报告。课中，学生分组讨论如何在图像上完成人脸识别任务，通过识别图像中的人脸，观看通过程序实现人脸自动佩戴口罩的过程，从而掌握脸部特征识别、人脸数据采集、识别模型训练、人脸佩戴口罩程序的开发能力。

6.1　云计算的基本概念

云计算（cloud computing）是分布式计算的一种，指的是通过网络“云”将巨大的数据计算处理程序分解成无数个小程序，然后通过多部服务器组成的系统处理和分析这些小程序得到的结果并将其返回给用户。早期的云计算，简单地说，就是简单的分布式计算，解决任务分发问题并进行计算结果的合并。因而，云计算又称为网格计算。通过这项技术，我们可以在很短的时间（几秒）内完成对数以万计的数据的处理，从而获得强大的网络服务。

我们可以通过云计算处理海量的信息。

云计算可以简单地理解为一个数据中心为客户提供存储、计算、网络等服务。

我们都有过这样的经历，在学校网上选课的时候服务器因过载而崩溃，这是由学校服务器计算资源、计算能力不足导致的。而云计算可以实现计算资源的调配，当客户申请需要计算资源的时候，云服务提供商就会调配各地计算资源，为客户提供计算服务。

最简单的云计算技术在网络服务中已经随处可见，例如搜索引擎、网络信箱等，使用者只要输入简单指令即能得到大量信息。

未来手机等行动装置都可以通过云计算技术发展出更多的应用服务。

云计算不仅仅有资料搜寻、分析的功能，未来如 DNA（脱氧核糖核酸）结构分析、基因图谱定序、癌症细胞解析等，都可以通过这项技术轻易达成。

云计算时代，我们可以抛弃 U 盘等移动设备，只需要进入云服务器页面，新建文档，编辑内容，然后直接将文档的 URL（统一资源定位器）分享给朋友或者上司，对方就可以直接打开浏览器访问 URL。我们再也不用担心因计算机硬盘的损坏而发生资料丢失的事件了。

6.2 云计算的应用领域

目前，云计算在中国主要行业的应用还仅仅是冰山一角，但随着本土化云计算技术产品、解决方案的不断成熟，云计算理念的迅速推广普及，云计算必将成为未来中国重要行业领域的主流 IT 应用模式，为重点行业用户的信息化建设与 IT 运行维护管理工作奠定核心基础。

6.2.1 医药医疗领域

医药企业与医疗单位一直是国内信息化水平较高的行业用户，在 2009 年“新医论”政策的推动下，医药企业与医疗单位对自身信息化体系进行优化升级，以适应医疗改革下业务调整的要求。在此影响下，以“云信息平台”为核心的信息化集中应用模式应运而生，逐步取代目前各系统分散的应用模式，进而提高医药企业的内部信息共享能力与医疗信息公共平台的整体服务能力。

6.2.2 制造领域

随着后金融危机时代的到来，制造业企业的竞争将日趋激烈，企业在不断进行产品创新、管理改革的同时，也在大力开展内部供应链优化与外部供应链整合工作，进而降低运营成本、缩短产品研发生产周期。未来云计算将在制造业企业供应链信息化建设方面得到广泛应用，特别是通过对各类业务系统的有机整合，形成企业云供应链信息平台，加速企业内部“研发—采购—生产—库存—销售”信息一体化进程，进而提升制造业企业竞争实力。

6.2.3 金融与能源领域

金融、能源企业一直是国内信息化建设的领军型行业用户，中国石油化工集团有限公司、中国人民保险集团股份有限公司、中国农业银行等企业的信息化建设已进入 IT 资源整合集成阶段，在此期间，它们需要利用云计算模式，搭建基于 IaaS(infrastructure as a service，基础设施即服务)的物理集成平台，对各类服务器基础设施应用进行集成，形成能够高度复用与统一管理的 IT 资源池，对外提供统一硬件资源服务；同时，在信息系统整合方面，需要建立基于 PaaS(platform as a service，平台即服务)的系统整合平台，实现各异构系统间的互联互通。因此，云计算模式将成为金融、能源等领域大型企业信息化整合的“关键武器”。

6.2.4 电子政务领域

云计算将助力中国各级政府机构公共服务平台建设。目前，各级政府机构积极开展公共服务平台的建设，努力打造公共服务型政府的形象，在此期间，它们需要通过云计算技术来构建高效运营的技术平台，其中包括利用虚拟化技术建立公共平台服务器集群，利用 PaaS 技术构建公共服务系统等方面，进而实现公共服务平台内部的可靠、稳定运行，提高平台的不间断服务能力。

6.2.5　教育科研领域

云计算将为高校与科研单位提供实效化的研发平台。目前，云计算已经在清华大学、中国科学院等单位得到了初步应用，并取得了很好的应用效果。在未来，云计算将在我国高校与科研单位得到广泛的应用普及，各大高校将根据自身研究领域与技术需求建立云计算平台，并对原来各下属研究所的服务器与存储资源进行有机整合，提供高效可复用的云计算平台，为科研与教学工作提供强大的计算机资源，进而大大提高研发工作效率。

6.2.6　电信领域

在国外，大型电信企业除了向社会公众提供 ISP（互联网服务提供商）网络服务外，同时也作为云计算服务商，向不同行业用户提供 IDC（互联网数据中心）设备租赁、SaaS（software as a service，软件运营服务）产品应用服务。这些电信企业创新性的产品增值服务，也强力地推动了国外公有云的快速发展。因此，在未来，国内电信企业将成为云计算产业的主要受益者之一，从各类付费性云服务产品中得到大量收入，实现利润增长，通过对国内不同行业用户的需求分析与云产品服务研发、提供，打造自主品牌的云服务体系。

6.3　云计算的研究方法

赛迪顾问（即赛迪顾问股份有限公司）历时 3 个月，走访了近 50 位云计算产业的重要影响者，包括国家发展和改革委员会、工业和信息化部、地方经济和信息化委员会、软件园区等的领导，两院院士、高校教授、著名媒体主编、知名博主、大型跨国云计算解决方案提供商、中国本土云计算解决方案和服务提供商，以及政府、企业和个人用户，针对云计算的研究方法，获得了大量的一手资料和众多真知灼见。

6.3.1　确定研究目标

如同其他领域的研究一样，云计算技术的研究也必须从确定研究目标开始。研究目标应当清晰明确，明确要研究什么、要做什么。此外，研究目标应该具有可实现性和商业化前景，以便将来能够转化为实际应用。

6.3.2　掌握必备技能

研究云计算技术需要相关的专业知识和技能，包括计算机科学、数据结构与算法、网络安全、虚拟化等方面的知识和技能。因此，研究人员在开始研究前，应该掌握这些必要的知识和技能，以便更好地理解和深入探究云计算技术的各项细节。

6.3.3　学习云服务提供商的技术

云计算技术与云服务提供商密不可分，如阿里云、华为云等。学习这些云服务提供商提供的技术和平台，了解其核心功能、操作方法和使用场景，有助于加深对云计算技术的理解。

6.3.4 进行实践探究

实践是学习云计算技术的重要环节。可以从搭建一个云计算环境开始实践，了解云计算技术的实际应用情况。在实践中，可以尝试搭建一些常用的云计算服务，如集群环境、自动化运维等，以达到深入研究的目的。

6.3.5 加入云计算技术社区

加入云计算技术社区，可以与广大的同行分享技术、经验和创意。社区的讨论和协作，对于技术的成长和推动是至关重要的。在这些社区中，技术人员可以获得有关新技术的第一手信息，也可以专注于真正有影响力的项目。

6.3.6 参加相关的学术论坛

参加相关的学术论坛也是研究云计算技术的必要步骤。这些论坛为研究人员提供了展示研究成果的平台，也让其他专业人士能够更好地了解云计算领域的新发展和前沿研究方向。

总之，了解和掌握云计算技术的必要技能，加入云计算技术社区，参加学术论坛，并进行具体实践，才能促使技术人员更好地掌握这门技术，为企业的业务发展提供支持。

6.4 云计算的关键技术

虚拟化（virtualization）技术是云计算系统的核心组成部分之一，是对各种计算及存储资源进行充分整合和高效利用的关键技术。

虚拟化是为某些对象（比如操作系统、计算机系统、存储设备和网络资源等）创造虚拟（相对于真实）版本。它是表示计算机资源的抽象方法，通过虚拟化，用户可以用与访问抽象前资源一致的方法访问抽象后的资源，其可以为一组类似资源提供一个通用的抽象接口集，从而隐藏属性和操作之间的差异，并允许通过一种通用的方式来查看和维护资源。

6.4.1 服务器虚拟化

服务器虚拟化可以将一个物理服务器虚拟成若干个服务器。服务器虚拟化是 IaaS 的基础。服务器虚拟化需要具备以下功能和技术。

（1）多实例：在一个物理服务器上可以运行多个虚拟服务器。

（2）隔离性：在多实例的服务器虚拟化中，一个虚拟机与其他虚拟机完全隔离，以保证具有良好的可靠性及安全性。

（3）CPU 虚拟化：把物理 CPU 抽象成虚拟 CPU。一个物理 CPU 只能运行一个虚拟 CPU 的指令，而多个虚拟机同时提供服务将会大大提高物理 CPU 的利用率。

（4）内存虚拟化：统一管理物理内存，将其包装成多个虚拟的物理内存分别供若干个虚拟机使用，使得每个虚拟机拥有各自独立的内存空间，互不干扰。

（5）设备与 I/O（input/output，输入/输出）虚拟化：统一管理物理机的真实设备，将其包装成多个虚拟设备供若干个虚拟机使用，响应每个虚拟机的设备访问请求和I/O请求。

（6）无知觉故障恢复：运用虚拟机之间的快速热迁移技术（live migration），可以将一个故障虚拟机上的用户在没有明显感觉的情况下迅速转移到另一个新开的正常虚拟机上。

（7）负载均衡：利用调度和分配技术，平衡各个虚拟机和物理机之间的利用率。

（8）统一管理：由多个物理服务器支持的多个虚拟机的动态实时生成、启动、停止、迁移、调度、负荷、监控等，应当有一个方便易用的统一管理界面。

（9）快速部署：整个系统要有一套快速部署机制，对多个虚拟机及其上的不同操作系统和应用进行高效部署、更新和升级。

6.4.2　存储虚拟化

存储虚拟化即将整个云系统的存储资源进行统一整合管理，为用户提供一个统一的存储空间。存储虚拟化具有以下功能和特点。

（1）集中存储：存储资源统一整合管理，集中存储，形成数据中心模式。

（2）分布式扩展：存储介质易于扩展，由多个异构存储服务器实现分布式存储，以统一模式访问虚拟化后的用户接口。

（3）节能减排：服务器和硬盘的耗电量巨大，为提供全时段数据访问服务，存储服务器及硬盘不可以停机。但为了节能减排，需要利用更合理的协议和存储模式，尽可能减少开启服务器和硬盘的次数。

（4）虚拟本地硬盘：存储虚拟化应当便于用户使用，最方便的形式是将云存储系统虚拟成用户本地硬盘，使其使用方法与本地硬盘相同。

（5）安全认证：新用户加入云存储系统前，必须经过安全认证并获得证书。

（6）数据加密：为保证用户数据的私密性，将数据存到云存储系统时必须加密，加密后的数据除被授权的特殊用户，其他人一概无法解密。

（7）级层管理：支持级层管理模式，即上级可以监控下级的存储数据，而下级无法查看上级或平级的数据。

6.4.3　应用虚拟化

应用虚拟化即把应用对底层系统和硬件的依赖抽象出来，从而解除应用与操作系统和硬件的耦合关系。应用程序运行在本地应用虚拟化环境中时，这个环境为应用程序屏蔽了底层可能与其他应用产生冲突的内容。应用虚拟化是SaaS的基础。应用虚拟化需要具备以下功能和特点。

（1）解耦合：利用屏蔽底层异构性的技术解除虚拟应用与操作系统和硬件的耦合关系。

（2）共享性：应用虚拟化可以使一个真实应用运行在任何共享的计算资源上。

（3）虚拟环境：应用虚拟化为应用程序提供了一个虚拟的运行环境，这个虚拟环境中不仅拥有应用程序的可执行文件，还包括虚拟应用所需的运行环境。

（4）兼容性：虚拟应用应屏蔽底层可能与其他应用产生冲突的内容，从而使其具有良好的兼容性。

（5）快速升级更新：真实应用可以快速升级更新，应用虚拟化通过流的方式将相对应的虚拟应用及环境快速发布到客户端。

(6)用户自定义:用户可以选择自己喜欢的虚拟应用的特点和所支持的虚拟环境。

6.4.4 平台虚拟化

平台虚拟化即集成各种开发资源虚拟出的一个面向开发人员的统一接口,开发人员可以方便地在这个虚拟平台上开发各种应用并将其嵌入云计算系统中,使其成为新的云服务供用户使用。平台虚拟化具备以下功能和特点。

(1)通用接口:支持各种通用的开发工具和由其开发的软件,包括 C、C++、Java、C#、Delphi、Basic 等。

(2)内容审核:各种开发软件(服务)在接入平台前都将被严格审核,包括人的身份认证,以保证软件及服务非盗版、无病毒及合法性。

(3)测试环境:一项服务在正式推出之前必须在一定的测试环境中经过完整的测试才行。

(4)服务计费:完整合理的计费系统可以保证服务提供人获得准确的收入,而虚拟平台也可以得到一定比例的管理费。

(5)排名打分:有一整套完整合理的打分机制对各种服务进行排名打分。排名需要给用户客观的指导性意见,严禁有误导用户的行为。

(6)升级更新:允许服务提供者不断完善自己的服务,平台要提供完善的升级更新机制。

(7)管理监控:整个平台需要有一个完善的管理监控体系以防出现非法行为。

6.4.5 桌面虚拟化

桌面虚拟化将用户的桌面环境与其使用的终端设备解耦。服务器上存放的是每个用户的完整桌面环境。用户可以使用具有足够处理和显示功能的不同终端设备通过网络访问该桌面环境。桌面虚拟化具有如下功能和接入标准。

(1)集中管理维护:集中在服务器端管理和配置计算机环境及其他客户端需要的软件,可以对企业数据、应用和系统进行集中管理、维护和控制,以减少现场支持的工作量。

(2)使用连续性:确保终端用户下次在另一个虚拟机上登录时,依然可以继续拥有以前的配置和文件存储内容,让使用具有连续性。

(3)故障恢复:桌面虚拟化是将用户的桌面环境保存为一个个虚拟机。对虚拟机进行快照和备份,就可以快速恢复用户的故障桌面,并将其实时迁移到另一个虚拟机上继续进行工作。

(4)用户自定义:用户可以选择自己喜欢的桌面操作系统、显示风格、默认环境以及其他各种自定义功能。从本质上讲,云计算带来的是虚拟化服务。

从虚拟化到云计算的过程,实现了跨系统的资源动态调度,将大量的计算资源组成 IT 资源池,用于动态创建高度虚拟化的资源供用户使用,从而最终实现应用、数据和 IT 资源以服务的方式通过网络被提供给用户,以前所未有的速度和更加具有弹性的模式完成任务。

6.5 云计算在金融业的应用

6.5.1 银行领域

在银行领域，云计算主要应用于 IT 运营管理和开放型底层平台搭建等方面。应用云计算技术搭建开放云平台，可以借助 API（应用程序编程接口）方式构建全面的金融服务生态圈，提供生活缴费、资讯查询、网上购物等“金融+非金融”服务，依托金融服务与生活场景的结合提升金融账户价值。

银行领域应用云计算技术的目的是：增强数据安全性，推进零售业务、网上服务运作模式的发展，提供满足客户需求的个性化服务；增强银行数据存储能力和数据可靠性；降低银行成本，提高银行运营效率。

6.5.2 证券基金领域

在证券基金领域，云计算主要应用于客户端行情查询和交易量峰值分配等方面。在数据库分库、分表的部署模式下，业务系统整体上“云”可实现相当于上千套清算系统和实时交易系统的并行运算。

以申银万国证券股份有限公司为例，该公司于 2009 年完成企业云计算平台项目的建设，该项目带来了新的业务和良好经济效益。该项目具有以下 5 个特点：①应用虚拟化技术构建共享数据中心，实现了资源的按需分配和海量数据的可靠处理；②构建了基于多点冗余和有效隔离原则的云计算可信网络平台；③提供了面向证券基金领域的标准化业务平台云服务；④架构了高性能应用基础平台云服务；⑤实现了多种网上应用系统的部署和运行，形成了以统一化、标准化和自动化为特征的企业云计算平台运维管理体系。

6.5.3 保险领域

在保险领域，云计算主要应用于个性化定价和产品上线销售等方面。定制化云软件能够快速分析客户实时数据，提供个性化定价，还能够通过社交媒体为目标客户提供专门的保险服务。

【知识窗】

对于云计算，有人做了一个形象比喻——钱银行：起初，人们只是把钱放在枕头下；后来有了银行，很安全，只是提现比较麻烦；现在已经发展到可以从银行的任何分支机构取款，甚至可以通过 ATM（自动取款机）或在国外取款。这就像直接从电力公司买电，而无须在家中使用发电机一样。

云计算带来了这样的变化——谷歌、IBM 等专业网络公司搭建计算机存储和计算中心，用户可以通过网线和浏览器轻松访问，以“云”为中心存储数据和享受服务。

在云计算时代，“云”将为我们做存储和计算工作。“云”是一组计算机，每组包括几十万台甚至几百万台计算机。“云”的好处是，里面的计算机可以随时更新，保证“云”永远不会老。谷歌拥有数个这样的“云”，微软、雅虎和亚马逊等其他 IT 巨头已经构建完成这样的“云”。

【重点案例】

云计算上演中国故事

2020 年的春节至今仍令很多人难以忘怀。突如其来的新冠肺炎疫情无情地打破了人们阖家团圆、共度佳节的欢乐氛围。很快，一场严峻的疫情防控工作在全国各地全面铺开。随着第一张健康码的诞生，杭州余杭的“云”上防疫创新实践也受到了广泛关注。

最开始，余杭区作为浙江人口最多且外来人口流动较大的地区，防疫压力极大。一系列管理难题出现：如何最大程度减少人员接触？如何实现快速通行？如何实现防疫数据的互通互联与实时更新？2020 年 2 月 4 日，余杭区提出要建立一套数字化方案来助力疫情防控，目标是实现“全人群覆盖+全流程掌办+全领域联防”。而数据，成为决定这套方案能否落地的关键。

于是，一支由余杭区委抽调而来、有信息技术专业背景的机关工作人员与来自阿里巴巴、码全信息等科技企业的技术人员临时组建的攻坚小组迅速开启了头脑风暴模式。2020 年 2 月 5 日凌晨，第一张健康码雏形诞生，并以小时计算迭代升级，在 24 小时内推广至杭州，又在几天内推广至浙江省，随后一周落地超过 100 城。2020 年 2 月 29 日，国家政务服务平台推出“防疫健康信息码”，实现全国通用、互认。

那时候，谁也想象不到，一张小小的健康码，不仅成为疫情防控的重要工具，还逐渐演变为全国各地复工、复产的重要依据，甚至成为整个社会、整个国家经济复苏的助推器。也正因如此，健康码的第一行代码被收入中国国家博物馆，成了一件史无前例的特殊藏品。

如果说健康码是中国在这场防疫战中的“排头兵”，那么云计算就是隐藏在其背后的“大功臣”。某互联网公司的程序员对媒体记者说道：“别看健康码每次使用时间仅几秒，但每次调用其实都需要各类资源、各个功能模块的及时响应和正确反馈。在这种大流量、高并发的场景中，必须使用云计算才能确保业务的畅通和高效运维。”

不只是健康码，在那段特殊时期，云计算迸发出了前所未有的动能，无数应用纷纷落地，为疫情防控做出了很大贡献。比如，云医疗以其零接触、可及性强等特点，受到了青睐。各地医院积极开展在线诊疗、医保支付、药品配送等服务。大量患者通过云医疗进行了专业咨询，解决了复诊、取药等就医难题。

再比如，云办公助力企业快速回归正轨。字节跳动的飞书、金山办公的 WPS、阿里巴巴的钉钉、腾讯的企业微信……总有一款云办公应用会出现在手机上。中国互联网络信息中心发布的第 48 次《中国互联网络发展状况统计报告》显示，截至 2021 年 6 月，中国在线办公用户规模达 3.81 亿人，网民使用率为 37.7%。

此外，政务云的全面普及，让老百姓在疫情防控期间“不出门”就能获取一站式便民服务。比如，华为云支撑北京政务目录链，实现了北京市 50 余个委办局上链，4.4 万多条数据项、8 000 多个职责目录、1 900 多个信息系统的数据共享。

中国电子信息产业发展研究院信息化与软件产业研究所相关负责人指出：“我国云计

算应用正从互联网行业向政务、金融、工业、交通、物流、医疗健康等传统行业渗透，政务云、金融云、能源云、交通云广泛普及，（各行业）上“云”比例和应用深度大幅度提升。”

【本章小结】

云计算是运行于资源被虚拟化的、可以通过通用 Interent 协议和网络标准访问到的分布式网络之上的应用程序和服务。它具有如下特征：资源是虚拟的、无限的，软件运行的硬件环境的细节对用户来说是抽象化的。“云”有许多不同类型，并且那些在“云端”运行的服务和应用程序或许是抑或不是由一个云服务供应商提供的。这些不同类型和层次的云服务都有其特点和优势。

【思维拓展】

2016 年一个寒冬的深夜，阿里云技术专家云汉被拉进了一个越洋会议。“欧洲的同事说奥组委想选一家云服务商来支撑奥运会，但我们也清楚，亚马逊云计算服务 AWS（Amazon web services）当时已经在和奥组委谈了，他们光演示资料就准备了一百多页。”云汉说。

彼时，阿里云刚刚七岁，在欧美市场上，其份额依然落后于 AWS 和微软，很多海外客户是不知道阿里云的。因此，奥林匹克运动会组织委员会（简称“奥组委”）对中国企业究竟能不能行打了一个问号。对刚刚扬帆出海的阿里云来说，想要拿下奥运会项目，无异于一场攀登珠峰的挑战。

为打消奥组委的疑虑，阿里云国际业务团队拿出了堪称“世界之最”的“双 11”的流量洪峰相关数据与案例，并在现场仅用 10 分钟部署起广播级直播环境（传统 IT 架构需要几个月才能完成），刷新了与会者对中国云计算的认知，最终阿里云被国际奥林匹克委员会选为奥运会唯一云服务商。

从平昌冬奥会的首次亮相，到东京奥运会转播云首次运行，再到北京“云上奥运”成功举办，中国云计算不负所望，一次又一次展现出了强悍的实力。

2021 年北京冬奥会上，中国代表团创造了史上最佳成绩，被载入史册。而同样被载入史册的还有中国云计算在这场国际盛会上留下的那些高光时刻。比如，包括赛事系统、运动会管理系统、组织协同系统等在内的奥运核心系统实现 100%上“云”，大大降低了 IT 基础设施成本、缩短了应用开发和部署周期；全程 6 000 多个小时、4K/8K 赛事转播，电视网络高清直播信号全量上“云”，转播工作人员减少 40%、网络延迟下降 30%；大量可以“开箱即用”的云原生产品与技术的应用，支撑奥运票务、轻应用、新闻发布平台、数据交换与共享平台、人员抵离系统和约车出行系统等九大业务场景，让用户体验大幅提升；位于张北的冬奥云数据中心通过自然风冷、浸没式液冷、智慧调温等技术，实现 100%无机械制冷，将热能耗降低 70%以上，成就了该届冬奥会的史上“含绿量”之最。此外，还有 Cloud Me 全息舱、数字人“冬冬”等的出现，让更多人能够直观感受到首届“云上奥运”带来的满满科技感与新鲜感。

这也难怪会让国际奥林匹克委员会主席巴赫不止一次地赞叹，北京冬奥会以前所未有的数字化水平，为奥运留下了一套全新的技术标准，并不断将之推向新的高度。

“奥运会实际上是一个非常复杂的场景，云计算有能力去完成这样一个事情，已经真真切切地证明了在这个时代,云计算早已不再只是停留在口头上的一个虚无缥缈的概念,而是真正能够为重大项目落地创造实际价值的一项核心技术。”阿里云技术服务工程师、“云上奥运”项目组成员连浩说。他从2016年开始接触“云上奥运”项目,并支持了东京、北京两次奥运会赛事。

在他看来,无论是从云计算产品、技术水平还是从业务形态、服务模式来看,云计算相较于十几年前,都已经发生了天翻地覆的变化。“就拿Cloud Me全息舱来说吧,身处闭环内的国际奥林匹克委员会主席巴赫和闭环外的阿里巴巴集团董事长张勇能够像‘面对面’一样进行沟通与交流,然后一起向全国人民拜年。这是一个非常创新的业务形态,把人与人之间的沟通和信息交互推到了一个前所未有的高度上。虽然这种技术尚未真正普及,但我相信未来一定会做到。就像十年前,我们组织一场会议只能面对面或者打电话,而现在随便找一个手机、一台计算机,我们就可以视频通话,还能屏幕共享。随着时间的推移,云计算也终将变得更加日常化。”

事实上,近年来,中国云计算技术正在以突飞猛进之势赶超国际一流。国内云计算骨干企业在大规模并发处理、海量数据存储等关键核心技术和容器、微服务等新兴领域不断取得突破,部分指标已达到国际先进水平。

Gartner(高德纳)公司的报告显示,阿里云IaaS基础设施能力拿下全球第一,在计算、存储、网络、安全四项核心评比中均斩获最高分,这是中国云厂商首次在IaaS能力上超越亚马逊AWS、微软、谷歌等国际厂商。同时,华为、腾讯皆是OpenStack(开源的云计算管理平台项目)顶级会员,在国际开源社区中发挥着越来越重要的作用。

在谈及自己最大的感触时,连浩感叹道:“云计算的概念最早是从国外传入中国的,此前中国云计算一直扮演着‘追赶者’的角色,而现在,奥运会这样的顶级赛事活动最终选用了中国云厂商来提供技术服务,这充分说明中国云已经走到世界前列。这样的进步让我由衷地感到骄傲与自豪。”

【自测题】

云计算作为一种基于网络的计算模式,近年来得到了广泛的应用和发展。它通过互联网技术实现硬件、软件及数据的远程访问与管理,可以提供高效的计算资源共享、灵活的应用开发与运行环境以及便捷的数据存储与备份等服务。在金融领域中,云计算技术的应用已经逐渐展开,请结合所学知识分析其具有的显著优势。

第 7 章　物联网

【思维导图】

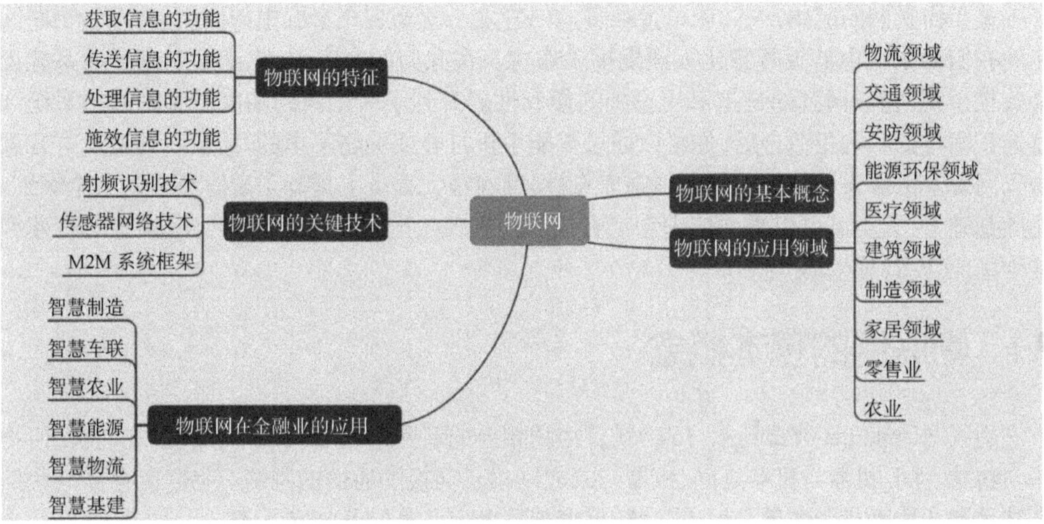

【导入案例】

图 7-1 所示的为物联网的全方位应用。

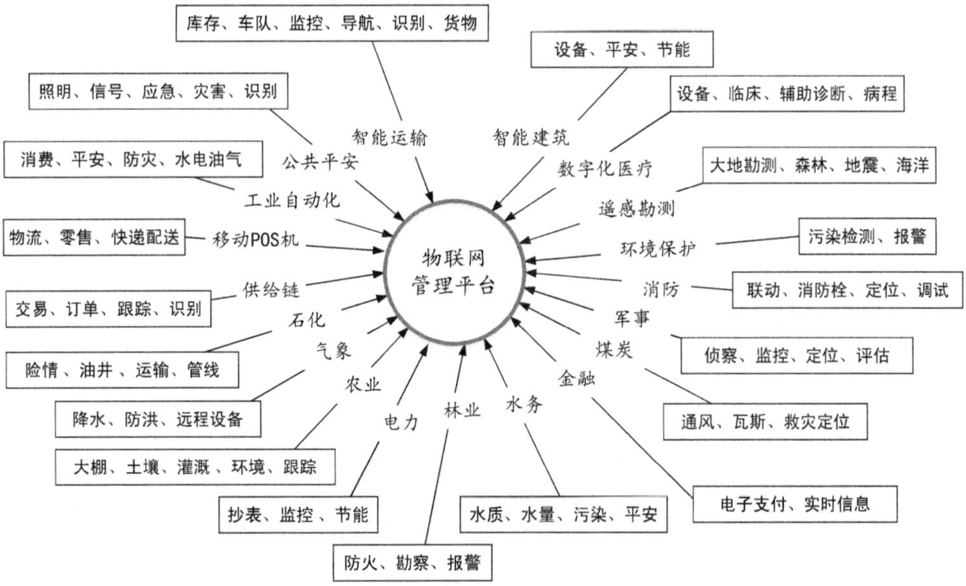

图 7-1　物联网的全方位应用

【思政目标】

通过生活、经济社会中的与物联网相关的事例的引入，宣传我国物联网领域的优秀成果，加强爱国主义教育，激励学生努力学习，积极投身到祖国的建设中去。

【思政案例】

万物互联对生活质量的提升

关于物联网的应用，人们谈论得最多的内容之一就是它在家庭中的应用。今天，物联网在使我们的家用电器更智慧化方面发挥了作用。在我们的家庭中，无论是家庭照明系统还是监控系统，物联网真的是把家用设施的便利性提升到了一个新的高度。家庭照明系统和监控系统与物联网相结合后，你可以通过智能手机打开或关闭家里的灯，或者通过设置智慧物联网安全摄像头和监控系统来增强安全性，这在很大程度上提高了家庭环境的安全级别。在此基础上，人类可以以更加精细和动态的方式管理生产和生活，达到“智慧状态”，构建智慧中国，实现智慧生活。

7.1 物联网的基本概念

物联网（internet of things，IoT）就是物物相连的新网络或新互联网，是可以实现任何物品与物品之间、机器与机器之间、机器与人之间信息交换和通信的网络。物联网是新一代信息技术和新技术革命的重要组成部分，是管理技术大变革的开端和基石。

物联网是通过各种信息采集和传感设备，按约定的协议，将任何物品与互联网连接起来，进行信息交换和通信，以实现对物品的智慧化识别、定位、跟踪、监控和管理的一种网络。

物联网更关注用户体验，追求界面友好、操作简便，以人的解放、交互自动化与智慧化为创新核心，这是物联网发展的灵魂。

物联网通过各种信息识别、采集、传感设备，如传感器、全球定位系统、红外感应器、激光扫描器、气体感应器等各种装置，实时采集任何需要监控、连接、互动的物体或过程的声、光、热、电、力学、化学、生物、位置等各种信息，通过通信网络和数据传输使其与互联网结合形成一个超级巨大的网络，实现物与物、物与人、机器与机器、所有的物品与网络的连接，以方便识别、管理和控制。

7.2 物联网的应用领域

7.2.1 物流领域

智慧物流以物联网、大数据、人工智能等信息技术为支撑，在物流的仓储、运输、配送等各个环节实现系统感知、全面分析及处理等功能。当前，物联网技术在物流领域的应用主要体现在 3 个环节中，即仓储、运输和快递终端，以运输环节为例，物联网技术有助于对运输车辆的监测，包括车辆位置、状态、油耗及车速等。物联网技术的应用能提高运输效率，提升整个物流行业的智慧化水平。

7.2.2　交通领域

交通是物联网技术的一个重要应用领域，交通部门将物联网技术与人、车、路紧密地结合起来，改善交通运输环境、保障交通安全和提高资源利用率。物联网技术在交通领域的具体应用体现为智慧公交车、共享单车、车联网、充电桩监测、智慧红绿灯、智慧停车等。

7.2.3　安防领域

安防领域是物联网的一大应用市场，因为安全永远都是人们的一个基本需求。传统安防对人员的依赖性比较大，非常耗费人力，而融入物联网技术后，安防领域能通过设备实现智慧判断。

7.2.4　能源环保领域

能源环保建设属于城市建设的一部分。物联网技术使传统的水能、电能、光能等设备联网，再通过监测，提升能源利用效率，减少能源损耗，以实现绿色环保。

7.2.5　医疗领域

在医疗领域，新技术的应用必须以人为中心。而物联网技术是获取数据的主要手段之一，能有效地帮助医院实现对人的智慧化管理和对物的智慧化管理。对人的智慧化管理指的是通过传感器对人的生理状态进行监测，主要借助医疗可穿戴设备获取数据，并将其记录到电子健康文件中，方便个人或医生查阅。

7.2.6　建筑领域

建筑是城市的基石，技术的进步促进了建筑的智慧化发展，应用了物联网等新技术的智慧建筑越来越受到人们的关注。当前，物联网技术在建设领域的应用主要体现在节能方面，它有助于实现数据的远程传输和设备的远程监控，在节约能源的同时也能减少建筑运维成本。

7.2.7　制造领域

制造领域的市场体量巨大，是物联网的一个重要应用领域，物联网技术在制造领域的应用主要体现在数字化、智慧化工厂改造上，以实现对工厂机械设备的监控和对厂房环境的监控。

在工厂机械设备上加装相应的传感器，能使设备厂商随时随地对设备进行监控、升级和维护等远程操作，以更好地了解设备的使用状况，完成设备全生命周期的信息收集，从而指导设备的升级更新和售后服务；对厂房环境的监测主要是通过采集温湿度、烟感等信息实现的。

7.2.8 家居领域

物联网在家居领域的应用，能帮助人们对家居类产品的位置、状态、变化进行监测，从而提高人们的生活能力，使家庭变得更舒适、安全和高效，同时其还可根据人的需要，在一定的程度上反馈相关数据。

7.2.9 零售业

零售按照距离可分为了 3 种不同的形式：远场零售、中场零售、近场零售。它们分别以电商、商场/超市和便利店/自动售货机为代表。物联网技术可以用于近场零售和中场零售中，主要应用于近场零售，即无人便利店和自动（无人）售货机。

7.2.10 农业

现如今，智慧农业受到越来越多的人的关注。智慧农业指的是将物联网、人工智能、大数据等现代信息技术与农业深度融合，实现农业生产全过程的信息感知、精准管理和智慧控制的一种全新的农业生产方式，可实现农业可视化诊断、远程控制和灾害预警等功能。物联网在农业领域的应用主要体现在两个方面：农业种植和畜牧养殖。

7.3 物联网的特征

从通信对象和过程来看，物与物、人与物之间的信息交互是物联网的核心。物联网的基本特征可概括为整体感知、可靠传输和智慧处理 。

整体感知是指利用射频识别（RFID）技术和智慧传感器等感知设备感知获取物体的各类信息。

可靠传输是指通过对互联网、无线网络的融合，实时、准确地传送物体信息，以实现信息交流、分享。

智慧处理是指使用各种智慧技术，对感知到的信息和接收的数据进行分析处理，实现监测与控制的智慧化。

根据物联网的以上特征，结合信息科学的观点，围绕信息的流动过程，我们可以归纳出物联网技术的功能。

7.3.1 获取信息的功能

获取信息主要指信息的感知、识别。信息的感知是指对事物的属性、状态及其变化方式的知觉，信息的识别是指把所感受到的事物状态用一定方式表示出来。

7.3.2 传送信息的功能

传送信息主要涉及信息发送、传输、接收等环节，即把获取的事物状态信息及其变化方式从时间或空间上的一点传送到另一点，这就是通常所说的通信过程。

7.3.3　处理信息的功能

处理信息是指信息的加工过程，即利用已有的信息或感知到的信息生成新的信息的过程，实际上就是制定决策的过程。

7.3.4　施效信息的功能

施效信息指信息最终发挥效用的过程，其有很多表现形式，比较重要的是通过调节事物的状态及其变化方式，始终使其处于预先设计的状态。

7.4　物联网的关键技术

7.4.1　射频识别技术

谈到物联网，就不得不提物联网发展中备受关注的射频识别技术（radio frequency identification, RFID）。RFID 是一种简单的无线系统，由一个阅读器（或询问器）和很多标签（或应答器）组成。标签由耦合元件及芯片组成，每个标签具有唯一的电子编码，附着在物品上标识目标对象，它通过天线将射频信息传递给阅读器，阅读器就是读取信息的设备。RFID 技术让物品能够“开口说话”。这就赋予了物联网一个特性，即可跟踪性。这也就是说人们可以随时掌握物品的准确位置及其周边环境。桑福德·伯恩斯坦公司（Sanford C. Bernstein & CO.）的零售业分析师曾估计，物联网 RFID 的这一特性可使沃尔玛每年节省 83.5 亿美元，其中大部分是因为不需要人工查看进货的条码而节省的劳动力成本。RFID 帮助零售业解决了商品断货和损耗（因盗窃和供应链被搅乱而损失的产品）两大难题。过去仅盗窃一项，沃尔玛一年的损失就高达近 20 亿美元。

7.4.2　传感器网络技术

MEMS 是微机电系统（micro-electro-mechanical system）的英文缩写。它是由微传感器、微执行器、信号处理与控制电路、通信接口和电源等部件组成的一体化的微型器件系统。其目标是把信息的获取、处理和执行集成在一起，组成具有多功能的微型系统，集成于大尺寸系统中，从而大幅度地提高系统的自动化、智慧化水平和可靠性。它是比较通用的传感器。因为 MEMS 赋予了普通物品新的生命，使它们有了属于自己的数据传输通路，有了存储功能、操作系统和专门的应用程序，从而形成一个庞大的传感网。这让物联网能够通过物品来实现对人的监控与保护。未来，如果在汽车和汽车钥匙上都植入微型感应器，那么当喝了酒的司机掏出汽车钥匙时，钥匙能透过气味感应器感应到酒气并通过无线信号立即通知汽车暂停启动，汽车便会处于熄火状态。同时，“命令”司机的手机给他的亲朋好友发短信，告知司机所在位置，提醒亲友尽快来处理。不仅如此，未来，衣服可以“告诉”洗衣机放多少水和洗衣粉最经济，文件夹会“检查”我们忘带了什么重要文件，食品蔬菜的标签会向顾客的手机“介绍”自己是否真正绿色安全。这就是物联网世界被“物”化的结果。

7.4.3 M2M 系统框架

M2M 是 machine-to-machine/man 的简称，是一种以机器终端智慧交互为核心的、网络化的应用与服务。它将实现对对象的智慧化控制。M2M 技术涉及 5 个重要的技术部分：机器、M2M 硬件、通信网络、中间件、应用。基于云计算平台和智慧网络，M2M 系统框架可以依据传感器网络获取的数据进行决策，改变对象的行为，对其进行控制。例如：家中老人戴上嵌入智慧传感器的手表，在外地的子女可以随时通过手机查询父母的血压、心跳是否稳定；智慧化的住宅在主人上班时，其传感器会自动关闭水电气和门窗，定时向主人的手机发送消息，汇报安全情况。

7.5 物联网在金融业的应用

物联网赋能产业，与金融相融合，可实现底层数据采集、网络层数据回传、数据结构化处理、行业模型构建及产业金融应用输出等全链条的数字化服务及金融服务，构建产业链、区块链、数字孪生链“三链合一”的业务模式，彻底穿透产业与金融之间的信息壁垒，形成信息流、商流、物流、资金流“四流合一”的业态体系。

当前的物联网金融主要覆盖智慧制造、智慧车联、智慧农业、智慧能源、智慧物流、智慧基建六大行业，从监控对象、监管设备、业务流程、风控模型四大维度对各环节输入和输出的场景、流程、对象、动作、标准、价值进行分析和记录。

7.5.1 智慧制造：数字提升效率，数据创新业务

在工业互联网时代，“智慧制造+金融”模式成为目前发展供应链金融的关键手段，其一方面可帮助银行识别并评估企业风险，同时也可帮助企业利用科技手段提高贷款融资的效率，从银行融资业务拓展和企业经营管理两方面缓解压力，取得双赢局面。

在业务方面，物联网技术可支持金融服务落地开展。从技术逻辑而言，银行为达到监管目的，可采取诸如安装设备手环、直接采集等方式，从企业端采集设备电流信息、设备定位信息、产能、能耗等数据，再将数据通过网络传输到物联网平台；通过对物联网平台数据的整理，银行能够实现对设备及行业的开工率等运营指标的分析，并通过与财务数据的交叉验证，为业务风险的评估提供更多维度的底层数据支撑。除此之外，物联网平台的订单撮合功能可为低产能企业提供获取高产能企业商机的机会。

在效率方面，“智慧制造+金融”模式打造了企业管理、运营的高效通道。在智慧制造领域，物联网平台通过感知机器设备的运行情况，一方面可以为实体经济经营管理提供支持，使得管理人员在远程和线上实现企业管理，提高运营效率，另一方面能够实现机械设备的预防性维修、风险预警、质量监测等，助力企业数字化升级。

在物联网平台支持下，银企均能拥有更优的业务模式。如平安银行基于物联网面向中小微企业推出的无抵押、无担保的互联网贷款产品——数字贷（智造）。该产品模式通过给企业设备安装手环，实时采集企业设备的电流信息、定位信息等数据，并将数据通过网络传输到平安银行星云物联网平台，应用大数据建模技术对物联网场景数据进行分析，同时结合

金融交易数据进行交叉验证，对中小微企业进行信用评价和行为预测，形成授信审批结果，实现线上申请、线上审批、线上放款。此产品模式不仅可为中小微企业提供金融支持，还可以通过为其提供一站式监控和管理工具，实现设备运行状态数字化、设备在线健康检测、设备工艺优化提升等，为中小微企业提供数字化转型支持。

该产品模式还可以进一步拓展，通过引入第三方工业互联网平台型机构，构建金融机构与科技型公司新的合作生态，扩大双方业务范围，为更广泛的中小微企业客户提供"金融+科技"的双重服务。

7.5.2　智慧车联：创新融资服务，降低保险风险，实现智慧管理

在车生态产业，金融机构通过融合物联网、大数据、人工智能等技术，实现了多种场景下金融与非金融服务的标准化、定制化及个性化，范围覆盖乘用车、商用车、经销商、电商平台、网约车平台等多种融资业务场景，并通过对汽车位置、运行轨迹、仓储状态、车证钥匙等进行智慧管理，不断深化"金融+科技"、"金融+生态"战略，依靠相关金融产品形成比较完善的汽车金融服务生态体系。

在供应链金融领域，物联网平台可与主机厂、网约车平台、共享汽车平台等生态伙伴达成合作，创新汽车经销商融资、新车/二手车融资租赁、无车承运人平台订单融资等业务，为一手车消费者、二手车风险客户、汽车经销商、商用车运营平台提供数字化技术支持和综合金融服务。

在保险领域，物联网大数据有助于降低投保费用，提高赔付效率。

当前的车险业务中，骗保案例时有发生，大部分财产险公司的车险业务赢利能力较弱。通过为每台投保汽车，特别是商用车辆安装物联网传感器，实时采集车辆的位置、运行轨迹、驾驶状态等行为监管数据，可以有效遏制恶意骗保现象。

除在金融领域的应用外，智慧车联可以将车辆监管能力封装为aaS（as a service，即时服务），为客户提供一站式、专业化、个性化的产融结合解决方案。如基于车联网硬件设备及行业软件应用，为物流车队提供车辆定位、轨迹跟踪、视频监控、里程管理、异常分析、油量识别、安全预警等服务，攻克传统物流车队中存在的油耗不当、驾驶行为不良、报销不实、在途情况不明等痛点，并实现数据可视化展示、智慧报表统计、车队轨迹分析、车辆安全预警和精细化管理，全面支持核心企业、无车承运人平台、中小物流车队、个体司机的客户体验提升及车生态整体发展。

例如，企业将含有北斗卫星导航系统（BDS）或全球定位系统传感器、运动传感器、前后摄像头及图像识别设备、SIM卡（用户识别卡）和计算机软件的盒子装在汽车上，通过导航定位技术追踪定位失窃车辆，协助客户找回；当车联网设备检测到车辆与前车距离超过根据车速计算出的安全距离时，将自动预警，提醒驾驶员降低车速；可对驾驶员行为和状态进行视频提取及图像识别，如有疲劳驾驶、驾驶过程中吸烟与手持电话等情况，将自动提醒驾驶员规范驾驶；当发生车辆撞击或意外事故时，承运企业可直接联系客户，确定客户人身安全；紧急情况下，车联网设备可以自动呼叫应急救援部门参与救援。

7.5.3 智慧农业：动态监控活体，用数据保障估值，用智慧降低成本

以养殖行业为例，金融机构借助物联网技术，帮助破解传统生物资产难以监控、难以估值的痛点，对生物资产进行全周期监控和跟踪，并协助打通上下游产业链，对成品、半成品的供应链环节形成追溯，升级新型供应链融资模式。同时，物联网平台采集的相关生产运行数据及销售数据，可以反哺养殖企业，帮助企业提升信息化管理水平。

核心奶企的上游牧场在实际经营中面临诸多痛点，比如受制于活体因素，大量经营行为难以规范化、数字化，难以对奶牛的饲料、疾病进行有效管理，实际养殖生产效率低。此外，作为产业链上游末端，牧场的经济效益不高，养殖周期长。传统经营模式和技术手段下，牧场缺乏信用评价，缺少资产抵押措施，导致银行无法实时核实其经营情况，更无法把握养殖活体的状态，导致牧场融资难、融资贵。通过物联网+金融服务，银行提供"金融+科技+生物资产抵押"的标准化行业金融服务方案，为牧场提供养殖贷，通过物联网技术直接对养殖场景信息进行采集，对奶牛进行活体监控，并确定产奶量、饲养情况和生长状态，实现对授信资产的动态风险监控。

在针对上游牧场的养殖贷业务中，物联网智慧监控主要涉及活体与环境两方面。对活体的监控包括奶牛数量、重量、位置、体积和生命体征等。对环境的监控包括牛舍、奶厅、牧场、空气质量等。基于物联网实时数据的采集，奶牛饲养的核心管理环节如饲料喂养、疾病防治、产奶等的信息，都能及时进入银行后台，方便各项统计分析的执行，助力金融机构对牧场进行增信评价和预警预测。

牧场使用的物联网终端包括牛耳钉、牛脚环、牛项圈等单体可穿戴监测设备，也包括各类环境传感器、TMR（全混合日粮）饲喂设备、饲喂监控设备、奶厅监控设备和智慧摄像头。银行通过标准接口将以上设备的监控数据实时接入自己的物联网平台，再与自己的信贷系统、风控系统、渠道系统和其他内部管理系统进行流程和数据的打通，实现对牧场生产经营的实时监控、智慧识别、提前预警，提升银行对授信资产的风控能力。

针对牧场的物联网监控应用，不仅可以赋能银行授信业务的风险管控，同时可以向牧场输出在线养殖解决方案，帮助牧场提升经营管理质量和效率。

在具体场景中，物联网收集的奶牛养殖贷数据可以应用在以下两方面。

（1）进行风险加持，提升对银行授信资产和授信对象的监管能力。如及时发现活体数量异常、健康状态异常、产奶量异常和牧场环境异常、非法闯入、未经授权出库等情况，启动自动报警系统并及时通知银行。在特殊场景下，还可以自动拦截非法作业、未经授权的人员或生物。

（2）通过移动设备、PC 端等多终端对养殖生产情况和产品溯源信息进行在线监控，帮助提高牧场线上化、规范化、模型化的经营管理能力。

实践证明，智慧养殖对银行成本控制、授信风险控制、牧场生产增效成果显著，能使银行监管成本下降 50%，奶企饲料、人工成本分别降低 10%~15%、17%~20%，奶牛出栏时间缩短 23~26 天。

7.5.4　智慧能源:智慧终端助力数据收集,互联平台协助

在新能源行业,金融服务的广度和深度仍有进一步拓展的潜力。

目前,充电场站、光伏站点等新能源站点的融资能力有限、贷后管理成本高的问题亟待解决。由于新能源行业大部分企业自身规模、经营模式、技术能力的限制,银企之间存在严重的信息不对称问题,金融机构缺乏管理抓手,金融业务的拓展受到局限;场站设备状态、充电发电数据、用户访问行为等运营数据未能及时反馈到银行,也无法帮助银行识别企业真实的生产经营能力,进而限制了银行对企业还款能力的评价和认可。

物联网平台的引入帮助银行与企业建立"金融+科技"的服务连接。

在实际操作层面,通过终端传感器等设备,场站的各类监测数据可被实时传送至银行物联网平台,再结合银行已有的征信数据、财务数据、金融数据,实现信息流、资金流、物流和商流的四流合一,同时多维数据的关联组合、交叉佐证,也为场站融资申请提供审批及贷后监控预警所需的大数据支持。此外,物联网平台也可以将以上多维数据和模型应用向充电场站、光伏站点进行输出,帮助场站主体通过线上方式、移动方式快速掌握场站整体运行情况、设备运行情况、充发电量、用户访问行为等运营数据,有效监测生产运行状态,及时进行设备管理维护,减少运营成本,发掘潜在商机,提升用户体验。

目前,在该领域的相关应用实践成效显著。平安银行在光伏场景中利用物联网技术为金融业务赋能,助力新能源企业数字化转型。

通过接入光伏电站的传感器、气象站、光伏子阵、逆变器、组串等设备,并结合光伏电站终端控制模块,可将设备状态、发电数据、并网数据实时上传至物联网平台。银行通过对物联网平台的数据进行统计分析,识别和掌握光伏电站的真实生产经营情况、营收情况,进而提高融资业务的风险预警能力。银行可以通过移动设备、PC 端等触客方式,将物联网数据、金融数据、第三方数据的组合模型及应用向中小型场站进行输出,帮助这些中小企业、户用站点实现对生产过程的实时监测和故障诊断,从而有效控制和解决电站系统故障、组件老化及发电效率低等问题,同时也可以降低整体运维成本。

充电场站项目中,通过对充电桩充电状况、性能及位置,以及工作人员位置、数量和工厂环境温度等环境的监控,一方面可以支持能源的充分利用,降低能源浪费,提高充电站经营的智慧化水平;另一方面也可以为支持充电站建设的金融产品提供信用分析和风险控制服务。

7.5.5　智慧物流:可视化物流,智慧化仓储,虚拟化供应链

"物联网+金融"模式也能助力物流行业的数字化转型和融资。

从理论角度而言,供应链是从生产到流通的物流链、信息链、资金链、增值链的集合。其中,供给和需求之间存在实物"流动"的同时,也存在实物的"静止"。这可以从两方面解释。一是实物自身形态的"流动"和"静止"。在生产阶段,实物的形态从原材料到半成品,再到成品,是流动的,流动的过程也是实物自身增值的过程,但到了零售阶段,实物的形态一般是维持成品形态的静止状态。二是实物所在的地理位置的"流动"与"静止"。在运输环节,实物会进行地理空间位置的转移,而在仓储环节,实物会处于静止状态。

无论是在“流动状态”，还是在“静止状态”，物联网平台的使用对企业供应链中运输、装卸、搬运、存储、生产、配送及零售等环节的流程优化和效率提升均有显著作用，同时也能实现安全生产、实时监控、信息共享，以降低银行金融业务风险。

1. 智慧增值

实物的形态从原材料到半成品、再到成品的过程，是一个实物自身增值的流动过程，同时也是供应链上游和中游的主要环节，是从供给到需求的重要桥梁。然而，供应链产品周期内实物形态的改变会给银行授信业务带来实物资产难以监测、难以控制、难以处置等风险痛点，包括生产加工产品质量不高、经营销售拓展不利、各项监测管控手段不能有效落地等风险。以奶制品和农产品的流转为例，牧场和农企作为供应链中的上游供应商，承担了供应链重要加工环节的职责，但却很难通过实物的生产销售获得金融机构的信用评价和信用支持。

物联网平台融合大数据、AI、区块链等科技手段，实现产品增值过程中的控货、确权、定价、溯源等功能，这被定义为“智慧增值”。“智慧增值”可以运用 RFID、AI 摄像头、红外线传感器等建立的物流管理系统实现预期监控效果。以 RFID 技术为例。RFID 又称电子标签技术，是一种无线自动识别技术。其作为条形码等识别技术的升级产品对贴有电子标签的物品进行跟踪和信息采集。

“物联网+物流+动产抵押”模式，通过在监管对象端布设 RFID 设备、AI 摄像头、红外线传感器，结合边缘服务器进行各种感知计算，收集物流生产、加工、运输、存储的货物状态、储存数量、转移动态等感知层数据，再经由网络传输底层区块链平台上链，并同步至物联网平台，实现银企信息、平台用户信息的可信共享。物联网技术的使用不仅能提高整个增值链的管理能力，增强其可视性和适应性，而且可以减少从物料到商品过程中形态的转变带来的成本损失，同时全过程透明公开的模式也为金融机构提供了可信的资产监管和风险预警数据。

2. 智慧物流

从供应链角度而言，无论是运输还是仓储环节，商品都有可能因为保存不当、环境因素等种种原因，使用价值被破坏或降低。企业无法实时监测止损，银行贷款风险较大，因此传统货押业务存在较多难点。

物联网平台可以帮助企业和金融机构实现物流过程的可视化智慧管理及配送。物联网智慧终端利用射频识别、红外感应、激光扫描等传感技术获取商品的各种属性信息，综合运用无线传感器网络（WSNs）技术、GPS 技术及遥感（RS）技术等，构建仓储或运输环境监测系统，再通过多种通信手段的综合应用将相关数据传递到智慧数据中心加以存储、建档并用于各种统计分析。

通过对数据进行集中统计、分析、管理、共享、利用，物联网平台为物流管理提供决策支持、为金融业务的顺利开展提供风控保证。

例如，银行利用物联网平台对仓库进行审查检验，结合价格指数信息对供应链金融进行风险评估，提供供应链金融服务方案；在供应链金融服务开展期间，对货物形态、物权进行监管，使得业务中涉及的物权质押、物权处置更加可控，降低银行的风险。

3. 供应链实际应用

智慧增值和智慧物流通过使用物联网平台及物联网传感设备，对采供双方、电子商务、物流仓储、金融机构等资源进行有效整合，实现信息流、资金流、物流和商流的四流合一，不仅改善了企业与银行之间的信息不对称状况，更能为中小企业赢得更多的融资机会和科技支持，进而助力宏观经济的发展。

在实际运作中，制造业、食品行业都已具备相关的物联网金融服务的基础。例如，在制造业的仓储物流中，物联网平台通过接入仓库、运输车辆的监控数据，可以将钢铁、橡胶、铝锭等大宗商品的动产属性转化为不动产属性，从而通过不动产质押为大宗商品行业提供融资支持。在食品行业中，美国、荷兰与挪威的联合研究实践发现，虚拟供应链建立在食品可追溯系统的基础上，利用物联网技术来记录生鲜食品的生命周期中的信息，包括监测温度、微生物信息和其他食品质量参数。一些食品公司利用先进的信息与通信技术（information and communications technology，ICT）和虚拟化应用程序，使得新鲜鱼货可以在虚拟拍卖的渔船上出售，并在到达港口后直接运送给终端客户。未来物联网进一步广泛而深入的应用，将以前所未有的方式改变实物流转环节的运营模式，进而改变传统供应链的商业模式。

7.5.6　智慧基建：感知工地场景，升级数字监控

在基建行业，智慧基建借助物联网技术实现了“人、机、料、法、环、测”综合性信息化监管，对工地场景设备进行全方位监控，提供工地安全管理、设备智慧运维、物料管理、人员管理等服务，为工地自身建设和工地环境保护措施赋能。同时，这些实时客观的监控数据，可以被及时传送到银行物联网平台，为项目型或者经营性贷款业务提供高效率、高质量的贷后监管。

人员管理方面，智慧基建通过改造工地现有的基础设施，利用 AI 人脸识别、大数据分析等技术，实现劳务人员实名制，不仅提高了考勤打卡的效率，更通过禁止非认证人员随意通行，保障了工地的人员安全与财产安全。

安全检测方面，塔机塔吊等高空高风险作业的监控是该应用场景下的典型案例。塔机监测体系通过传感器与摄像头等物联网监控设备，对施工升降机的超员报警、超载报警、司机识别、控制、楼层呼叫等参数及塔机的起重量、力矩、高度、行程、幅度等参数出现异常实时报警；对塔吊作业做风险评估，给出作业建议；可通过可视化远程监控系统实现对作业人员的远程指挥，综合全面地提高工地作业的安全性、灵敏性与智慧性。

环境监测方面，利用传感器、红外设备等物联网监控设备，采集施工现场的 PM2.5、PM10、噪声、温度、湿度、气压、风速、风向等环境气象参数，并在现场配置 LED（发光二极管）大屏显示各个参数数值，通过摄像头以无线或有线的方式连接服务器中心与监控预警平台，对接喷淋设备，自动喷雾降尘，实现远端实时监控与应急处理，降低工地附近区域的环境污染风险。

远程管理方面，智慧基建施工现场区域内的所有一线工作管理人员均可配备智慧化监测应用程序，方便所有的管理人员实时了解并掌握工地现场的施工场景、施工进度，同时还可以及时地发现施工过程中出现的各类问题，并通过智慧终端记录突发情况的异样参数。

物联网技术应用下的智慧基建，实现了对工程进度的全面掌握，工程管理人员和银行贷后管理人员可以随时随地、准确无误地掌握与控制工地施工现场的具体操作情况，并形成及时有效的风险预警。

【知识窗】

物联网在生活中的应用

1.ETC 车道(不停车收费系统车道)

目前,一条 ETC 车道的收费额占一个收费站收费总额的 16%以上。与其他非 ETC 通道相比,一条 ETC 车道的通行能力约等于 8 条人工收费车道的通行能力。ETC 的使用也有效减少了车辆停车收费所导致的空气污染、燃油浪费等问题。与此同时,其可以缩短司机通过收费站所需要的时间,缓解了高峰期车流量过大排队停车而导致的高速公路堵塞问题,极大地方便了人们的出行。

2. 跨地域公共交通一卡通

毫无疑问,一卡通的出现除了鼓励人们更多地使用公共交通,从而减少环境污染之外,还为人们使用地铁、公共汽车和其他交通工具提供了极大的便利。但是,由于技术限制,过去一卡通的使用范围仅限于一个城市内部。随着物联网的发展,一卡通可以在多个城市使用,给需要多地往返的人们提供了便利。

3. 支付

在支付方面,物联网再次发挥了重要作用。

利用 RFID 技术,物联网让人们的生活越来越便利。过去,人们不得不带大量现金上街购物。后来,随着银行卡的出现,人们又携带银行卡去购物。 而现如今,许多地方都将付款功能与人们日常使用的手机相结合,缩短了客户的结账时间,大大提高了人们的生活效率,使人们的生活更轻松。

最后,物联网同样应用在智慧家居、医疗、环保等方面,比如智慧照明设备、空调控制等。

【重点案例】

物联网汽车

物联网汽车对消费者和运输业有着不同的好处。在运输业中,管理人员可以将联网车辆组织为更大车队的一部分。驾驶员的详细习惯信息可以被显示给调度人员,以确保驾驶员在运送货物时以合规的方式驾驶车辆。

对于消费者来说,保障正常驾驶的几个方面(例如 GPS 和导航)都是物联网的一部分。不过,很快,车辆可能会开始通过互联网检测其软件的更新,并在没有人为操作的情况下自我修补。车辆还可以与智慧手机连接,并在挡风玻璃上显示信息供人浏览。

【本章小结】

当下几乎所有技术都与计算机、互联网技术结合,实现了物体与物体之间的连接,环境与状态信息的实时共享,以及相关数据的智慧化收集与传递、相关任务的智慧化处理和执行。物联网主要是凭借约定好的协议将原来独立存在的各个设备进行连接,并最终成功实现智能识别、定位、跟踪、监测、控制和管理的一种网络,在其中不需要人与人或人与设备之间进行互动。物联网，简单来讲，可以理解为“物物相连的网”，主要在一些领域中进行运用，例如智慧制造+金融、智慧交通、智慧家居等领域。

【思维拓展】

目前，物联网在全球呈现快速发展趋势，欧洲国家和美国、日本、韩国等均将物联网作为重要战略性新兴产业推进，但在繁荣景象背后却仍存在着众多阻碍发展的因素。其中，核心标准，尤其是作为顶层设计的物联网参考架构等基础标准目前仍处于空白状态。为争夺物联网产业主导权，各国在国际标准方面的竞争亦日趋白热化。

物联网是元宇宙中最不为人知却又最成熟的技术，因为人们日常用到的手机、计算机、VR 眼镜乃至未来的 AR 眼镜都属于物联网设备，元宇宙本身是应用场景的体现，多设备互联是时代需求，也是元宇宙的根本技术保证，现有的华为生态、小米生态、苹果生态就是物联网的先头军，但跨系统互联的技术难题仍未解决，毕竟不可能让我们每个人都使用同一品牌设备，元宇宙中的应用场景来自多种设备，且设备之中又牵扯到国家隐私安全的问题，未来的万物互联道阻且长。

【自测题】

2020 年 12 月，某实验室的研究人员发现了一个名为“Gitpaste-12”的蠕虫。该蠕虫针对 web 应用程序、IP 摄像头、路由器等进行了一系列广泛的攻击，具备分布式拒绝攻击、恶意挖矿、文件操作等功能及蠕虫自我传播等功能。

2021 年 9 月，卡巴斯基（Kaspersky）反病毒软件分析统计，2021 年上半年监测到了 15 亿次的物联网攻击，而 2020 年下半年仅 6.39 亿次，攻击数量增长一倍多，增量高达 130%。据监测分析，其主要攻击目的集中在窃取数据、挖矿或僵尸网络等。

面对如此多的安全风险，我们应该用什么样的安全措施进行应对呢？

第 8 章　区块链

【思维导图】

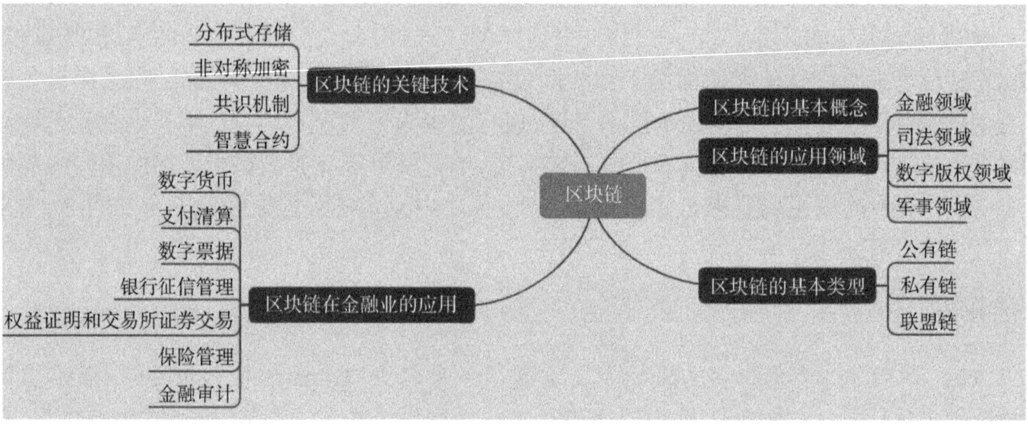

【导入案例】

在经历了实物、贵金属、纸钞等形态之后，数字货币已经成为数字经济时代货币的发展方向。相比实体货币，数字货币具有易携带存储、低流通成本、使用便利、易于防伪和管理、打破地域限制、能更好地整合等特点。

比特币是从技术上实现了无须第三方中转或仲裁，交易双方可以直接相互转账的电子现金系统。2019 年 6 月互联网巨头脸谱发布了其加密货币天秤币（Libra）白皮书。无论是比特币还是天秤币，其依托的底层技术正是区块链技术。

早在 2014 年，中国人民银行就开始研制数字货币。我国的数字货币 DC/EP（digital currency/electronic payment）采取双层运营体系：中国人民银行（简称“央行”）不直接向社会公众发放数字货币，而是由央行把数字货币兑付给各个商业银行或其他合法运营机构，再由这些机构兑换给社会公众供其使用。2019 年 8 月初，央行召开下半年工作电视会议，会议要求加快推进国家法定数字货币研发步伐。

【思政目标】

通过分析征信业的现状以及我国征信业存在的突出问题，培养学生自觉维护良好征信的意识；通过讲解票据市场中的违规交易，培养学生对金融风险的防范意识和对法律法规的敬畏之情。

【思政案例】

假同业户开电子商业汇票

2016 年 8 月，不法分子利用虚假材料和公章，在工商银行廊坊分行开设了河南一家城市商业银行“焦作中旅银行”的同业账户，以工行电票系统代理接入的方式开出了 20 亿电子承兑汇票。这些电票开出时，采用了多家企业作为出票人，开票行为工商银行，承兑行为焦作中旅银行。恒丰银行青岛分行买入后，其中 13 亿转贴现到恒丰银行上海分行，6.5 亿转贴现到邢台银行。而后，恒丰银行发现问题并报案。

该案曝光后影响极大，电子承兑汇票代理直接被叫停，如今电子商业汇票系统（ECDS）已经交接给了上海票据交易所，ECDS 与票据交易系统也已经完成融合，贴现后的业务换到了票据交易系统下，当年的漏洞已不复存在。

8.1　区块链的基本概念

区块链（blockchain）的概念最早可以追溯到 2008 年末，一位名叫中本聪的人在论坛中发表了一篇论文《比特币：一种点对点的电子现金系统》，其在文中首次提出了区块链的概念。

文中提到，为解决电子货币的安全问题，可由时间戳服务器为一组以区块（block）形式存在的数据实施哈希（hash）后加上时间戳，并且广播该哈希，每个时间戳将前一个时间戳纳入哈希中，随后的时间戳会对之前的时间戳进行增强，由此形成一个区块链。

区块链就是由一个又一个区块组成的链条（图 8-1）。每一个区块中保存了一定的信息，它们按照各自产生的时间连接成链条。这个链条被保存在所有的服务器中，只要整个系统中有一台服务器可以工作，整条区块链就是安全的。这些服务器在区块链系统中被称为节点，它们为整个区块链系统提供存储空间和算力支持。如果要修改区块链中的信息，必须征得半数以上节点的同意并修改所有节点中的信息，而这些节点通常由不同的主体掌握，因此篡改区块链中的信息是一件极其困难的事。相比于传统的网络，区块链具有两大核心特点：一是数据难以篡改，二是去中心化。基于这两个特点，区块链所记录的信息更加真实可靠，可以帮助人们解决互不信任的问题。

图 8-1　区块链模型

8.2 区块链的应用领域

区块链具有去中心化、难篡改、可追溯和智慧化等特点，在促进数据共享、优化业务流程、降低运营成本、提高协同效率、建设可信体系等方面具有天然优势，因此结合其技术特性及各行业现有痛点，区块链技术在金融、司法、数字版权、军事等诸多领域都具有极高的应用价值，作为信息技术体系的一个重要组成部分，正潜移默化地改变着我们的生活。

8.2.1 金融领域

在区块链技术的创新和使用探究中，其与金融领域的适配度是极其高的，在数字钱银、付出清算、智慧合约、金融交易、物联网金融等多个方面都有着广阔的使用前景。将区块链技术应用在金融领域中，能够省去第三方中介环节，实现点对点的直接对接，从而在大大降低成本的同时，快速完成交易支付。

例如，VISA 推出的 VISA B2B Connect 就是基于区块链技术的跨境支付网络，它能提供一种费用更低、更快速和安全的跨境支付方式来处理全球范围内的企业对企业的交易。

8.2.2 司法领域

区块链技术应用于司法领域的核心价值为：增强司法信息的防篡改性和司法程序的透明性、可监督性。

区块链技术在增强司法公信力、服务社会治理、防范化解风险、推动高质量发展等方面起着重要作用。法治与科技深度融合发展，可以改变司法机关的协作行为与信息互动方式，使其以自动化和智慧化的整体协同方式完成数据共享，这不仅可以减少人为因素所带来的不确定性、随意性和复杂性，而且能够提高司法协作的效率和快速应变能力。

例如，内蒙古商都县法院为提高司法效率、促进社会公平正义、优化法治化营商环境，积极推进“区块链+法治”创新模式。诉讼申请人的代理律师邢某从律师平台向商都县人民法院申请了网上立案，同时在线提交了电子证据。立案庭工作人员及技术部门工作人员通过区块链证据核验平台现场验证电子证据是否被篡改并确认，同时将核验结果展示给邢某。邢某对核验结果确认无误，由立案庭出具核验报告，电子证据的核验工作高效快速完成，实现了“一键立案”。在处理该案件过程中，内蒙古商都县法院巧妙利用区块链防篡改技术提升了司法公信力，提高了证据认定的效率和质量。

8.2.3 数字版权领域

区块链技术应用于数字版权领域的核心价值为：加强对知识产权的保护。

版权是推动经济社会发展的战略性资源和增强国际竞争力的核心要素，区块链技术有助于对作品进行鉴权，证明文字、视频、音频等作品的存在，保证权属的真实性、唯一性。

作品在区块链上被确权后，后续的所有交易都会被记录在区块中，且形成的记录不可被篡改，这有助于数字版权全生命周期管理的实现，保障区块链上的交易的透明性，避免网络中的用户非法使用具有知识产权的内容。

例如，在线音乐平台 PledgeMusic 公布了一个全球分散式账簿和公平贸易音乐数据库的综合蓝图，充分解决所有权、付款和透明度问题，实现数字作品的版权保护。其主要面向数字音乐的版权保护。

8.2.4　军事领域

区块链技术主要应用于军事领域的军事后勤与网络安全方面。

随着对区块链的认知的不断深入，区块链技术的应用已经从金融领域逐渐扩展至军事领域，美国、俄罗斯等国家纷纷加速区块链军事化应用研究和开发实验，并开始在通信、网络、装备、后勤等领域着手构建实验性区块链网络，以期在新一轮军事变革中占据先发优势。

例如，2022 年 3 月，美国蜘蛛橡树公司（SpiderOak）与洛克希德 • 马丁公司合作开发了一种区块链解决方案，将 OrbitSecure 平台整合至卫星管理系统，确保卫星通信安全。

以上只是区块链技术的许多实际应用中的一部分。区块链技术作为一项刚刚发展起来的技术，正以令人难以置信的速度进行着创新。未来，随着区块链技术的不断发展和成熟，其一定会在全球范围内引发巨大的变革。

8.3　区块链的基本类型

8.3.1　公有链

公有链（public blockchain）是指全世界任何人都可读取的、任何人都能发送交易且交易能获得有效确认的、任何人都能参与其中的共识过程的区块链——共识过程决定哪个区块可被添加到区块链中和明确当前网络状态。

公有链通常被认为是完全去中心化的。

公有链对外公开，用户不用注册就能匿名参与其中，无须授权即可访问网络和区块链。节点可选择自由出入网络。公有链上的区块可以被任何人查看，任何人都可以在公有链上发送交易，还可以随时参与网络上形成共识的过程，即决定哪个区块可以加入区块链并记录当前的网络状态。

公有链是真正意义上的完全去中心化的区块链，它通过密码学保证交易不可篡改，同时也利用密码学验证和经济上的激励，在陌生的网络环境中建立共识，从而形成去中心化的信用机制。

公有链中的共识机制一般是工作量证明（proof-of-work，PoW）或权益证明（proof-of-stake，PoS），用户对共识形成的影响力直接取决于他们在网络中拥有的资源的占比。

比特币、以太坊、超级账本、大多数山寨币和智慧合约，都是公有链。公有链一般适用于虚拟货币、面向大众的电子商务、互联网金融等的 B2C、C2C 或 C2B 等应用场景。

公有链的特点如下。

1）保护用户免受开发者的影响

在公有链中，程序开发者无权干涉用户，所以区块链可以保护使用程序的用户。

2）访问门槛低

任何拥有足够技术能力的人都可以访问，也就是说，只要有一台能够联网的计算机就具备了访问的条件。

3）所有数据默认公开

所有关联的参与者都隐藏自己的真实身份，这种现象十分普遍。他们通过公共性来保障自己的安全性，在这里每个参与者可以看到所有账户的余额和其所有的交易活动。

8.3.2 私有链

私有链（private blockchain）是指写入权限仅在一个组织手里的区块链。读取权限或者对外开放，或者对任意程度的修改进行了限制。

私有链仅为私有组织使用，区块链的读写权限、参与记账权限按私有组织规则来制定。

私有链的应用场景一般是企业内部，如数据库管理、审计等应用场景。也有一些比较特殊的情况，比如政府对私有链的应用，如政府的预算编制和执行，或者政府的行业数据统计。这些一般由政府进行，但公众有权力监督。私有链的价值主要是提供安全、可追溯、不可篡改、自动执行的运算平台，同时防范来自内部和外部的数据安全攻击，这在传统的系统中是很难做到的。

举个形象的例子，比如现在有个村子，村子里的村民采用 PoW 等机制来进行记账权的分配，而区块链账本是所有人都能看到的，那村子的运作是基于公有链的。如何把这个运作方式变成一个私有链呢？

只要村主任发话，区块链的读写权限、记账权限全部关闭，只对村民开放，村外人想要拥有权限必须通过他的审核和确认才行。这样村外人想看村里的区块链账本必须经过村主任的同意，想交易或想入村当村民，也得由村主任同意才行。区块链账本只对村民公开。

相比中心化数据库，私有链能够防止机构内单节点故意隐瞒或者篡改数据，即使发生错误，也能够迅速发现根源。因此，许多大型金融机构目前更加倾向于使用私有链技术。

私有链的特点如下。

1）交易速度非常快

一个私有链的交易速度可以比任何其他的区块链都快，甚至接近于并不是区块链的常规数据库的速度。这是因为即使是少量的节点，其也都具有很高的信任度，并且交易不需要每个节点都来验证。

2）给隐私更好的保障

私有链使得区块链上的数据隐私政策与数据库的完全一致，不用处理访问权限，数据不会公开地被拥有网络连接的任何人获得。

3）交易成本大幅降低甚至为零

私有链上可以进行完全免费或者至少说是非常廉价的交易。如果一个实体机构控制和处理所有的交易，那么它们就不再需要为工作而收取费用。

即使交易的处理是由多个实体机构完成的，例如竞争性银行，因为同样的原因，它们也可以非常快地处理交易，所以费用仍然非常少。这并不需要节点之间的完全协议，所以任何一个交易都只需要很少的节点为之工作。

4）有助于保护其基本的产品不被破坏

私有链可以有效保护其基本产品不被破坏，这使得银行等金融机构能在目前的环境中欣然接受私有链，银行和政府在看管其产品上拥有既得利益，用于跨国贸易的国家法定货币仍然是有价值的。

由于公有链的直接应用是保护像比特币这样新型的非国家性质的货币的，对核心利润流或组织构成了破坏性的威胁，这些实体机构应该会不惜一切代价去避免损害。

8.3.3 联盟链

联盟链（consortium blockchain）仅限于联盟成员参与，区块链上的读写权限、参与记账权限按联盟规则来制定。由 40 多家银行参与的区块链联盟 R3 和 Linux 基金会支持的超级账本（hyperleder）项目，就属于联盟链架构。

联盟链是一种需要注册许可的区块链，这种区块链也被称为许可链。

联盟链的共识过程由预先选好的节点控制。一般来说，它适用于机构间的交易、结算或清算等 B2B 场景。例如在银行间进行支付、结算、清算的系统就可以采用联盟链的形式，可将各家银行的网关节点作为记账节点，当网络上有超过 2/3 的节点确认了一个区块，该区块记录的交易将得到全网确认。联盟链可以根据应用场景来决定对公众的开放程度。由于参与共识过程的节点比较少，联盟链一般不采用工作量证明的挖矿机制，而多采用权益证明或 PBFT、RAFT 等共识算法。联盟链对交易的确认时间、每秒交易数都与公共链有较大的区别，对安全和性能的要求也比公共链高。

联盟链网络由成员机构共同维护，网络接入一般通过成员机构的网关节点接入。联盟链平台应提供成员管理、认证、授权、监控、审计等安全管理功能。

上文举例的那个村子，我们也可以为其加一条联盟链，比如由村里所有的小卖部构建的联盟链。为什么会有这个联盟链呢？因为每个小卖部进货都是去城外进货，同一个物品价格差异大，小卖部为了能共享价格较低的进货渠道，就建立了这个联盟链，并且这个联盟链由这些小卖部共同维护。当然，这个联盟链还能供小卖部交换别的数据。

私有链和联盟链之间的设计隐私权限不同，联盟链中的权限设计要求往往会更为复杂。

联盟链的特点如下。

（1）低成本运行和维护。

（2）高交易速度及良好的扩展性。

（3）联盟维护比私有链更具可信度。

8.4 区块链的关键技术

8.4.1 分布式存储

分布式存储的交易记账由分布在不同地方的多个节点共同完成，而且每个节点记录的是完整的账目，因此它们都可以参与对交易合法性的监督，同时也可以共同为交易作证。

跟传统的分布式存储有所不同，区块链的分布式存储的独特性主要体现在两个方面：一是区块链的每个节点都按照区块链式结构存储完整的数据，传统的分布式存储一般将数据按照一定的规则分成多份进行存储；二是区块链的每个节点都是独立的、地位等同的，依靠共识机制保证存储的一致性，而传统的分布式存储一般通过中心节点往其他备份节点同步数据。在区块链的分布式存储中，没有任何一个节点可以单独记录账本数据，从而避免了单一记账人被控制或者被贿赂而记假账的可能。由于记账节点足够多，从理论上讲，除非所有的节点被破坏，否则账目就不会丢失，保证了账目数据的安全性。

8.4.2 非对称加密

存储在区块链上的交易信息是公开的，但是账户身份数据是高度加密的，只有在数据拥有者授权的情况下才能访问到，从而保证了数据的安全和个人的隐私。

8.4.3 共识机制

共识机制就是所有记账节点之间达成共识，去认定一个记录的有效性的机制，这既是认定的手段，也是防止篡改的手段。区块链提出了 4 种不同的共识机制，适用于不同的应用场景，以在效率和安全性之间取得平衡。

区块链的共识机制具备“少数服从多数”“人人平等”的特点，其中“少数服从多数”并不完全是相对于节点个数而言的，也可以是计算能力、股权数或者其他的计算机可以比较的特征量。“人人平等”是指当满足条件时，所有节点都有权优先提出共识结果，这个共识结果直接被其他节点认同后有可能成为最终的共识结果。以比特币为例，其采用的是工作量证明的共识机制，只有在控制了全网超过 51%的记账节点的情况下，才有可能伪造出一条不存在的记录。当加入区块链的节点足够多的时候，这基本上是不可能的，从而杜绝了造假的可能。

8.4.4 智慧合约

智慧合约是基于可信的不可篡改的数据自动化地执行一些预先定义好的规则和条款的技术。以保险为例，如果说每个人的信息（包括医疗信息和风险发生的信息）都是真实可信的，那就很容易在一些标准化的保险产品中进行自动理赔。在保险公司的日常业务中，虽然交易不像银行和证券行业那样频繁，但是其对可信数据的依赖有增无减。因此，利用区块链技术，从数据管理的角度切入，能够有效地帮助保险公司提高风险管理能力，具体来讲主要分为投保人风险管理和保险公司风险监督。

8.5 区块链在金融业的应用

区块链在金融业的典型应用包括比特币、莱特币等电子货币和更加安全公开的分布式记账系统、支付清算系统等。

发达国家的清算所、存托所、交易所、投资银行、商业银行、经纪商等金融机构，纷纷开始在跨境支付、证券交易结算和证券发行等领域推进区块链的应用探索。

区块链技术在金融领域的应用主要体现在以下几个方面。

8.5.1 数字货币

目前,比特币对区块链技术的应用可以说是最广泛、最成功的。而在比特币基础上,又衍生出了大量其他种类的去中心化数字货币,被统称为“竞争币”或“山寨币”。

8.5.2 支付清算

现阶段,商业贸易的交易支付、清算都要借助银行体系。这种传统的通过银行进行的交易要经过开户行、对手行、清算组织、境外银行(代理行或一个银行的境外分支机构)等多个组织和较为烦冗的处理流程。

在此过程中,每一个机构都有自己的账务系统,它们彼此之间需要建立代理关系;每笔交易都需要在自身系统中记录,并与交易对手进行清算和对账等,这导致整个过程花费时间较长、交易成本较高。

与传统支付体系相比,区块链支付可以为交易双方提供端到端的直接支付,不涉及中间机构,在提高速度和降低成本方面得到大幅改善。尤其是在跨境支付方面,如果基于区块链技术构建一套通用的分布式银行间金融交易系统,其便可为用户提供全球范围的跨境的、任意币种的实时支付清算服务,跨境支付将会变得便捷和低廉。

8.5.3 数字票据

国际区块链联盟、R3CEV联合以太坊、微软共同研发了一套基于区块链技术的商业票据交易系统,包括高盛、摩根大通、瑞士联合银行、巴克莱银行等著名国际金融机构加入了试用,并对其票据交易、票据签发、票据赎回等功能进行了公开测试。数字票据在电子票据的所有功能和优点的基础上,进一步融合区块链技术的优势,成为一种更安全、更智慧、更便捷的票据形态。

数字票据主要具有以下核心优势。一是可实现票据价值传递的去中心化。在传统票据交易中,往往需要由票据交易中心进行交易信息的转发和管理,而借助区块链技术,则可实现点对点交易,有效去除票据交易中心角色。二是能够有效防范票据市场风险。区块链由于具有不可篡改的时间戳和全网公开的特性,一旦交易完成,将不会存在赖账现象,从而避免了纸质票据“一票多卖”、电子票据打款背书不同步的问题。三是相关系统的搭建、维护及数据存储可以大大降低成本。采用区块链技术框架不需要中心服务器,可以节省系统开发、接入及后期维护的成本,并且大大降低系统中心化带来的运营风险和操作风险。

8.5.4 银行征信管理

目前开展的商业银行信贷业务,无论是针对企业的还是个人的,考虑的最基础的因素都是借款主体本身所具备的金融信用。商业银行将每个借款主体的信用信息及还款情况上传至央行的征信中心,需要查询时,在客户授权的前提下,再从央行征信中心下载信息以进行参考。这其中存在信息不完整、数据更新不及时、效率较低、使用成本高等问题。

在征信领域,区块链的优势在于可依靠程序算法自动记录信用相关的信息,并将其存储在区块链网络的每一台计算机上,信息透明、不可篡改、使用成本低。商业银行可以用加密的形式存储并共享客户在本机构的信用信息。客户申请贷款时,贷款机构在获得授权后可通过直接调取区块链上的相应信息数据直接完成征信信息查询,而不必再到央行申请。

8.5.5 权益证明和交易所证券交易

在区块链系统中,交易信息具有不可篡改性和不可抵赖性。该属性可充分应用于对权益的所有者进行确权。对于需要永久性存储的交易记录,区块链是理想的解决方案,可适用于房产所有权、车辆所有权、股权等的交易场景。其中,股权证明是目前尝试应用区块链技术最多的领域:股权所有者凭借私钥,可证明对股权的所有权,股权转让时通过区块链系统将股权转让给下家,产权明晰、记录明确,整个过程无须第三方的参与。

目前,欧美各大金融机构和交易所纷纷开展区块链技术在证券交易方面的应用研究,探索利用区块链技术提高交易和结算效率,以区块链为蓝本打造下一代金融资产交易平台。在所有交易所中,纳斯达克证券交易所正式上线的 FLinq 区块链私募证券交易平台,可以为使用者提供管理估值的仪表盘、权益变化时间轴示意图、投资者个人股权证明等功能,使发行公司和投资者能更好地跟踪和管理证券信息。此外,纽约证券交易所、澳大利亚证券交易所、韩国证券期货交易所也在积极推进区块链技术的探索与实践。

8.5.6 保险管理

随着区块链技术的发展,未来关于个人健康状况、事故记录等的信息可能会被上传至区块链中,使保险公司在客户投保时可以更加及时、准确地获取风险信息,从而降低核保成本、提高效率。区块链的共享、透明特点降低了信息不对称的程度,还可降低逆向选择风险;而其历史可追踪的特点,则有利于降低道德风险,进而降低保险的管理难度和管理成本。

英国的区块链初创公司 Edgelogic 与保险公司 AVIVA 进行合作,共同探索对珍贵宝石提供基于区块链技术的保险服务。国内的阳光保险集团采用区块链技术作为底层技术架构,于 2016 年 3 月 8 日推出了“阳光贝”积分,成为国内第一家开展区块链技术应用的金融企业。应用“阳光贝”积分,使用户在享受普通积分功能的基础上,还可以通过发红包的形式将积分转赠朋友,或与其他公司发行的区块链积分进行互换。

8.5.7 金融审计

区块链技术能够保证所有数据的完整性、永久性和不可更改性,因而可有效解决审计行业在交易取证、追踪、关联、回溯等方面的难点和痛点。

图 8-2 为金融审计的各个层次的示意。

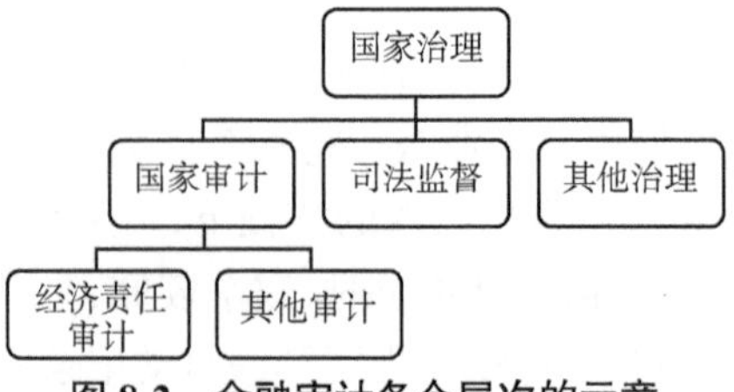

图 8-2 金融审计各个层次的示意

德勤从 2014 年起成立了专门的团队对区块链技术在审计方面的应用进行研究，目前已与部分商业银行、企业合作，成功打造出区块链应用实验性解决方案。其开发的 Rubix 平台，允许客户基于区块链的基础设施创建各种审计应用。

普华永道自 2016 年宣布大举进军区块链领域后，招募技术专家探索和研究区块链技术，并与专门研发区块链应用的 Blockstream、Eris 科技公司合作，寻求为全球企业提供区块链技术的公共服务。此外，区块链技术在 P2P 借贷平台、去中心化的众筹平台等上，也有巨大的应用潜力和广泛的应用场景，吸引了资金投入和应用探索。

【知识窗】

区块链有什么独特之处？

区块链假定的是在没有信任的情况下怎么形成尽可能大的共识。

这些共识是写在算法当中的，所以可以大幅降低交易成本。但是，在这些共识的基础上，形成真正的信任，才是商业的基础。在越大的范围内产生的信任越高，协同才会越广越深，创造的商业价值也就越大。

物质、能量和信息是这个世界最基础的组成元素。信息的处理是人类社会发展的一条重要主线。其中，最重要的就是如何产生信任。原始部落进行物资交换时，往往要先交换酋长，然后才能交易，交易后再换回酋长，即所谓的互为人质机制。两国交兵，不斩来使，也是为了基本的信息交换和信任建立。历史上，各种制度的演化往往有一个漫长的历史过程。所以制度经济学，例如诺斯的研究，也经历了西方资本主义制度在几百年间的历史演变。

今天，我们在做的是，在一个经济生态还没有诞生的时候，就把信任共识写进程序，简直就像我们有个基因编辑（CRISP）的工具，试图基因编码一样。

就像人工智能在破解人脑奥秘的过程中碰到的根本性挑战一样，区块链在设计人类社会共同演化出来的经济制度方面的挑战也将是根本性的、革命性的。因为它直接面对的是人性。只有在这个高度上理解区块链，才能对我们面临的历史机遇和挑战有足够的敬畏感和真正的使命感。

【重点案例】

公证防伪

公证通（Factom）利用比特币的区块链技术来革新商业社会和政府部门的数据管理和数据记录方式，也可以被理解为一个不可撤销的发布系统。系统中的数据一经发布，便不可撤销，其提供了一份准确、可验证且无法篡改的审计跟踪记录。其利用区块链技术助力各种各样的应用程序的开发，包括审计系统、医疗信息记录应用、供应链管理应用、投票系统、财产契据应用、法律应用、金融系统等。

【本章小结】

区块链是运行于资源被虚拟化的、可以通过通用 Internet 协议和网络标准访问的分布式网络之上的应用程序和服务。它是以如下概念为特征的:资源是虚拟的、无限的,软件运行的硬件环境的细节对用户来说是抽象化的。“云”有许多不同类型,并且那些在云端运行的服务和应用程序或许是,抑或不是由一个云服务供应商提供的。这些不同类型和层次的云服务意味着定义你正在使用哪种类型的云计算的重要性。

【思维拓展】

近年来,元宇宙成了市场上的热点,但与此同时,市面上出现了很多打着元宇宙旗号的区块链游戏。这些游戏宣称可以一边玩游戏一边赚钱,月收益甚至接近 100%。这些所谓的元宇宙区块链游戏究竟是什么,又是不是骗局呢?有记者进行了调查。

在网上搜索元宇宙区块链游戏,可以看到大量的结果。不少宣称可以边玩边赚钱,投资 30 万元,两周就能赚 14 万元。

记者来到了福建福州的一家自称元宇宙研究院的公司里。网上不少夸张的宣传就出自这里。一出电梯,就能看到“人人链元宇宙研究院”几个字。一位自称总监的工作人员向记者介绍,这款元宇宙区块链游戏只要花钱买装备就能投资理财。“目前这个游戏,不管买哪个装备,回本周期都是 22~40 天。比如说你今天买了把 8 万元的电锯,每天的收益是 3 000~4 000 元。从 8 月入场到现在,没有客户在这个游戏里亏钱。”

这位自称总监的工作人员介绍称,参与这款游戏,首先需要将人民币兑换成虚拟币 USDT(泰达币),再兑换成这款游戏所使用的虚拟币,最后用这些虚拟币在游戏里购买电锯、钓鱼竿等工具,工具每个小时都会产出木材和食物,售出后能实现的月投资收益近 100%。

为了证明这一说法,这位总监进行了现场演示。记者看到,游戏的画面粗糙简陋,仅使用鼠标点击几下就能完成所有操作。在工作人员的计算机上还有一个表格,记录着所谓的投资者收益情况。

该公司的工作人员告诉记者,想要进行投资必须经过公司的指导。需要先缴纳 6 000 元以上的服务费,公司还需要分成每月收益的 20%。投资额度是按照游戏里的装备价格来确定的,最低投资一般在 2 万元以上。

自称经理、总监的工作人员,有的告诉记者,游戏的开发公司刚得到了 2 000 万美元的融资,肯定不会有风险。有的则反复催促,让记者先支付服务费开通游戏账号。还有的工作人员向记者展示了所谓的客户收益榜单。

记者询问,是否需要签合同,工作人员表示:“账号在客户自己手里,公司制约不了。因为东西是客户的,签了合同,客户会被制约。”

投资需要先缴纳 6 000 多元的服务费,并且没有任何的合同保障。而除了这一家外,记者发现,宣传同款区块链游戏的公司还有很多。此外,市面上还有大量其他区块链游戏,这些公司或游戏无一不打着高额收益的名义,究竟会有怎样的风险呢?

记者发现,在陕西西安也有一家工作室提供上述元宇宙区块链游戏的投资服务。

该工作室工作人员称:“用户直接投资人民币,公司帮你换成相应的代币,来辅助你合成所投资的装备。因为公司做的是托管的一站式服务,你投入 6 万元,一个月可能就能赚 6 万元,但是中间有 20%的托管费。”

记者发现，无论是何种形式的元宇宙区块链游戏，都需要用户将人民币兑换为 USDT 这种虚拟币，再兑换成该游戏所使用的虚拟币。

有律师介绍说："如果有公司或具体主体，作为平台方来帮投资者、玩家实施操作行为的话，本质上可能涉嫌刑事犯罪了，国家相关部门明确发文禁止相关机构、公司从事相关业务。"

业内人士告诉记者，网络上鼓吹的元宇宙区块链游戏，只是借着元宇宙概念炒作推广的骗局。许多区块链游戏本质是网页小游戏，开发成本很低，对外宣传可以理财赚钱，其实只是拿后入场的人支付的资金来填补窟窿。而且，假如游戏没有热度了，它可能就没了。

资料来源：央视财经《正点财经》，《警惕"元宇宙"骗局》。

【自测题】

随着多类数据的"链"上共享、线上线下服务的协同、区块链技术的利用，政务部门的办事效率和群众满意度提高。例如，北京市海淀区在"海淀通"应用软件中开设了"区块链专区"，市民可直接办理公租房补贴、海淀区高新技能人才培训补贴审批等事项。借助区块链等新技术，不少政务服务实现"一网通办、全程网办"。

政务领域为什么青睐区块链技术？推动区块链高质量发展可以从几方面着手？

第3篇　智慧金融的主要行业

智慧金融对我们的生活产生了较为深刻的影响，从各个方面切入了我们的生活，因此对智慧金融的主要行业进行市场调研有利于深入地理解其行业特性，为相关行业的投资做支撑，为人们提供较好的产品与服务。

随着人们生活水平的提高，越来越多的用户关注智慧金融行业并提出了较多的需求和建议，因此满足用户需求将是行业的立足之本。

近年来，智慧金融行业从传统模式转换到互联网融合模式。随着行业各大平台的挖掘并下沉三、四线城市，相关企业从供应环节到生产环节，再到售后环节，全环节整合，并以产业赋能为纽带，为众多优质的公司提供品牌、系统、供应链等全方位支持。

智慧金融行业的新技术场景使得行业用户获得了更好的体验。技术的加持使得金融业的产品和服务受到用户的青睐。智慧客服、智慧风控、智慧银行、智慧投顾、智慧保险等行业，通过新技术的应用给行业生产和服务带来便利，能够更好地解决行业痛点和问题，保障行业服务效果，实现行业效率和用户体验的双重提升。

智慧金融行业的信息化备受用户关注。企业利用互联网，通过信息化的打造，融合智慧金融行业特性，提高了用户体验，给用户带来诸多便利，信息化将是未来行业发展的必然趋势。

第 9 章　智慧客服

【思维导图】

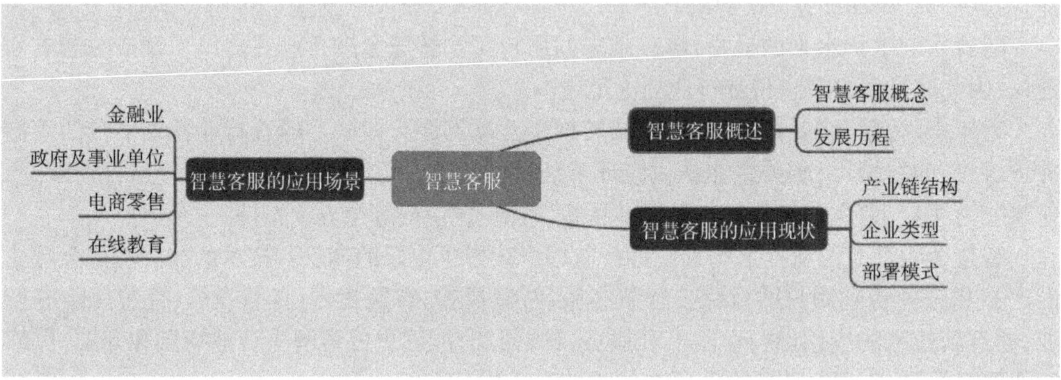

【导入案例】

网易七鱼

网易七鱼以"帮助企业更好地获得客户、了解客户、巩固并提升客户关系"为使命，目前已为超过 30 万企业客户提供了智慧客服解决方案，服务行业覆盖教育、电商、政务、人力资源等垂直领域。作为 SaaS 级智慧客服方案供应商，网易七鱼致力于增强企业用户客服运营能力，实现人力资源的高效利用。

网易七鱼集智慧机器人、在线客服、呼叫中心、外呼机器人、工单、数据大屏与精准营销功能于一体，驱动企业服务效率与智慧营销能力升级。

【思政目标】

我国正通过智慧金融实现"强治理惠民生"，贯彻以人民为中心的发展思想，让亿万人民在共享互联网发展成果的同时拥有更多的获得感、幸福感和安全感，让企业在市场的竞争中更具优势。通过介绍智慧客服相关技术在金融业、政府及事业单位、电商零售以及在线教育等领域的应用，引导学生学以致用，提高实践能力，增强为民服务意识。

【思政案例】

破冰之旅，打破行业壁垒

我国智慧客服行业已取得长足发展，企业用户及消费者对智慧客服的接受度渐趋提升。

近年来,企业用户更加意识到数智化转型的重要性与必要性,这也进一步加速了数智化转型工具——智慧客服在各行业的渗透。

未来,智慧客服仍有较大的发展与渗透空间。但对于行业中游的各供应商而言,巩固市场份额的同时多分一块"蛋糕"却并非易事。智慧客服行业暂未生长出具有绝对优势的巨头,各供应商之间竞争激烈。在竞争中脱颖而出意味着企业需要具备强有力的核心竞争力。

9.1 智慧客服概述

9.1.1 智慧客服概念

作为多技术融合的产物,智慧客服实现了人力辅助,提高了企业与用户的交互效率。

狭义上,智慧客服指的是在人工智能、大数据、云计算等技术的赋能下,通过客服机器人协助人进行会话、质检、业务处理,从而释放人力资源、提高响应效率的客户服务形式。而广义上,随着各类技术的深入应用,智慧客服的外延被进一步拓宽,其不仅仅指企业提供的客户服务,还包括了客服系统管理及优化。本章的研究范畴为广义的智慧客服。

智慧客服的核心在于企业与用户的交互。它通过文字、图片、语音等媒介,构建企业与用户的交互桥梁,从而达到售前咨询、售中答疑、售后关怀等多重目的。

相比传统客服,智慧客服在接入渠道、响应效率、数据管理等多方面具有突出优势(表 9-1)。

表 9-1　智慧客服与传统客服的对比

对比维度	智慧客服	传统客服
特点	以各种技术为基础,通过机器人提供服务	以呼叫中心为基础,通过人工提供服务
接入渠道	多元化接入渠道,各渠道呈互通的发展态势	接入渠道单一,以电话为主,各渠道相对封闭
响应效率	7×24 响应,响应效率高	全天候响应受限,响应效率因人而异
数据管理	数据处理快速,形成对数据的统一管理	数据处理环节较多,效率较低,数据分散不易管理

尽管智慧客服呈现出诸多优势,但其核心功能仍在于辅助,而非替代人工。智慧客服在实际应用中仍存在一定痛点,需要人力解决及优化。这主要与底层技术发展不成熟有关。

9.1.2 发展历程

从人到机器、从呼叫中心到云,客服行业历经四个发展阶段,向着多渠道互通、多场景互联的方向发展(图 9-1)。

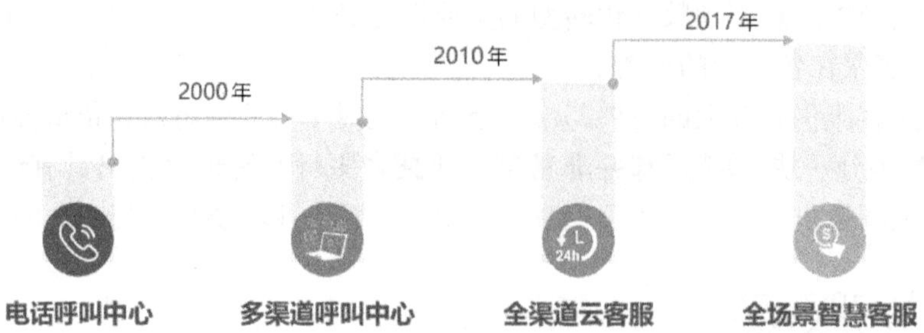

图 9-1　客服行业的四个发展阶段

1. 电话呼叫中心

从 20 世纪 90 年代客服系统被引入中国到 21 世纪初，客服沟通工具以电话为主，这一阶段的客服是最传统的单一渠道形态。在计算机电话集成（CTI，computer telecommunication integration）技术辅助下，企业自建呼叫中心。该阶段，客服行业主要满足大中型企业客户服务的需要。

2. 多渠道呼叫中心

进入 21 世纪，互联网的迅猛发展将线上渠道带入客服行业，网页、移动端、邮件等进入大众视野。同时，语音软交换技术的升级使托管型呼叫中心的建设得以实现。相较自建型呼叫中心，托管型呼叫中心极大地降低了企业构建客服系统的成本，呼叫服务向企业端持续渗透。

3. 全渠道云客服

2010 年以来，SaaS 模式创新客服行业，催生云客服这一新形态，推动托管型呼叫中心向云呼叫中心演进，打破各渠道客户数据相互割裂的局面。

4. 全场景智慧客服

2017 年以来，客服机器人的渗透率逐渐提高，发挥更重要的作用。同时，智慧客服外延得到拓展，覆盖范围从客户服务拓展至运营管理和营销推广等领域。

9.2　智慧客服的应用现状

9.2.1　产业链结构

中游供应商承接上游云通信服务商及智慧语音研发商，为下游企业用户提供智慧客服解决方案（图 9-2）。

在智慧客服产业链中，云计算、通信和人工智能技术为行业提供底层技术支撑；上游应用技术研发商包括提供云通信的服务商及提供语音识别、声纹识别、语义识别、自然语言处理、智慧人机交互等技术的智慧语音研发商；中游智慧客服供应商在底层技术支撑及上游技术能力的基础上，向下游企业用户输出智慧客服解决方案。

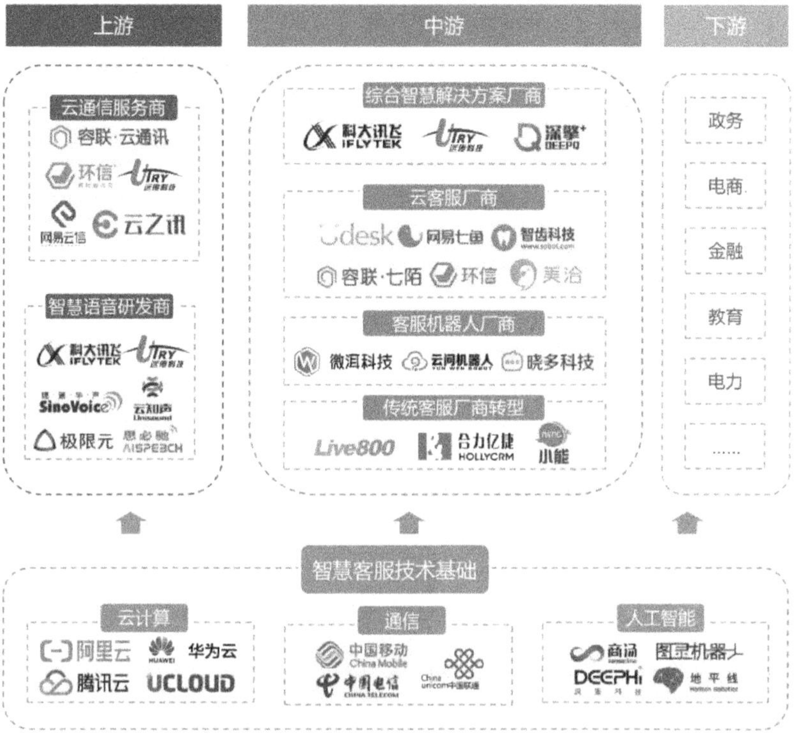

图 9-2　智慧客服产业链结构

9.2.2　企业类型

智慧客服供应商是智慧客服产业链核心环节，在云计算、通信、人工智能等底层技术支撑下，针对企业用户需求及其所在行业特点，提供定制化智慧客服解决方案。

受自身发展、战略部署及技术专长的影响，智慧客服供应商呈现出多元化的业务布局，其运营逻辑、客户群体及部署模式也不尽相同。

（1）以服务对象为划分依据，智慧客服供应商包括垂直领域专业厂商和通用型厂商两大类（图 9-3）。前者专注于提供某一或某些特定领域的智慧客服解决方案，如以电商为切入点的微洱科技、晓多科技，聚焦“保险+客服”的企保科技，以及专注于人力资源行业的墨子智能等。而后者多具有鲜明的技术背景，基于各类技术推动多行业客服的智慧化，例如科大讯飞、网易七鱼、Udesk 等。

	垂直领域专业厂商	通用型厂商
特征	专注特定行业	提供行业通用服务
优势	行业聚焦，持续优化行业知识图谱，积累行业数据，打造供应商核心竞争力	技术基础牢固，具有广阔潜客群体，打造行业知名度，进入门槛较低
劣势	服务群体有限，企业转型或拓展服务领域时面临一定挑战	服务行业未聚焦，在构建专业知识图谱上不具备明显优势
典型供应商	微洱科技 晓多科技	科大讯飞 iFLYTEK 云问机器人 Udesk 网易七鱼

图 9-3　垂直领域专业厂商与通用型厂商对比

(2)以服务内容为划分依据,智慧客服供应商可分为四类,它们各有所长,共同参与智慧客服行业竞争。

这四类智慧客服供应商分别为综合智慧解决方案厂商、云客服厂商、客服机器人厂商、传统客服厂商转型(图 9-4)。

区别	综合智慧解决方案厂商	云客服厂商	客服机器人厂商	传统客服厂商转型
客户群体	大客户为主	中小客户为主	兼具大、中小客户	大客户为主
部署方式	本地化部署为主，兼具公有云部署	公有云 混合云	兼具公有云、本地化、混合云	本地化部署为主
相对优势	服务全面	部署成本较低 符合中小企业需求	技术背景鲜明	大客户资源丰富
相对劣势	客单价相对较高	客单价低	技术研发与转化周期长	部分企业技术优势不明显
典型供应商	百度 远传科技	Udesk 容联七陌	小i机器人 微洱科技	小能科技 Live800

图 9-4　四类智慧客服供应商的对比

综合智慧解决方案厂商是集通信类产品、智慧应用与智慧客服业务系统于一体的综合性服务商。此类企业往往综合性能力强,且在客服行业持续深耕。

云客服厂商包括兼具上游云通信能力的供应商和专注于 SaaS 产品的供应商。前者具备较强的 PaaS 能力,在服务大客户时优势明显,以环信为典型代表;而后者的 SaaS 产品能力则更适用于预算不高的中小企业。

客服机器人厂商多以客服机器人为切入点,凭借 AI 底层技术沉淀及支撑,逐渐拓展至全链条客服产品。

传统客服厂商转型包括传统呼叫中心及客服软件厂商。在客服智慧化和数字化的浪潮下，企业逐步实现转型。

9.2.3　部署模式

智慧客服行业的部署模式主要有三类：公有云部署、私有云部署和混合云部署。

不同部署方式在数据私密性、建设成本、稳定性等方面呈现出一定差异。企业用户依据自身业务规模、对数据安全性的要求、智慧客服系统建设预算等各维度要素，可选择不同的部署模式（图 9-5）。

特点	公有云部署	私有云部署	混合云部署
数据安全	中等 数据保存在云端	较高 数据保存在本地	相对安全 核心数据本地化
运行稳定性	相对稳定	稳定 企业自有服务器	单点故障偶有出现
建设成本	较低 企业仅需承担软件费用	较高 企业需自建运营维护团队	介于公有云和私有云部署之间
线路接待能力	扩容灵活，坐席人数可及时调整	灵活性小	灵活性较小
部署周期	部署时间短	定制化智能客服系统建设，部署周期最长	部署周期中等

图 9-5　智慧客服行业的部署模式

三类部署模式中，公有云部署建设客服系统的成本最低，客服座席扩容最为灵活，适用于中小企业。对供应商而言，公有云部署建设周期短，企业可以通过有限的人力实施更多的项目；但由于服务内容较为单一，且复杂程度不高，公有云部署普遍客单价较低。

私有云部署模式下，数据保存在本地，确保了数据安全的可靠性，而个性化定制的部署方案则意味着较高的建设成本和较长的部署周期。因而，私有云部署更适合具备一定规模、对数据安全性要求极高的行业头部企业。通过私有云部署，供应商可获得高客单价，但能够接受私有云部署成本的企业客户数量有限，且数据本地化不利于行业数据的积累与复用，对供应商具有一定挑战性。

9.3　智慧客服的应用场景

9.3.1　金融业

目前，智慧客服已成为金融企业抢夺用户、提升附加价值的重要路径。

随着我国金融业成熟度的不断提升，客户服务内容与水平愈发成为各大金融企业抢夺用户、保持用户黏性的重要路径。特别是在金融产品同质化较为突出的背景下，客户服务自然成了金融企业的核心竞争力。智慧客服系统的搭建，以科技直击金融业客户服务痛点，驱动企业竞争力的潜在提升。

金融业可被细分为银行、保险、证券等多个领域，各领域面临痛点不尽相同，因而智慧客服的赋能作用的侧重点也存在一定差异。

1. 银行业

银行业的痛点主要在于高峰时期用户咨询体验差、客户咨询重复度高、催收人力成本高等。智慧客服作为人工客服的辅助，可提高咨询高峰时期的响应时速；对于重复率高的问题，基于持续扩充优化的行业知识库，可实现快速且精准的应答；智慧催收，针对多元场景，制定差异化机器人催收战略，释放人力资源。

2. 保险业

投保、核保、赔付等的相关条款普遍较为复杂，消费者个人需求及投保标的自身状况也千差万别，这导致消费者咨询内容呈现出个性化特征。在保险售前咨询与售后理赔等环节，客户服务水平直接决定了客户转化率或留存率。基于保险业知识图谱的智慧客服，能够识别各类复杂条件，提高回复精准性，在渠道获客、续保留存、核保定价、风险控制方面赋能保险企业。

3. 证券业

与银行业类似，证券业客服同样面临大量重复性基础问题。智慧客服的介入缓解了人工客服回答重复问题的压力，将有限的人力释放到更为专业的问题上去。目前，智慧客服支持证券基础问题回复、智慧选股诊股、证券行业信息智慧推送、智慧营销等功能，为证券行业降本增效提供可能。

智慧客服作为金融科技中的重要一环，越来越受到企业重视。但值得注意的是，智慧客服的赋能作用更多地体现在对人力资源的辅助，即解答常见的重复性问题，对于专业性较高的问题，依旧需要人工客服的介入。

9.3.2 政府及事业单位

智慧客服能推动政务流程优化，缩短业务处理时间，提升跨部门协作效率。

在各地政府大力推行智慧城市建设的背景下，智慧客服作为连接群众和政府的纽带，成为公共价值重塑的核心动力。智慧客服旨在简政高效、服务惠民，但在其落地过程中，不可避免地出现诸多隐性矛盾（图 9-6）。

图 9-6 智慧客服在政务应用中的缺点

针对存在的矛盾与痛点,智慧客服系统以政务大数据与人工智能为基础,致力于提供实时、高效、全面的政务辅助服务。现阶段,智慧客服对政务的智慧化推动主要体现在以下几方面。

(1)全时智慧政务热线。7×24 的智慧服务热线,突破政务咨询的时间与空间限制,智慧记录群众需求,并以此为基础持续优化政务服务知识库,将原本分散的数据切实转化为政务优化的核心数据资产。

(2)多场景智慧政务服务。线上智慧服务渠道和线下智慧实体机器人,全方位打通线上线下场景及数据,在提高政务处理速度的同时,减轻政务窗口的服务压力。

(3)标准化信息服务平台。跨人员、跨部门的政务知识统一化及标准化,能够解决由内部信息不对称导致的回复口径不一致的问题。

9.3.3　电商零售

智慧客服能助力电商零售企业降低人力成本、打造消费数据资产。

电商零售企业直接面向下游消费者,具有天然的客户服务属性,因而对客服的及时性和高效性具有更高要求。

目前,我国电商零售企业普遍面临居高不下的客服人力成本及分散消费数据无法高效利用两大核心痛点(图 9-7)。

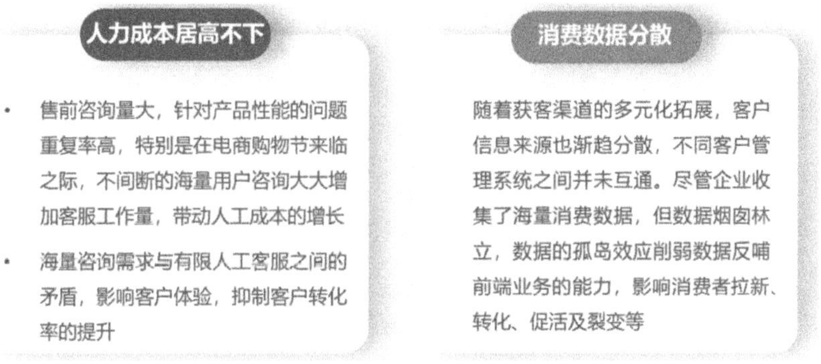

图 9-7　电商零售企业的客服痛点

智慧客服的介入,在减轻人工座席回答重复性问题压力的同时,智慧整合多渠道消费数据,覆盖售前、售中、售后三大场景,直击电商零售企业痛点(图 9-8)。

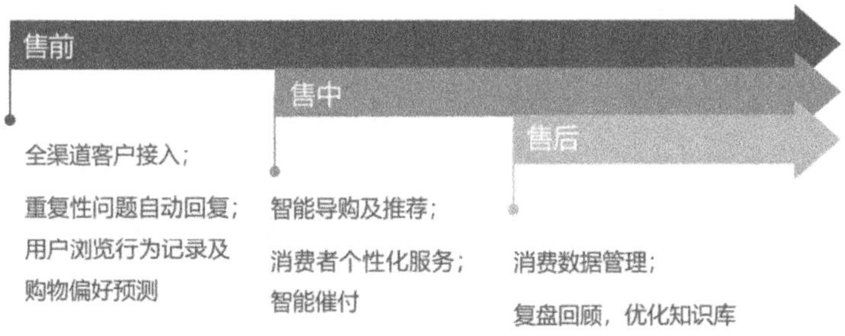

图 9-8　智慧客服直击电商零售企业客服痛点

9.3.4 在线教育

智慧客服覆盖在线教育营销、服务及管理各环节，推动企业实现获客留存及核心客户群体转化。

在线教育需要对学员进行全生命周期的陪伴，这意味着从课程售卖、学习、复习、答疑等各环节均需客服的及时介入。客户对服务的满意度直接影响客户的转化率及复购率。在客户咨询量激增的背景下，在线教育面临营销、服务、管理各场景的多个痛点（图 9-9）。

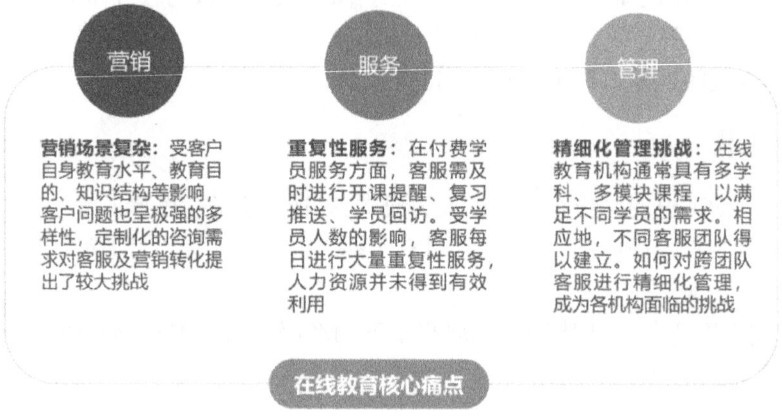

图 9-9 在线教育核心痛点

针对以上痛点，智慧客服实现了结构性问题自动回复、复杂问题转人工客服、开课及复习节点提醒智慧触发、智慧排班等，极大地减轻了人工客服的压力，将有限的人力留给拉新转化、学员关系维护等环节。

【知识窗】

5G 创新智慧客服

5G 时代，及时互通、万物互联。智慧客服应用场景及形式的创新，推动了实时且直观的交互的实现（图 9-10）。

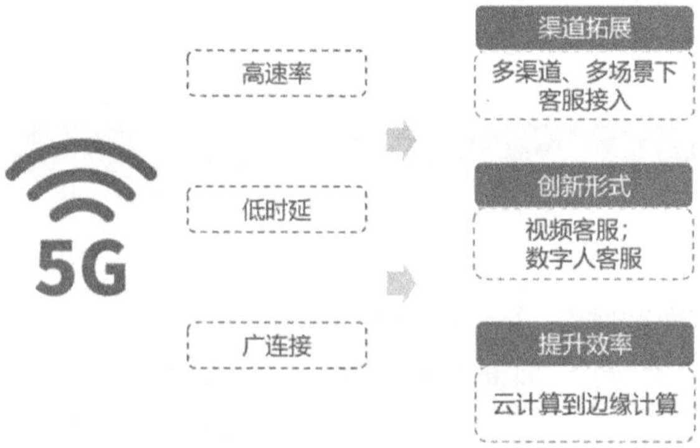

图 9-10 5G 创新智慧客服

（1）渠道拓展。5G 拓宽了智慧客服的应用场景，用户可从多元入口切入客服界面。

（2）创新形式。5G 创新了信息传输路径，视频作为信息载体的重要性将持续增强。传统的图片及文字客服有望向视频客服方向发展。此外，5G 为 VR/AR/MR（虚拟现实/增强现实/混合现实）的发展提供底层技术支持，各种技术与客服的结合，使客服突破时间与空间限制，提供更有效、更直观的沟通形式。

（3）提升效率。5G 推动了云计算到边缘计算的优化，提供更稳定的网络基础，提升计算效率，从而使客服产品更为便捷。

【重点案例】

微洱科技

微洱科技专注“AI+电商”技术应用，为行业用户提供全生命周期的智慧服务。

微洱科技成立于 2016 年底，是一家致力于人工智能赋能企业数智化的科技企业。它专注于“AI+电商”的技术研发与应用，为电商领域客户提供全生命周期的智慧客服解决方案。公司业务现已覆盖 200 多个城市，服务电商客户 12 000 余家。

微洱科技的核心产品是小微全域智慧机器人（图 9-11），为企业客户提供集客服、营销导购、运营功能于一体的全域服务。小微全域智慧机器人由微洱科技研发团队联合谷歌技术人才及美国高校技术研发团队开发，累积服务次数已超 10 亿次。微洱科技相关数据显示，小微全域智慧机器人目前的会话识别率在 99.7%左右，可覆盖 76%左右的问题，为商家降低了 75%的人力成本。

图 9-11　小微全域智慧机器人

【本章小结】

智慧客服行业的竞争不仅仅是技术应用的竞争，更多的是对业务逻辑的理解及行业数据收集与技术复用层面的竞争。因此，占据行业及场景高地的供应商，更有可能在激烈的竞争中脱颖而出，向头部地位发力。

传统客服中心往往是企业经营成本的重要组成部分。尽管客服系统通过提升客户满意度、巩固核心客户群体，潜移默化地推动企业营收的增长，但客服中心并未成为企业营收的直接创造者。而随着客服中心智慧化的纵深化发展，智慧客服串联各系统、各渠道企业数据，覆盖多元应用场景，拓展营销新职能，有望实现从成本中心到价值创造中心的转变。

【思维拓展】

目前，智慧客服行业处在分化与洗牌的十字路口，巨头长成的苗头初现。

客服并非新生概念，早在20世纪末，中国便出现了最初的客服产品形态。但人工智能等技术赋能客服所催生的智慧客服行业，仍处于一个相对基础的发展阶段。直到2017年前后，企业的纷纷入局才带动该行业的快速发展并使该行业得到资本关注。

整体而言，智慧客服行业并未出现寡头垄断的局面，各家企业“混战”激烈，马太效应并不明显，行业壁垒并不牢固，对新入行的企业也相对“友好”。但资金、人才等要素已经出现逐渐向部分供应商企业靠拢的趋势，行业处在分化过渡的十字路口。

在未来的一段时间内，激烈的行业竞争仍将持续，但之后随着技术、人才、资金等要素的集聚，行业将出现洗牌，具备较强技术研发能力、稳定研发人才团队，提供更高质量产品与服务的供应商企业将逐渐成为头部企业，而一些竞争力较弱的企业则面临市场份额被蚕食甚至被市场淘汰的局面。

【自测题】

1999年起，美国科幻电影《黑客帝国》系列开阔了我们的眼界，展示了人工智能化世界的终极场景。在科技革命指数化发展的当下，我们要保有初心，既须顺应时代发展需求，又须保有自身服务技能，只有如此，方能在未来占据一方天地。

在智慧客服应用广度、深度不断加大和影响力持续扩大的过程中，客服行业的人应该向哪些方向和领域发展，企业如何帮助客服代表实现技能迭代和职业转型呢？

第 10 章　智慧风控

【思维导图】

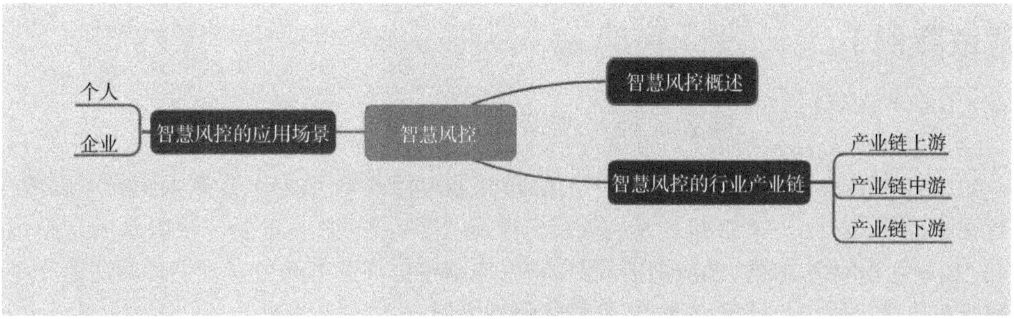

【导入案例】

金融行业是一个看天吃饭的行业。如何更深入地理解这句话呢？可以从分析 2000 年以来 GDP（国内生产总值）的增速（图 10-1）开始。

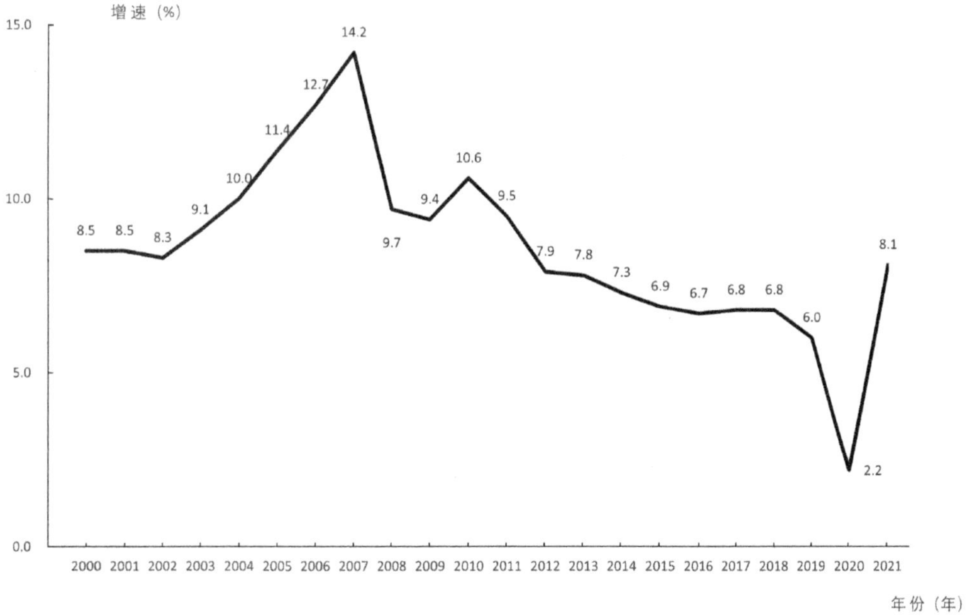

图 10-1　2000 年以来 GDP 增速

【思政目标】

在金融业务中，风险控制是银行的一项重要职责。为了保证资金安全和客户利益，银行会对客户账户进行一定的风险评估和监控，并在必要时采取相应的风控措施。通过了解风控原因、提供证明材料、寻求专业咨询和加强风险管理意识等方式，我们可以更好地应对被银行风控的情况并找到合适的解决方案。同时，在进行金融交易时，我们需要保持谨慎和警惕，遵守相关规定和政策，以确保自己的交易行为合法、合规，避免出现不必要的麻烦和损失。

【思政案例】

遇到风控限制情况，该如何应对？

2022 年 5 月中旬，吴某发现其名下的邮政储蓄银行卡无法使用，遂联系银行了解情况。银行客服反馈，该卡于 2022 年 5 月初被江苏某地公安冻结过，目前处于被限制所有操作的状态，无法交易，无法取款，无法销卡，需要联系冻结单位江苏某地公安或吴某所在地反诈中心或所在地派出所出具解冻说明，方可解除限制措施。

当遇到下列情况时，可采取相应的解决方法。

（1）银行风控管理系统检测到用户的账户状态异常，或者有受到非法攻击的可能。遇到此种情况，可以跟银行的工作人员反映以解除风控限制。

（2）可能存在跨区刷卡、频繁大额消费的情况，或让银行察觉到有洗钱风险。遇到此种情况，可以直接跟银行客服人员反映，查找原因并解决问题。

（3）被银行怀疑有大额套现的嫌疑。遇到此种情况，可以拿购买商品时的交易单向银行申诉，要求解除限制。

10.1 智慧风控概述

智慧风控是应用智慧化技术加强金融领域风险管控的重要手段。智慧风控在金融领域的应用可保障金融机构业务的效率和安全性，在有效降低风险事件的发生概率和损失的前提下，扩展业务覆盖人群的范围，完善业务流程，降低风控成本，在实现贷前、贷中、贷后全链条自动化的同时，促进风控管理差异化和信贷业务人情化。智慧风控行业运用互联网、大数据、人工智能、区块链等先进技术手段、措施和方法，实现机器和业务流程的智慧化转型，突破以人工方式进行经验控制的传统风控的局限性和空间性。

传统风控主要依靠人工进行身份信息匹配与查验，风控效果亟待提升。在金融科技的助力下，部分企业利用多维度数据及 AI 风控模型实现智慧风控的应用，帮助金融机构精准排查潜在风险用户。如微众银行推出了基于舆情的贷中风控平台，辅助识别贷中用户画像，提升风控效果。

智慧风控与传统风控相比有五点不同（图 10-2）。

传统风控		智慧风控
以人工审核为主，依靠专家经验	风控模型	以模型、策略体系自动分析决策为主，人工审核为辅
企业内部资料、央行征信资料、客户提交资料	数据来源	除传统风控数据外的第三方数据、线上线下多维度数据
以基本信息为主的强变量信息	数据维度	以基本信息、行为特征信息为主的弱变量信息
数据关联度低	数据关联度	数据关联度高，可交叉验证
以线性模型为主，因果关系强	模型设定	以深度学习、集成学习模型为主，可应用相关关系

图 10-2　传统风控和智慧风控的区别

10.2　智慧风控的行业产业链

我国智慧风控行业上游市场参与主体为资源供应商，其为中游智慧风控服务商提供数据、技术及配套资源。中游市场参与主体包括智慧风控产品供应商、智慧风控解决方案提供商及智慧风控综合型服务商，其为下游各应用场景提供智慧风控产品及解决方案。伴随金融风控技术的日益成熟，以及消费金融机构对低风险运营的需求的增长，智慧风控逐渐向各应用场景渗透，其中较典型的应用场景集中在信贷领域、保险领域。

10.2.1　产业链上游

中国智慧风控行业上游参与主体包括数据资源供应商、配套资源供应商。有多年智慧风控行业市场运营经验的专家表示，数据是智慧风控行业的核心竞争资源，行业利润率高达70%~80%，但智慧风控行业尚未建立数据资源共享机制，智慧风控大数据资源分散，数据集中度较低，中游智慧风控服务商的数据采购成本以每年 50%的速度增长。配套资源供应商为智慧风控行业中游提供智慧风控系统及技术资源，其采购成本占据上游整体采购成本的10%~20%。

中国智慧风控行业上游参与主体包括三类，第一类参与主体是为产业类企业（传统征信公司，如前海征信、鹏元征信）提供数据的国家机关、行业协会，例如公安部门、工商管理部门、航空公司、人力社保部门及学信网等。国家机关可为产业类企业提供居民身份证信息、银行卡信息、航空出行信息、企业工商信息、学历信息等。第二类参与主体是为创新型企业（同盾科技、百融金服等企业）提供数据的金融机构。第三类参与主体为互联网巨头，其自身生态链积累了较多电商、社交、搜索数据，具备向智慧风控业务端输出风控产品和数据的能力，通常互联网巨头所产生的数据不对外开放，主要应用于企业内部的风控数据积累。

10.2.2　产业链中游

在智慧风控行业产业链中游市场参与主体中，智慧风控产品供应商占比约 30%，智慧风控解决方案提供商占比近20%,智慧风控综合型服务商占比约50%。

1. 智慧风控产品供应商

智慧风控产品供应商为下游应用场景提供智慧风控产品,代表性企业包括上海冰鉴科技、上海数尊信息科技(即数尊信息科技(上海)有限公司)等企业。部分智慧风控产品供应商凭借其自身优势布局智慧风控各应用场景,如信贷场景、保险场景等,其中信贷场景业务占比高达80%。智慧风控产品供应商数据资源丰富,技术实力强,但服务领域及对应产品较单一。如上海数尊信息科技,企业发布的"实时个人风控信息查询产品"整合众多权威机构数据源,覆盖个人用户逾8亿,助力金融机构提升个人信贷决策效率。智慧风控产品提供商可基于其数据优势,扩展其服务领域的多场景业务。伴随智慧风控行业的规范发展,孤立的风控产品将难以适应行业发展现状,产品结合解决方案的综合型运营方式将成为未来风控领域的发展方向,部分智慧风控产品供应商将通过拓展业务范围向智慧风控综合型服务商转型。

2. 智慧风控解决方案提供商

智慧风控解决方案提供商为下游各应用场景提供智慧风控解决方案,代表企业包括铬科技等企业。智慧风控解决方案提供商通过覆盖下游应用场景智慧风控各环节,满足各场景应用需求,例如数据管理、模型建立、决策引擎、数据分析等。智慧风控解决方案提供商所提供的解决方案相对独立,可适应下游多场景,例如铬科技的智慧风险管理解决方案,该解决方案提供欺诈监测、信用评分、身份认证、授信额度、资产定价等问题的模型构建,适用于金融、保险、税务、社保以及精准营销等众多应用场景。智慧风控解决方案提供商为扩大业务辐射范围,有望增加业务类型。部分智慧风控解决方案提供商通过拓展业务范围向智慧风控综合型服务商转型。

3. 智慧风控综合型服务商

智慧风控综合型服务商为下游各应用场景提供智慧风控产品和服务,代表企业包括同盾科技、邦盛科技、百融金服等企业。智慧风控综合型服务商自主研发能力较强,技术实力强,部分企业通过研发差异化产品或核心技术构建技术壁垒,保持较强的竞争优势。例如邦盛科技,企业自主研发国际领先的"流立方"大数据实时分析处理平台、流式大数据实时处理技术,用于解决数据高并发与低延时的处理难题,可在毫秒间做出复杂计算、并行计算、关联分析等,打破实时风控面临的大数据处理瓶颈。目前,智慧风控综合型服务商正在加深产品和服务在各场景的应用,包括银行、第三方支付、证券、保险、互联网金融等应用场景。伴随智慧风控综合型服务商技术及品牌实力的增强,其应用场景有望得以持续拓宽,产品及服务的渗透有望持续加深。

10.2.3 产业链下游

智慧风控是智慧化技术手段在金融领域的重要应用,行业中游市场参与主体为下游各应用场景搭建智慧风控管理体系,研发智慧风控产品,以提高下游应用场景的业务效率和安全性。智慧风控产品及服务的应用,为下游各应用场景降低风险事件的发生概率,扩展各场景业务覆盖人群、完善业务流程、降低风控成本。以信贷场景为例,智慧风控可覆盖贷前、贷中和贷后三个阶段的信贷业务全流程。而贷前风控业务环节又可分为获客、身份验证、授信管理等环节。在获客环节,智慧风控体系可基于大数据建立用户画像,基于人工智能技术针对用户进行产品生命周期管理。在身份验证环节,通过生物特征识别等技术核验借款人身份,基于图关联技术对借款人进行关联分析,构建智慧反欺诈模型,排除团伙诈欺的可能性。在授信管理环节,智慧风控服务商可基于数据源,通过建模进行风险定价,对于有优质信贷资格的申请人可降低贷款费率,对于信贷资信差的申请人可提高费率,实现资金有效分配,保证资源优化配置。

10.3 智慧风控的应用场景

10.3.1 个人

个人信贷单笔数额小,业务量大,需要大量的人力和时间投入,在效果提升和成本控制方面很难达到指数级的突破。传统个人信贷的审批基于借款人历史信用信息和个人消费情况,对风险进行评分和预测,而金融相关数据一般呈现分散化、碎片化的特点,真实、有效及完整的数据往往很难获取,信息不对称性难以消除。

智慧风控覆盖贷前、贷中和贷后三个阶段的个人信贷业务全流程(图 10-3),依托智慧化技术与传统风控模型,对风险进行更及时有效的识别、预警、防识,同时实现全链条自动化、智慧化。网贷由于自带科技属性,所以在风险控制方面,其智慧化的渗透率要高于传统线下信贷。

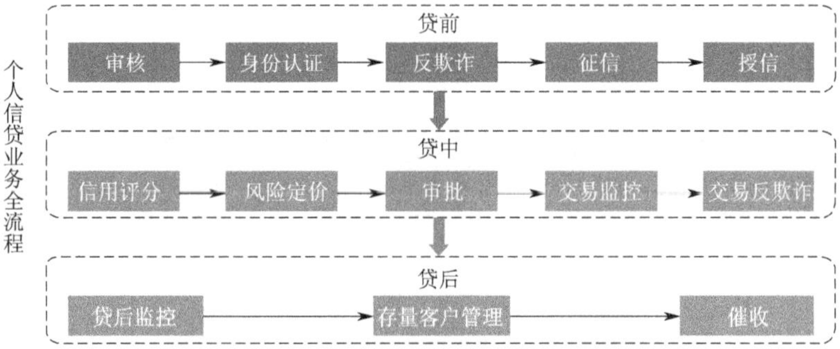

图 10-3　智慧风控对个人信贷业务的全流程管控

1. 贷前

贷前风控是整个信贷流程的基础,直接影响信贷业务质量。信贷风控旨在解决信息不对称问题,首先体现在贷前的信息收集和整合过程。收集和整合信息越充分,越有利于信贷审核和做出正确决策。

智慧化手段通过线上线下结合,为非结构化数据建立联系,利用机器代替人工,消除主观判断带来的二次风险,在实现自动化的同时,降低成本,提高效率。

贷前风险控制主要包括审核、身份验证、反欺诈、征信和授信五大环节(图 10-4)。

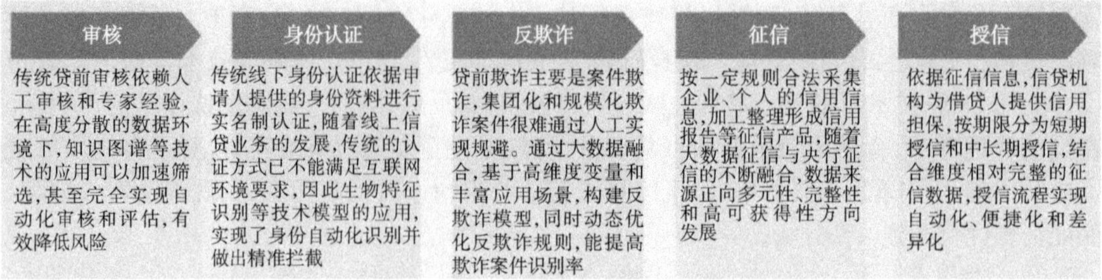

图 10-4　贷前风险控制五大环节

2. 贷中

贷中风险管理能够对在线交易进行仿冒和欺诈的识别，对借款人进行实时管控，有效防范和控制欺诈交易等贷中风险。实时管控的依据来源于实时监测的渠道数据。由于互联网数据具有更新周期短、反馈及时等优点，因此大数据接入可以协助信贷机构实现动态监控、异常行为预警（多头借贷行为监控、还款能力指标异常预警及还款意愿交叉识别）等风控管理。

智慧化手段可以对信贷交易进行风险判定，基于以借款人为核心的人际关系网络，通过对借款人的交易行为、还款行为、设备使用行为等各方面关键信息项的交叉侦测，提前发现风险，进行预警，并对借款人账户进行实时管控。

贷中风险控制主要包括信用评分、风险定价、审批、交易监控和交易反欺诈五大环节（图 10-5）。

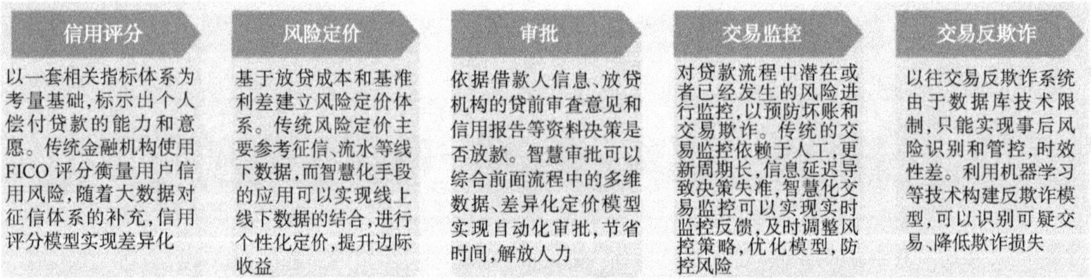

图 10-5　贷中风险控制五大环节

3. 贷后

贷后风控是信贷管理的最终环节。有效防范和控制贷后环节风险，是促进信贷业务持续健康发展的必要手段。作为信贷管理的最终环节，贷后风控的精细化程度往往决定着贷款安全性、案件防控效果和业务管理质量。贷后风控针对有逾期征兆或者行为的客户进行管理、识别和催收。以往的贷后风控措施依赖于人工操作，成本高，回报小，因此很多信贷机构在贷后布局上投入较小。

利用机器学习技术处理多维弱变量数据，可以精准估计违约风险，制定风险管理策略，确定风险偏好、风险限额、风险管理政策和程序，并通过自动监控策略执行情况，及时优化调整，提升业务端风险管理体系的有效性，打造信贷风控闭环。相比贷前调查和准入手段的更新，贷后管理虽然目前在各类金融机构中还未见到行之有效的应用效果，但是加强贷后管理，有效防范和控制贷后环节风险，会成为促进信贷业务持续健康发展的必要手段。

贷后风险控制主要包括贷后监控、存量客户管理和催收三大环节（图 10-6）。

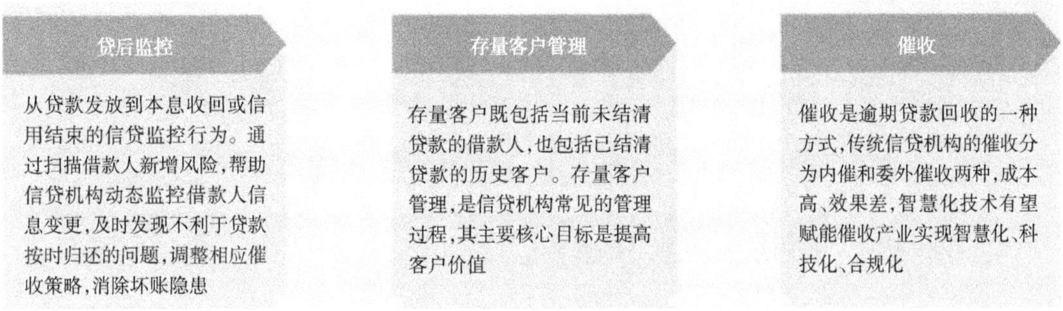

图 10-6　贷后风险控制三大环节

贷后监控基于人工智能和大数据助力信贷机构完善监管能力，并结合差异化客户管理和催收策略，助力信贷机构降低成本、提高资源配置效率。

贷后管理的重要性大于控制，通过贷后监控，可以第一时间了解借款人动态 ，对贷款的风险状况做出及时判断，以及时制定应对风险的措施。

信贷行业的监控管理水平随着数据的完善得以提高，例如生物特征识别等技术的不断完善，将在未来帮助信贷机构和监管部门实现在公共安全领域的精确搜索，解决失信黑名单的失联问题；信贷机构还可以基于大数据技术对时空数据、地理数据和登记信息建立联系，通过模型算法管理借款人，及时发现潜在坏账和失联借款人。

贷后风控还通过监测，对风险程度进行评分，采取不同的管理措施，同时对风险极高的借款人及时采取催收手段，通过多维数据锁定借款人，利用差异化催收策略进行贷后催收。

10.3.2　企业

现阶段，智慧风控布局对于企业信贷风控的效果提升较小，大部分智慧风控企业表示，未来会以小微企业信贷领域作为目标。

传统企业信贷风控通过整合企业工商信息、合规情况、经营能力等指标，评测企业信用等级状况，企业信贷尤其是小微企业信贷大多会以供应链金融或者抵押贷款的形式进行。区别于个人信贷，企业信贷单笔数额大，业务量小，需要人工参与整个业务流程，评估复杂，难以实现完全的自动化，因此形成了借贷的门槛效应。

在智慧风控的逻辑层面，不同于个人人群画像和预测规则，小微企业的多样化使其信贷业务往往不具有统计学规律，无法用其他企业或者某些企业的样本特征作为依据，对其进行评测；在逾期水平和坏账率等指标的判断上，基于大数据的预测模型同样不具有代表性。因此，现阶段智慧风控布局对于企业信贷风控的效果提升较小。企业信贷业务全流程如图 10-7 所示。

中国人民银行、银保监会等五部门联合印发的《关于进一步深化小微企业金融服务的意见》中提到，从 2018 年 9 月 1 日至 2020 年底，将符合条件的小微企业和个体工商户贷款利息收入免征增值税单户授信额度上限，由 100 万元提高到 500 万元。国家对小微企业信贷业务的大力扶持，调动了各类金融科技公司积极探索企业信贷风控智慧化的积极性。大部分智慧风控企业高管表示，未来会将小微企业信贷领域作为目标，使智慧风控覆盖不同需求的信贷业务场景。

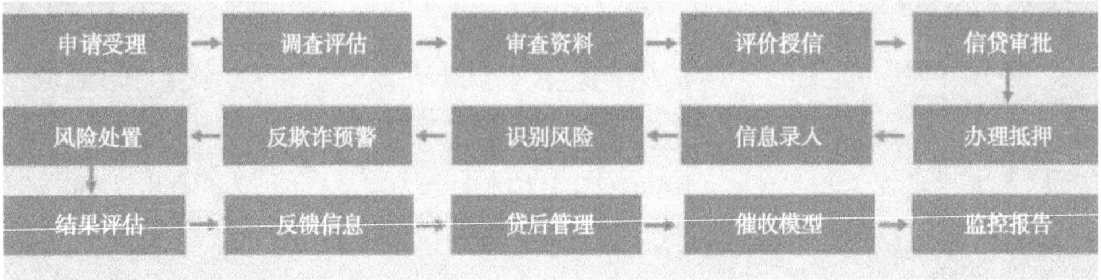

图 10-7 企业信贷业务全流程

（1）由于企业征信门槛较低，数据和产品同质化程度高，导致征信机构蜂拥入局，企业征信的发展面临着更大挑战。

企业征信是指征信机构作为提供信用信息服务的企业，按一定规则合法采集、汇总分散在社会各方面的企业信用信息，形成企业征信数据库，加工整理形成的企业信用报告等征信产品。征信机构会将这些征信产品有偿提供给经济活动中有合法需求的贷款方等。

我国 2013 年就颁布了《征信业管理条例》，除了央行征信中心外，截至 2018 年 9 月 28 日，由中国人民银行授权备案的企业征信机构共有 122 家，相较于高峰期备案企业 137 家，一直有企业征信机构注销牌照或进行业务转型 。由于门槛较低，数据和产品同质化程度高，导致征信机构蜂拥入局，企业征信的发展面临着更大挑战。

（2）企业级知识图谱可以建立企业与企业、企业与个人间的关系，助力挖掘和预测潜在风险关联企业。

智慧风控通过智慧化技术为法人/企业高管、对外投资/关联企业建立联系，还通过构建企业级知识图谱，完成个人与企业之间的风控逻辑转换。

知识图谱的基础是多维度海量数据库、语言关系认知能力和知识库表示结构。在申请欺诈风险识别场景中，知识图谱整合和关联内部结构化数据、非结构化数据、互联网采集数据和第三方合作数据，建立企业与企业之间的投资、子母、担保等关系，个人与企业之间的任职、实际控制、一致行动等关系 ，及时预测未来潜在风险关联企业；知识图谱还可以根据行业信息建立关系挖掘模型，展示每个行业间的关联度，及时预测未来有潜在风险的关联行业企业，对相关风险做出预判。

除了申请阶段的反欺诈，通过构建企业相关负责人已知欺诈要素如手机号码、设备、账号、地域等维度的关系图谱，对海量风险数据进行离线统计分析，收集风险运营反馈结果，优化风险模型和规则，实现交易阶段的反欺诈。

（3）智慧化技术手段助力企业征信数据整合，打破数据孤岛，实时监测经营数据，实现企业数据资产化，将其转化为衡量企业的重要标签。

基于大数据、人工智能技术，数据的处理、分析和建模能力能够更好地挖掘企业信息价值，整合资源平台，通过知识图谱打通企业之间的联系；在降低渠道成本的同时，打破数据孤岛，打通各平台企业数据通道；实时监测异常经营数据，缩短预警周期；将多维、海量企业数据转化为资产，使其成为衡量企业的重要标签。

对于取得牌照的征信机构依托备案赋予的能力能发展到的规模，除了取决于央行的开放程度，还取决于其利用最基础的数据和算法，建立符合商业应用环境与政策要求的模型和系统的能力，这才是未来企业竞争的决定性因素。

（4）企业信用评估和智慧舆情监控等企业智慧风控产品的出现为小微企业信贷带来更多选择，助力小微企业解决信贷难题。

智慧风控针对企业信息等级评分开发了一系列一站式企业信用评估产品，例如企业主体评估、关联人评估、关联企业评估等，旨在通过一站式企业信用评估系统，解决多次查询导致的信息分散、操作不便等痛点，提高效率；将企业风险以策略风险分的形式呈现，将关联风险信息涉及的主体名称、数量、关联关系等以类别的形式呈现，将企业投资关系以关联图谱的形式呈现，将风险量化、可视化展示；可灵活配置风控策略与决策流，实时响应小微企业贷款风控政策的变化。所有信用评估产品不会涉及具体信息，均以评分形式展示，以此为基础，为企业信贷差异化风险定价提供了可能。

贷中监控中的智慧舆情模块，基于机器学习和人工智能对企业新闻舆情进行二次加工处理，实现归类汇总相似新闻事件和智慧判断新闻结论，用于金融信贷领域的企业舆情监控、关联方舆情监控等。

【知识窗】

智慧风控的核心能力

智慧风控的核心能力如图 10-8 所示。

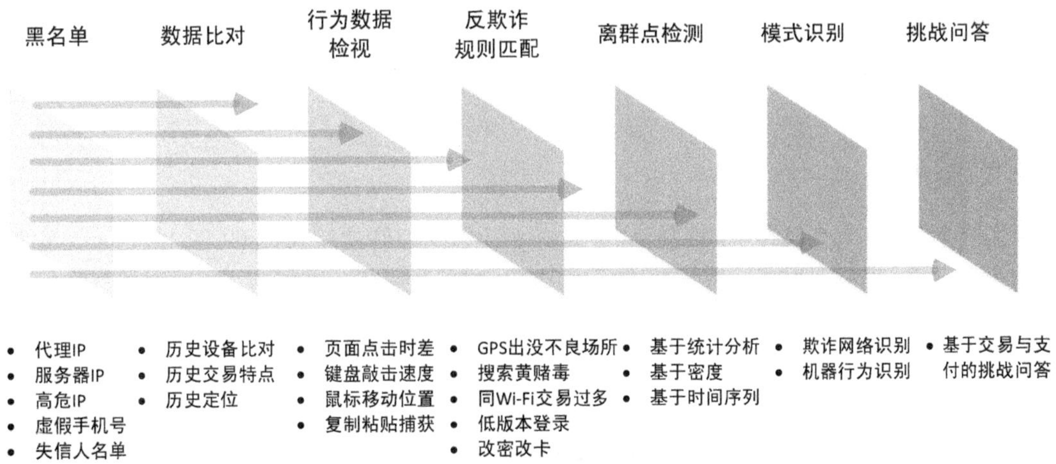

图 10-8　智慧风控的核心能力

【重点案例】

融 360 大数据风控系统——“天机”

2015 年 5 月,融 360 推出全网首个开放的大数据风控平台,取名为“天机”。该系统通过数据模型、机器学习等技术挖掘隐藏在大数据背后的秘密,寓意“天机可以共享”。

“天机 2.0”提供一系列技术服务,包括授权抓取、反欺诈解决方案等,并已与多家信用服务供应商进行了深度合作,还引进了数据模型提供商、风控技术提供商等前沿公司。对于没有能力自建大数据系统的机构而言,接入天机系统可以一站式地完成线上获客、审批、放款,并能极大地提高贷款的效率和反欺诈的有效性,将人工风控转化为智慧风控。

这个系统包含一组模型,从身份认证、还款意愿和还款能力三大维度,对申请贷款的用户进行信用评分,再依据分值来决定是否放款。目前,“天机”系统已经极大地支持了某些小额贷款产品,基于借款申请人自主提交的个人数据,可以做到 10 分钟左右完成审批,最快当天放款。而针对特定细分市场,融 360 的目标是力争 5 万元以内的小额贷款平均 12 小时放款。除了贷款审批速度实现了突破,贷款获批率也得到了显著提升。对于同一类用户,用抵押物、收入流水证明等粗放式的传统风控方式,贷款获批率在 15%左右,而使用大数据模型结合人工后,获批率可以达到 30%以上。至于贷款的逾期率,以 12 个月违约风险举例,通过“天机”系统筛选的用户,其逾期率比没有经过筛选的低一半。

【本章小结】

智慧风控是应用智慧化技术加强金融领域风险管控的重要手段。智慧风控在金融领域的应用可保障金融机构业务的效率和安全性,在有效降低风险事件的发生概率和损失的前提下,扩展业务覆盖人群的范围,完善业务流程,降低风控成本,在实现贷前、贷中、贷后全链条自动化的同时,促进风控管理差异化和信贷业务人情化。

智慧风控行业运用互联网、大数据、人工智能、区块链等先进技术手段、措施和方法达到机器和业务流程的智慧化转型,突破以人工方式进行经验控制的传统风控的局限性和空间性。

【思维拓展】

除大数据外,智慧风控的“智慧”主要体现在机器学习算法构建模型(图 10-9)上。智慧风控在授信申请、违约损失计算、逾期预测、反欺诈等业务目标确定后,通过内外部数据的整合、预处理(如采样、PCA、缺失值填充、归化)、特征统计等方法,再选择合适的算法进行分析。

而在基础工具的运用上,由于需运用到大数据技术,智慧风控多离不开 Hadoop/Spark 这样的基础计算平台以及 R/Python 等数据分析工具。当前,一些专注于机器学习的厂商如第四范式、阿里云,也研发了可拖拽的建模工具,部分降低了机器学习的学习成本和门槛。

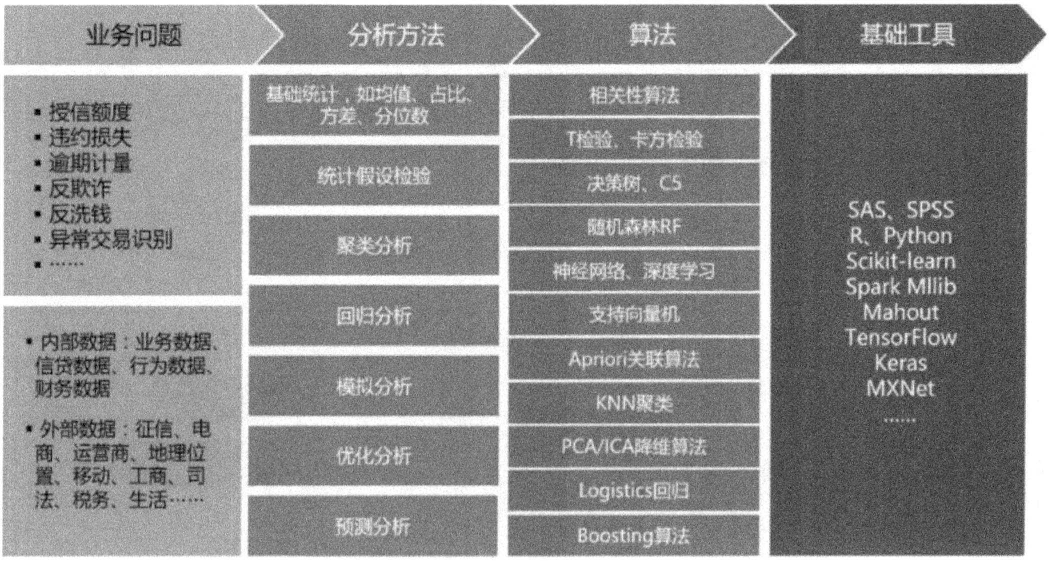

图 10-9　智慧风控的业务问题、分析方法、算法、基础工具

【自测题】

智慧金融的大数据时代，小额贷款公司开始利用大数据来做风控。灰名单一般都是通过大数据风控采集产生的，跟借款人的互联网使用习惯有着非常大的关系。

灰名单是各个贷款机构对客户的一个信用记录情况，相当于各贷款机构的信用记录报告。贷款机构灰名单实际上指的是贷款机构系统评估分低于 700 分的客户的名单。

进入了灰名单，短期内客户将不能申请贷款机构的贷款。

简述商业银行智慧风控平台的工作流程和要点，并给自己了解的企业进行信用评级。

第 11 章　智慧银行

【思维导图】

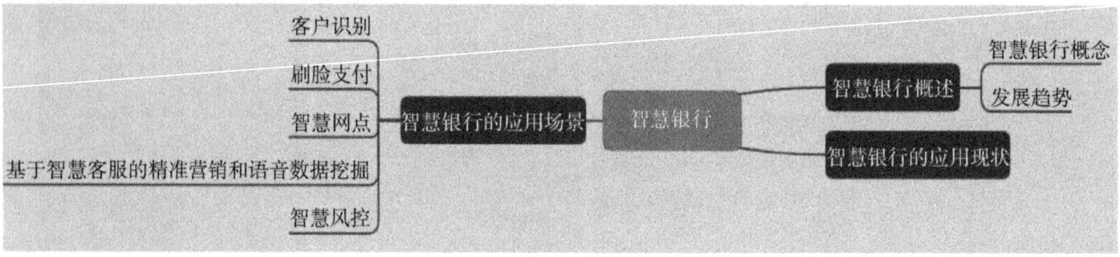

【导入案例】

济宁银行 CBUS5.0-智慧银行系统

济宁银行是山东城商行（即城市商业银行）联盟中首家上线运行 CBUS5.0-智慧银行系统的城商行。CBUS5.0-智慧银行系统以创新的业务理念和先进的技术手段为支撑，快速适应市场变化、新技术变革带来的银行经营理念与模式的变化，实现了银行服务、运营管理与科技创新的完美结合。

CBUS5.0-智慧银行系统以影像识别、电子签名、人工智能、大数据、云计算等新兴技术为依托，提供包括业务流程优化梳理、核心系统升级改造、柜面系统更新换代、移动展业、企业客户信息整合、集中授权和集中作业、凭证无纸化、人脸识别、网点自助设备及线上线下协同整合、客户服务大数据采集等在内的一揽子整体解决方案，联动线上线下优势，创新服务方式和流程，全力打造新一代智慧银行。

【思政目标】

在专业学习之余，引导学生自觉接触社会，增加社会经验，提高社会适应能力；同时，重视安全教育，提高学生的安全防范意识，对不清楚的事宜要及时与学校老师沟通；此外，增强学生的心理素质，引导其树立正确的价值观和金钱观。

【思政案例】

远离校园贷，青春不负债

2020 年 10 月，中国消费者协会发布了校园贷诈骗 2020 年上半年再现高发的警示。随后，教育部也发布了学生警惕不良网络贷款的提醒。校园贷实质上就是大学生的筹资行为。

将筹资管理和校园贷结合，可以帮助学生清晰地认识到校园贷的非法性，认识到披着低息外衣的校园贷是如何滚出巨额账单的，帮助在校大学生树立理性的消费观和财富观，不要盲目超前消费、过度消费，珍惜个人信用，时刻保持风险意识，选择合法、安全的筹资渠道。提示在校大学生，筹资前要明确资金的利息率、计息周期和其他相关筹资费用和用资费用；筹资后，要恪守借款合同，履约还款。如有资金需求，向银行申请贷款才是正途。

11.1　智慧银行概述

11.1.1　智慧银行概念

智慧银行是传统银行、网络银行的高级阶段，是银行在当前智慧化趋势的背景下，以客户为中心，重新审视自身和客户的实际需求，并利用人工智能、大数据等新兴技术实现服务方式与业务模式的再造和升级而打造的银行形态。

1. 智慧银行相对传统银行有两个显著特点

（1）智慧化的感知和度量。与以往直接询问或根据历史服务数据做简单分析的方式不同，智慧银行通过一系列的智慧化设备，在客户毫无察觉的情况下感知客户需求、情绪、倾向和偏好等，从而为进一步的营销和服务提供支持。例如，在服务质量及满意度评价场景中，银行通过智慧化设备对客户表情、肢体动作、语音语调的分析，可迅速得到客户对本次服务的满意程度，而无须再专门采集客户的反馈意见；又如，营销型网点能够根据客户在网点不同产品区域的停留时间、行动轨迹等信息，捕捉客户的注意力焦点，从而发现客户的潜在需求。

（2）资源和信息的全面互联互通。智慧化的感知和度量改变了银行采集信息的方式，对以往无法量化的信息按照某种规则进行量化分析，从而为资源的配置及其优化提供决策依据。如对银行网点排队情况、业务类型、业务量的监控分析，可辅助银行完成网点布局的优化；对客户位置、需求信息及网点实时服务情况的获取，可帮助客户选择最优的网点等。线上与线下的结合和不同渠道的信息的互联使资源的配置更加合理和高效。

2. 银行业智慧化趋势明显，技术、数据、场景和市场是主要驱动力

随着行业数据的积累，人工智能、大数据、区块链等新技术的发展，以及互联网金融对传统银行业的冲击，商业银行智慧化转型已成为不可逆转的趋势。

技术、数据和场景方面的需求是人工智能技术在金融领域得以应用的基础。其中，技术方面，算法、算力和芯片的优化，使机器从海量数据库中自行归纳物体特征，描述、还原和定位新事物的能力得以提高，并使其在各类人工智能准确性测试中的表现越来越好；数据方面，海量的数据是深度学习算法培育和构建的基础，为精准的目标画像和预测分析提供了可能；场景方面，契合业务场景的算法模型为金融活动提供了更多的决策支持，从而在很大程度上提升了金融活动的效率。

政策和资本的倾斜为人工智能技术在金融领域的发展营造了良好的市场环境。政策对人工智能和金融科技的支持，使市场对行业整体发展有乐观预期，这在一定程度上促进了资本的流入。

1)技术

人工智能技术和市场生态的日渐成熟为其在银行业的应用奠定了基础。根据 Gartner 公司 2017 年 7 月发布的新兴技术成熟度曲线,人工智能相关技术在未来 5~10 年将逐步走向成熟,成为最有影响力的新兴技术之一。随着技术的成熟,如何通过应用场景实现商业变现将是行业普遍关注的问题,而银行业大量的服务场景,为人工智能的场景落地提供了条件。可以说,智慧银行既是银行业自身与时俱进的主动变革,也是受技术商业化应用驱动的结果。

2)数据

金融业沉淀了海量数据,包括金融交易、客户信息、市场分析、风险控制、投资顾问等各类数据,量大且多,它们以非结构化形式存在(如客户的证件扫描件等),既占据宝贵的储存资源,又无法转成标准化数据以供分析,金融大数据的处理工作面临极大挑战。深度学习、知识图谱等人工智能技术的应用,能够不断增强人类的甚至能够超越人类的知识回答能力,尤其在风险管理与交易这种对复杂数据的处理方面,人工智能的应用将大幅降低人力成本并提升金融风控及业务处理能力。

3)场景

在场景应用上,一方面,基于数据的业务场景创新越来越多元化。银行业良好的数据基础为场景创新提供了条件,促使各领域充分挖掘数据的潜在价值,利用技术实现银行业的模式创新和产业升级。另一方面,基于客户体验的服务场景创新越来越精细化。银行业服务的属性,使其大部分业务是基于客户服务开展的。当前,场景创新已融入服务的各个环节,从而提升效率、优化客户体验,推动整个行业的精细化运营和服务升级。

4)市场

互联网金融的发展给银行业务带了来不小的冲击,使传统银行在面临同业竞争的同时,还不得不应对新经济形态带来的客户习惯改变和客户服务质量要求的提高。激烈的市场竞争环境促使银行以客户为中心,重新审视客户需求,利用新技术手段优化业务 流程,从而提升银行业的运营效率和服务水平。

11.1.2 发展趋势

智慧银行的发展以智慧化、轻型化、特色化、社区化为主要趋势。

回顾过去几年,网络银行、数字银行、虚拟银行、智慧银行等说法不断更新人们对银行的认知。这些被赋予了时代特色的名词,虽然在概念的界定上并不完全清晰,但它们足以彰显银行业追随技术发展与时俱进的步伐。在当前这个智慧、高效、万物互联的时代背景下,银行业的发展也呈现出智慧、高效和便捷的特征,其网点建设则表现出明显的智慧化、轻型化、特色化和社区化的趋势。

1. 智慧化

随着人工智能技术的发展和行业竞争的加剧,利用智慧化产品来改善和提升客户体验是市场的发展方向,也是行业的必然选择。在智慧银行的建设中,智慧化主要表现在利用智慧设备提升效率、利用智慧系统或算法分析和优化流程等方面。当前,已有大量的智慧设备、系统和方法等在银行业得到应用,但这仅仅是个开始,未来,银行业将继续沿着智慧化的道路走得更远。

2. 轻型化

传统网点面积大、人员多、运营成本高，智慧网点建设则更倾向于轻型化和虚拟化。轻型化主要是对大网点、综合网点的功能进行细分，对传统的业务受理操作区域进行缩减，将拥挤的网点大堂人流有效分流至自助服务区、网上银行等非人工办理业务渠道。增加理财区、贵宾服务区、产品体验区，提高网点形象，为客户提供更好的服务。这几年，各银行在网点轻型化上进行了大胆的尝试，进一步简化网点功能，建立微型网点、社区网点，满足特定区域的客户办理简单的传统网点业务的需求，如开卡、存取款、转账，甚至理财产品购买等。

3. 特色化

特色化是与轻型化相伴的一个趋势。它是指对传统的综合性网点功能进行拆解，分配到不同网点，使网点功能分化，从而形成各自特色的现象。如出现了服务型网点、体验型网点与营销型网点，其中，营销型网点将网点职责从以业务办理为主转向以金融产品销售为主。银行通过改变网点装修风格，加强员工销售技能培训，区分客户群体，提高服务质量，并辅之以产品销量为主的绩效考核等手段对网点进行销售化改造，营造全民营销的网点氛围。相较于服务与体验型网点，营销型网点具有明显的营销特色。

4. 社区化

社区智慧网点深入社区，为居民的衣食住行、休闲娱乐、商贸往来提供周到的服务。它打破了传统等客上门的模式，向营销型与服务型网点转型。

11.2　智慧银行的应用现状

智慧银行的建设越来越依赖于前后台的协同，即充分利用后台的决策分析系统，实现对前台业务和服务流程的优化（图 11-1）。如精准营销，前台呈现在客户面前的是符合其预期和实际需求的产品，但找到这些产品，却依赖后台大数据的分析和预测，同时根据前台的反馈结果，又可优化后台预测模型，前后台协同使营销服务更加精准。此外，客户识别、智慧风控、智慧客服等，在实现其可见的前台功能背后，也都需要后台系统的配合，尤其在做决策判断的过程中，后台决策分析系统的应用能够在明显提高效率的同时，提高决策的科学性。

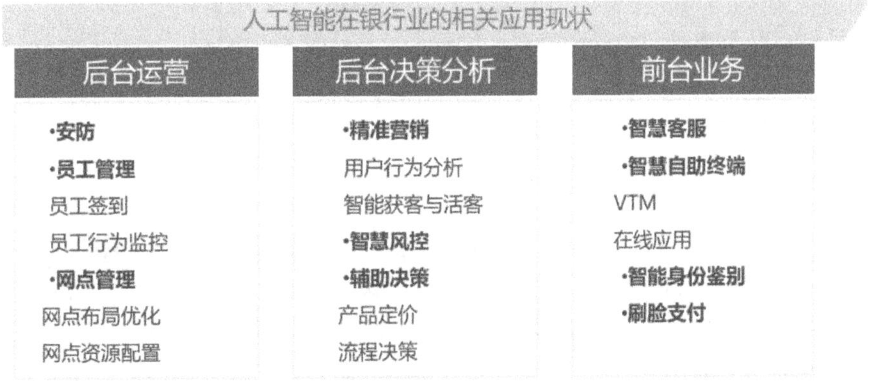

图 11-1　智慧银行的应用现状

11.3 智慧银行的应用场景

11.3.1 客户识别

1. 多模态生物识别，助力智慧银行安全性升级

客户识别即要求客户在办理业务或执行交易时进行的身份确认，以保证操作者是客户本人或已获得客户授权。传统的客户识别采用证件、密码、硬件及柜面人工相结合的方式，安全级别较低，冒名开户、卡片盗刷、交易抵赖等安全事件偶有发生。此外，过于依赖 Ukey 等硬件和加密系统的安全措施又使得流程烦琐，操作效率和客户体验大打折扣。多模态生物识别技术因能够较好地兼顾安全和效率而在银行业得到广泛的应用（表 11-1）。

表 11-1 传统识别与生物识别的应用区别

<table>
<tr><th colspan="2" rowspan="2">业务场景</th><th colspan="2">传统识别</th><th colspan="2">生物识别</th></tr>
<tr><th>方式</th><th>痛点</th><th>方式</th><th>优点</th></tr>
<tr><td>柜面业务</td><td>开户、无卡取款、转账/交易、身份信息维护</td><td>人工核对证件，验证密码和预留信息</td><td>·人眼识别率低、速度慢、流程烦琐；
·柜员串通作案，导致案件发生</td><td rowspan="4">人脸识别、虹膜识别、指静脉识别、声纹识别、指纹识别等</td><td rowspan="4">速度快、准确性高、操作便捷</td></tr>
<tr><td>网络交易</td><td>远程开户、无卡取款、登录注册、实名认证、刷脸支付</td><td>验证手机、Ukey、常用设备、交易密码等</td><td>·网银依赖 Ukey，成本高，体验差；
·掌银依赖设备，设备可靠性存疑；
·有在线冒名开户、交易抵赖风险</td></tr>
<tr><td>自助机具</td><td>远程开户、转账/交易、无卡取款</td><td>依赖银行介质和交易密码</td><td>·银行卡磁条容易被克隆而导致客户资金损失；
·密码被盗，无法保护客户资金安全</td></tr>
<tr><td>业务内控</td><td>员工行为监控、核心区域安防、出入管理、押运员身份确认</td><td>验证密码、证件等</td><td>·存在证件、密码泄露等风险；
·业务被冒名审批，带来损失，且审批、审核无法追本溯源</td></tr>
</table>

2. 集成多模态生物识别的统一身份认证系统呈平台化发展

银行业务场景复杂，且各场景对安全级别和认证方式的便利性要求不尽相同，因而为适应不同场景下身份认证系统的标准化接入，银行业开始采用多模态生物识别统一身份认证平台（图 11-2）。该平台将多种单一生物识别技术聚集融合，统一管理，利用独立的或将多种采集方式合而为一的采集器，采集不同的生物特征（如指纹、人脸、虹膜图像等），然后进行对比分析、识别和认证。该平台打破了原本单一认证方式的边界，是银行不同业务系统和场景下，信息互联互通的一种尝试。

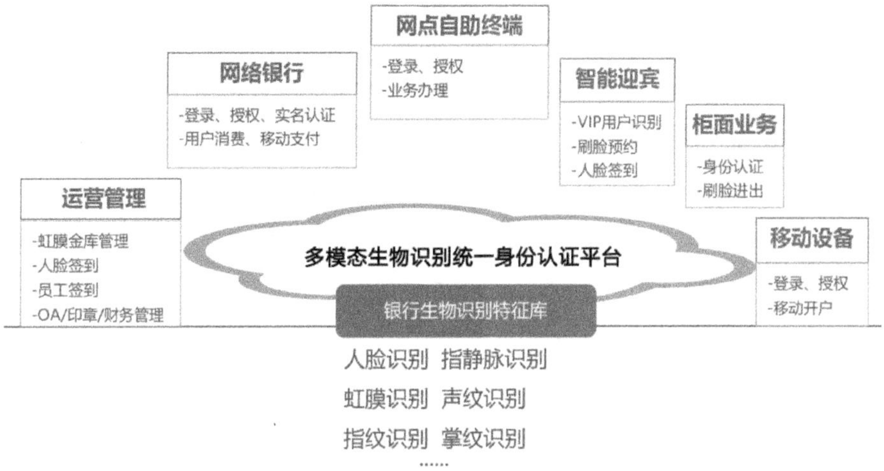

图 11-2　多模态生物识别统一身份认证平台的应用

11.3.2　刷脸支付

我国的移动支付最早可以追溯到 2000 年前后，由电信运营商联合各大商业银行开始小额小范围试点，随后由支付宝、财付通、银联、快钱等第三方支付公司推广而得到快速发展。随着智慧终端的普及和网购、外卖等电商支付场景的多样化发展，移动支付的市场需求迅速增长，新的支付方式（如 NFC 支付、二维码支付、声纹支付、虹膜支付、指纹支付等）应时而生。其中，二维码支付因方便、快捷而得到广泛的应用。

二维码支付一定程度上推动了我国无现金时代的进程，但对于一些中老年群体，智慧手机的操作技能是其享受移动支付快捷性的一道门槛。此外，在某些特殊场景（如手机断电、双手持物等）下，手机的使用受到限制，而刷脸支付无疑在效率和便捷性上更胜一筹。随着人脸识别技术和硬件产品的支持，未来，刷脸支付有望成为继二维码支付之后的又一个主流支付方式。

刷脸支付是指将人的面部特征作为支付凭证，通过识别人脸完成支付的过程。目前，由第三方支付公司、银行和人脸识别技术公司参与建设。银行方面，或将刷脸支付作为其重振支付业务的机遇，扭转二维码支付时代第三方支付公司独大的竞争格局，因而在刷脸支付领域也正积极筹划布局，通过联合人脸识别技术提供商，寻找合适刷脸的消费场景，提供线上、线下的无感支付。

11.3.3　智慧网点

1. 以客户为中心，提供契合实际需求的网点布局

网点是商业银行业务的基础，早期商业银行为提升竞争力大量建设线下网点，但随着线上渠道对线下业务的取代和租金与人力成本的提高，网点运营的压力越来越大。银行一方面大量裁撤网点以降低成本，另一方面也在积极寻求网点变革的新路径。

网点变革已成为当前商业银行智慧化转型的关键，其核心在于提高网点服务的智慧化

水平，并通过对网点的功能、布局和管理流程等的优化来提升运营效率、优化客户体验并降低成本。

除根据城市不同区域的人流特点优化网点在城市内的位置布局外，在每个网点内部，银行也根据实际的业务和人流情况进行精细规划，并合理分配每个区域的人力等资源，以客户为中心，打造舒适、高效的环境。智慧网点功能区和产品设置见表 11-2。

表 11-2 智慧网点功能区和产品设置

功能区	产品
等候区	定制沙发，互动茶几，电视，手机充电站
现金区	柜内清，柜外清，外币兑换机（特定银行），柜面双屏，大额复点机，管道银行
非现金区	柜内清，柜外清，对公超级柜台（支票机，回单机），柜面双屏
电子银行体验区	二维码墙，电子银行体验台，网银一体机，平板电脑，手机银行体验机，微信打印机
贵宾服务区	咖啡机，水吧，书吧，互动茶几，电子白板，贵金属展示柜，全息投影，智能体检机，VIP 识别门禁
公众教育区	书吧，广告机，互动茶几，沙发座椅，宣传杂志，公众教育区柜，电子意见簿，双面海报屏，夜间橱窗投影
便民服务区	便民服务柜，儿童座椅，轮椅，医疗急救箱，眼镜，碎纸机，行长直通电话，服务热线，手机充电站，婴儿车，擦鞋机，爱心捐款箱，点钞机，工具箱
贵宾沙龙区	电子白板，互动茶几，讲台，定制沙发座椅，咖啡机

2. 高效便捷的智慧化机具成智慧网点宠儿

智慧化机具的使用大幅提升了网点的服务效率和客户体验，也改变着网点的服务模式。在智慧网点，搭载生物识别技术的智慧机具应用越来越广泛，如 VTM（远程柜员机）、MIT（移动智慧柜员机）、智慧迎宾机、人脸互动大屏终端、刷脸购物机等。

VTM 可通过银行柜员和客户之间的远程音视频通话和桌面共享，向客户提供对公对私、国际国内、本外币、金融理财等全方位金融服务，个人可以自助完成约 90%的金融业务。此外，像身份信息采集、资料扫描、票据收纳、回单打印盖章等，都可以通过 VTM 自动化引导流程完成。

MIT 是银行的便携式自助发卡设备。该设备集成了人脸识别摄像头、指纹识别仪、身份证读卡器等多种硬件设备，可放置于银行网点，或由业务经理携带到校园、社区等人流密集的地区，进行自助发卡。

智慧迎宾机可通过人脸识别技术实现 VIP 客户自动迎宾与欢迎致词，并结合 CRM（客户关系管理）系统，将客户信息和需求情况下发至客户经理的终端设备上，提升服务质量。

人脸互动大屏终端可通过交互式的人脸娱乐游戏，缓解客户无效等待的烦躁情绪，还可通过识别客户的年龄、性别、表情等面部特征，推送特定的产品，进行精准营销。

刷脸购物机即搭载刷脸支付功能的购物机，近年来也越来越多地出现在银行网点，成为为客户提供新支付方式的体验平台，同时也能满足客户在网点期间的消费需求。

11.3.4 基于智慧客服的精准营销和语音数据挖掘

智慧金融服务业的本质决定了其将面对大量的客户需求，银行业尤其如此。客服作为企业与客户沟通的直接出口，需要兼具专业解答能力、营销能力与良好的沟通交流能力等多种素质。当前，客服行业人员素质参差不齐，高素质客服短缺且成本较高，而智慧客服无疑是兼顾成本、效率与服务质量的一个折中选择。此外，智慧客服相对于人工客服具备的高效性特点，为服务流程优化提供了更多的可操作空间，从而改变了原有的营销和服务模式，使之更加精准化、智慧化和人性化。当前，智慧客服在银行业的应用主要有以下几种情形。

（1）在线智慧客服。它通过知识图谱构建客服机器人的理解和专业答复体系，结合自然语言处理技术进行实时语音识别和语义理解，从而掌握客户需求，为客户提供自助在线服务，必要时向服务人员推送客户特征、知识库等内容，协助客服人员做好服务。

（2）智慧外呼。集成语音技术的智慧外呼系统，可实现自动呼叫与应答，多用于客户提示、贷后维护等场景。

（3）语音数据挖掘。通过语音和语义技术，系统可自动将电话银行海量通话和各种客户单据内容结构化，打上各类标签，挖掘分析有价值信息，为服务与营销等提供数据与决策支持。如通过对通话过程中人员的语音语调分析获得客户满意度评价信息等。

（4）实体服务机器人。实体服务机器人集智慧语音语义、生物识别等多种交互技术为一体，在大堂内分担部分客户经理的工作，如迎宾分流、引导客户、业务介绍等。

11.3.5　智慧风控

1. 新经济形态下，银行业风险水平居高不下，智慧风控应时而生

风控是银行业生存和发展的关键。银行业的风控主要是指利用合理的技术、方法等实现银行业务流程的合规管理，从而保持资产质量的稳定和风险抵补能力的平衡。

当前新经济环境下，银行业的风险水平居高不下，主要包括市场风险、信用风险和操作风险三个方面的风险。其中，市场风险指由利率、汇率、股票、商品等的价格波动导致银行产生损失的风险；信用风险即违约风险，指借款人由于种种原因无法履行借款合同导致银行产生坏账损失的风险；操作风险指在业务操作过程中，由流程的不合规或工具、程序、系统漏洞等引发损失的风险。

随着普惠金融的发展，越来越多的人享受到现代金融带来的便利。但同时，由于我国征信体系的不完善，骗贷、赖账、交易欺诈等信用风险事件仍无法完全避免。此外，新技术的应用也使操作风险变得更加难以控制。面对日渐复杂的业务环境，各银行提升自身风险防控能力的需求日益迫切，但商业银行传统的风险管理体系过于注重流程而缺乏灵活性，且防控手段较为落后。金融大数据覆盖面广、维度丰富、实时性强等特点结合人工智能强大的自我学习能力，恰恰为银行业的风控提供了新的方法和思路。智慧风控逐渐成为人工智能和大数据技术在银行业的热点应用领域。

2. 智慧风控覆盖事前预警、事中监控和事后分析等全流程

智慧风控利用人工智能技术构建风控模型，并将模型应用到如授信定价、贷前审批、贷后监控、反欺诈等业务流程中，通过反复训练，不断提升模型精度，从而提高银行业的风控能力。它提供了一种贯穿事前预警与反欺诈、事中监控和事后分析全业务流程的风控手段。

（1）事前预警。风控前置一直是商业银行非常重视的方向。它运用大数据技术，对申请资料、不良信用记录和多平台借贷记录等信息加以整合，从而识别高风险行为，在业务流

程开始之前预警风险。

（2）事中监控。在事中，智慧风控根据相关数据建立授信模型或通过第三方征信数据的接入评估客户的还款能力，自动完成审批流程，做出决策。

（3）事后分析。在事后，智慧风控持续动态监控借款人的新增风险，如其他平台的借款申请、逾期记录、法院执行与失信记录、手机号码变更等，及时发现不利于回款的可能性因素，并调整相应的催收策略，消除坏账隐患。

在智慧风控这个应用领域，商业银行在数据和对业务逻辑的理解上具有相对优势，但就人工智能和大数据技术的研发能力来说还有许多的不足。因而，采购第三方的风控产品成为当前商业银行构筑稳健、快速、准确的风控体系的重要方式。

【知识窗】

智慧银行产业链

智慧银行产业链如图 11-3 所示。

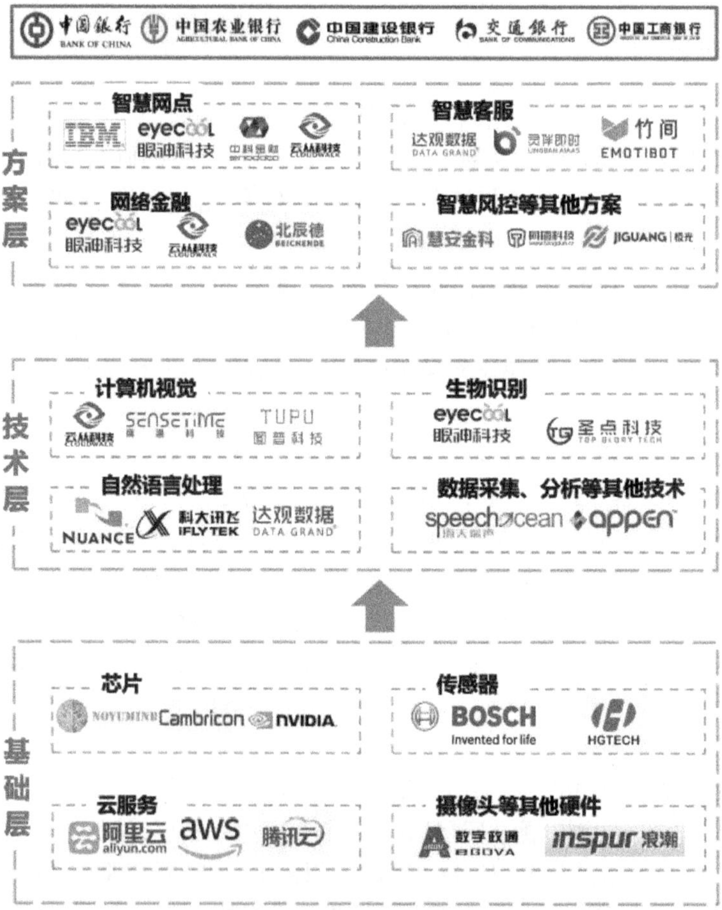

图 11-3　智慧银行产业链

【重点案例】

全国第一家民营互联网银行——微众银行

2014 年 12 月 28 日，深圳前海微众银行股份有限公司的微众银行官网上线运营，成为我国第一家上线的互联网银行。2015 年 1 月 4 日，微众银行作为国内首家开业的互联网民营银行完成了第一笔放贷业务。该银行既无营业网点，也无营业柜台，更无须财产担保，而是通过人脸识别技术和大数据信用评级发放贷款。

微众银行的主要业务包括消费金融、大众理财、平台金融。

“微粒贷”是微众银行推出的国内首款从申请、审批到放款全流程实现互联网线上运营的贷款产品，具有普惠、便捷的特点。“微粒贷”依托腾讯两大社交平台 QQ 和微信，无担保、无抵押、无须申请；客户只需提供姓名、身份证号和电话号码就可以获得信用额度；50 元~20 万元的额度设置，可以满足大众的小额消费和经营需求。“微粒贷”循环授信、随借随还，做到贷款 1 分钟到达客户指定账户，提供 7×24 小时服务，用互联网技术触达海量用户，将极其便捷的银行服务延伸至传统银行难以覆盖的中低收入人群。2015 年 8 月 15 日，微众银行正式推出首款独立 App 形态产品。依靠微众银行专业团队的风险把控和质量甄选，通过联合优质可靠的行业伙伴，微众银行 App 为用户优选符合多种理财需求的金融产品，且支持实时提现，实现了资金调度的高效便捷，切实帮助用户轻松管理财富。

微众银行 App 产品经过多次反复测试调研，考虑到大众理财时可能遇到的时间受限、知识欠缺等问题，不断降低操作门槛，以清晰明了的产品说明和用户指导，持续优化用户使用体验。

微众银行与物流平台“汇通天下”、线上装修平台“土巴兔”、二手车电商平台“优信二手车”等国内知名的互联网平台联合开发产品。微众银行连接有数据、有用户的互联网企业，将金融产品应用至这些企业的服务场景中，让互联网金融带来的普惠利好垂直渗透至普通民众的衣食住行，实现资源有效整合和优势互补，做到合作共赢。

【本章小结】

智慧银行是传统银行、网络银行的高级阶段，是银行在当前智慧化趋势的背景下，以客户为中心，重新审视自身和客户的实际需求，并利用人工智能、大数据等新兴技术实现业务模式与服务方式的再造和升级而打造的银行形态。智慧银行既是银行业顺应时代潮流的主动变革，也是在技术、数据、场景和市场等共同驱动下银行业的被动调整。革新传统银行业信息采集和交互的方式，促进银行系统的安全性升级和运营体系的降本增效是其核心。

【思维拓展】

线上线下结合、前后台协同的智慧银行生态悄然形成。

传统线下网点运营的成本压力使得银行一方面大量裁撤网点，另一方面积极地投入智慧化变革。当前，智慧银行呈现出线上线下结合、前后台协同的业态。其典型应用场景包括：客户识别、刷脸支付、智慧网点、基于智慧客服的精准营销和语音数据挖掘以及智慧风控等。从产业链的角度来看，布局智慧银行领域的技术公司种类多样，其中以生物识别、计算机视觉、自然语言处理、大数据等技术公司最为普遍，在应用上，客户识别和智慧风控相对成熟。

智慧化、轻型化、特色化、社区化是智慧银行发展的主要趋势。

银行业信息化建设起步较早、业务场景多样且自动化需求旺盛，使得银行成为各类新技术争相落地的沃土。随着人工智能技术的逐渐成熟，银行业智慧化程度将进一步加深，同时，线上线下结合的服务模式也使得线下网点功能分化而特色分明，小而精的网点将成为主流。社区化是银行深度服务社区生活场景和打造线上社区、增强用户黏性的重要方式，也是智慧银行的一个发展趋势。

【自测题】

灵活的游鱼、琳琅满目的水晶装饰、大量的书卷和艺术装饰物……让整体空间形成了浓郁的人文氛围，也许你难以想象，这仅是一个银行的线下网点。同时，这也是银行特色网点打造的缩影。

事实上，在银行升级打造特色网点的背后，是人们在日常生活中对银行网点的依赖性的逐渐降低。根据对银保监会官网的金融许可证机构退出列表的不完全统计，在 2022 年商业银行机构退出列表中，截至 7 月 18 日，合计有 1 078 个银行网点终止营业。

在金融服务线上化较为普及的今天，人们对银行线下网点的依赖度逐渐减弱，银行网点到店客流量不断下降。这是否意味着银行业务的收缩呢？在此背景下，银行在网点升级方面有哪些创新？未来银行网点转型会呈现何种形态？

第 12 章　智慧投顾

【思维导图】

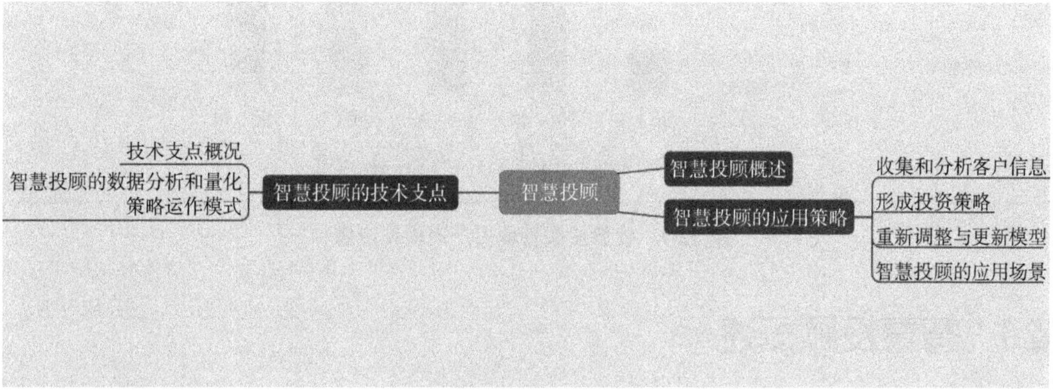

【导入案例】

传统的专业投资顾问的门槛在百万元以上，而私人银行理财起点多为 600 万元以上，部分私人银行甚至将门槛设定到 1 000 万元，主要针对高净值客户。

智慧投顾平台对客户的最低投资金额要求普遍很低，最低要求普遍在 1 万~10 万元，这一设定扩大了投顾服务覆盖半径，能够覆盖大部分中产及以下长尾人群，使得 C 端客户的数量实现指数级增长。

【思政目标】

通过了解我国智慧投顾发展概况等，帮助学生树立理性的投资观念，正确认识和使用相关产品。

【思政案例】

我国智慧投顾发展概况

我国智慧投顾起步较晚，大多数机构在 2015—2016 年推出智慧投顾产品。入场虽迟，但发展速度惊人。2017 年，我国的智慧投顾管理的资产达 289 亿美元，其年增长率高达 261%，资产规模在全球仅次于美国（图 12-1）。到 2022 年末，中国的智慧投顾管理资产总额有望超 6 650 亿美元，用户数量超过 1 亿。

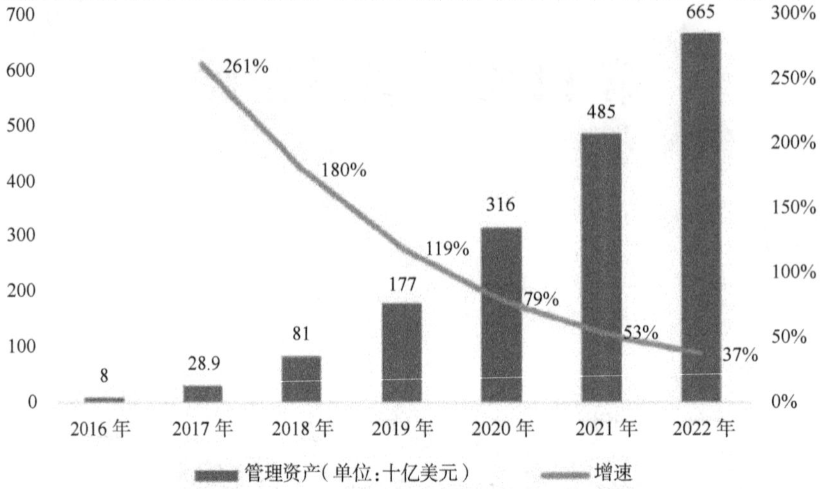

图 12-1 智慧投顾管理资产规模和增速

12.1 智慧投顾概述

财富管理与新兴金融科技的结合,使得财富管理行业正在进入新的阶段——智慧财富管理阶段。近几年,全球出现的智慧投顾模式已然成为智慧财富管理的一大热点。

智慧投顾起源于金融危机后的美国,Betterment、Wealthfront 等初创公司拉开了其大幕。近几年,传统金融机构也纷纷涉足智慧投顾领域,智慧投顾正处在向大众普及的阶段。

智慧投顾的出现及快速发展给传统的面对面的财富管理模式带来了冲击,并形成了当前的三种财富管理模式:传统财富管理模式、纯智慧投顾模式和混合模式。埃森哲认为以数字化驱动的人力结合机器的混合模式已然崛起,并且将成为未来财富管理的主流模式。

总体来看,国内智慧投顾的现状是行业刚刚起步,参与主体众多,整体智慧化程度低。

我国的智慧投顾提供商面对着五大挑战:投资者教育欠缺、智慧化程度较低、人工服务欠缺、监管政策不确定和赢利模式模糊。但是,它们的市场机遇同样巨大。

智慧投资顾问简称智慧投顾,又称机器人投顾(robotic advisory),简而言之就是基于投资者的投资需求和风险偏好,为其提供的数字化、自动化、智慧化的财富管理服务。目前,主流模式(狭义的定义)为基于马科维茨提出的现代投资组合理论(modern portfolio theory, MPT)、其他资产定价及行为金融学理论,结合投资者的财务状况、风险偏好和收益目标等,利用云计算、大数据、智慧算法、机器学习等技术构建数据模型和后台算法,为投资者提供相关资产配置建议和交易执行与税收盈亏收割等增值服务。

智慧投顾的英文为"robo-advisor",直译过来即机器人投资顾问,它是一种新兴的在线财富管理服务,是指虚拟机器人基于客户自身的理财需求,通过算法和产品搭建一个数据模型,完成以往由人提供的理财顾问服务。其实,不仅银行在使用智慧投顾,不少券商和基金代销平台等也有这项服务。

和传统投顾相比，智慧投顾最大的特征就是门槛低、费用低、效率高。因此，其对作为长尾客户的中低净值人群颇具吸引力，让他们同样能获得专业化、个性化的高效金融投顾服务。同时，智慧投顾具有投资信息相对透明，分散投资风险，能避免投资人情绪化的影响，以及由机器人严格执行事先设定好的策略等特点。传统投顾与智慧投顾的区别如图 12-2 所示。

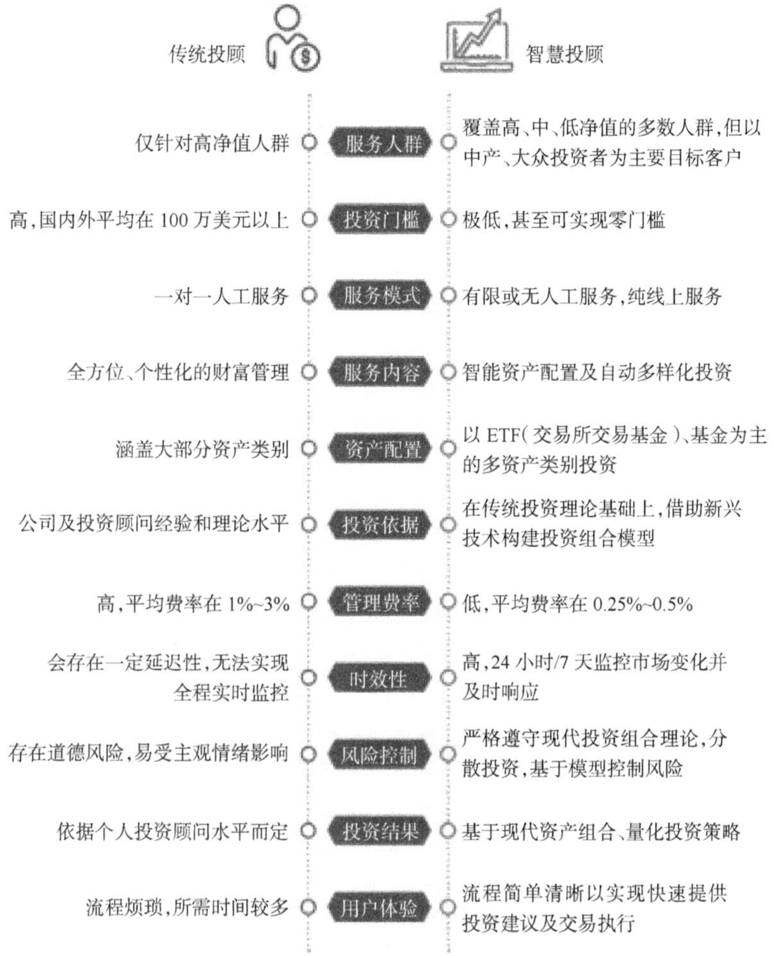

图 12-2　传统投顾与智慧投顾的区别

12.2　智慧投顾的应用策略

12.2.1　收集和分析客户信息

智慧投顾平台利用大数据和人工智能等技术获得客户的个性化风险偏好、投资目标及其变化规律等数据信息，在利用人工智能技术对客户信息进行分析的基础上构建客户画像，形成千人千面的客户画像分析，并据此设置期望收益率、标准差、预计投资期限和本金止损比例等系统数值。

12.2.2 形成投资策略

运用智慧算法将各类金融产品风险、收益情况与客户投资信息进行匹配，形成不同的投资策略，为客户提供定制化方案。

12.2.3 重新调整与更新模型

利用智慧投顾平台（图 12-3）继续对客户收益期望和资管产品、公募产品运作过程中的实际收益等情况进行动态实时的跟踪、对比，分析其中的差异，重新调整与更新模型。

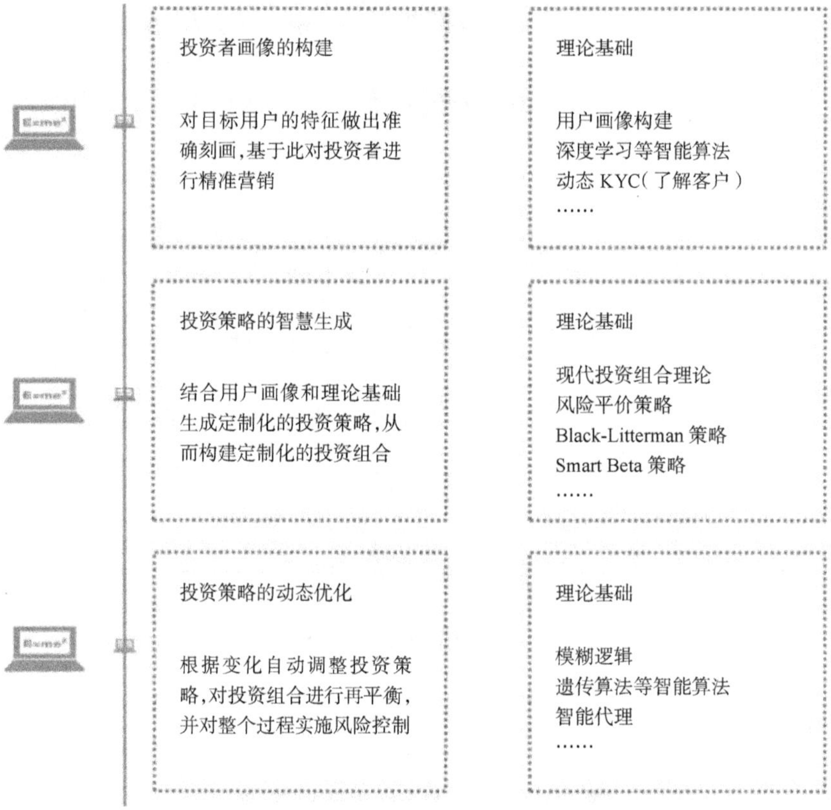

图 12-3 智慧投顾平台的工作流程

目前，智慧投顾平台上的客户进行投资的流程大致相同，基本步骤包括：风险测评、获得投资方案、连接账户、进行投资、更新方案、完成投资。但是，如果从业务模式上分析，基本可以将目前的智慧投顾平台分为一键理财型模式、投资咨询模式和证券投资模式三种。第一类为一键理财型模式，客户全权委托智慧投顾平台，智慧投顾平台收集并分析客户的个性化风险偏好、投资目标及其变化规律等信息来为客户自动配置金融产品。第二类为投资咨询模式，智慧投顾平台通过调查问卷评估客户的风险偏好，向其提供主动性基金和理财商品等大类型资产配置建议，但不提供后续调仓操作和投资咨询的分析服务。第三类为证券投资模式，多为券商或股票 IT 公司依托股票交易和看盘软件为专注股票市场的客户提供股票市场的投资咨询分析服务，其中典型代表为“荐股软件”。整体来看，投资顾问包含客户档案创建及客户分析、资产配置、投资组合选择、交易执行、投资组合再平衡、税收损失收割和投资组合分析等七项功能，用机器来代替人工完成上述七项功能中的一个或多个的服务就是智慧投顾。

普通投资者缺乏金融知识、信息不对称等局限性因素让投资顾问变得尤为重要。然而现实情况是传统线下理财顾问存在高门槛、高成本、低透明度的问题，难以高效且全面覆盖到大众富裕阶层。在理财市场火热和投资者理财需求趋于多元化，同时传统理财顾问短缺带来投资门槛高的背景下，智慧投顾的出现可以为中小投资者以低成本的方式提供丰富的产品服务、专业化的投资建议、客观的投资决策，引导投资者树立理性的投资观念，从而改善资本市场配置效率。未来，随着投资者接受程度的不断提高，居民理财需求的逐渐多元化，财富管理市场的逐步扩大，传统大型金融机构、独立第三方财富管理机构、互联网巨头将不断加入智慧投顾行业，使我国智慧投顾的发展规模呈现快速增长的趋势。

12.2.4　智慧投顾的应用场景

智慧投顾可以应用于智慧资讯场景、智慧分析场景、智慧投资场景及智慧陪伴场景等四种应用场景。

智慧资讯场景是通过数据展示、智慧标注、智慧推荐等数字化形式，提供智慧化资讯的应用场景。

例如阿法金融提供阿法投顾服务，向客户提供与其投资组合或策略高度相关的实时资讯，不仅进行定性分析，还能提供定量分析的结果与影响。

智慧分析场景是通过对客户投资行为的大数据分析，提供个性化分析建议的应用场景。智慧分析依据投资者的风险承受能力、风险偏好及目标收益等情况，提供个性化的金融资产配置建议。

智慧投资场景是指在智慧分析的基础上，由系统自动完成交易的一种应用场景。

智慧陪伴场景是通过大数据分析，洞察投资者偏好及需求，采取伴随投资者左右的方式，即时回答投资者提出的各类问题的应用场景。

12.3　智慧投顾的技术支点

12.3.1　技术支点概况

目前，数据、算法和模型是智慧投顾的三大支点（图 12-4）。其中，数据是智慧投顾产品的基础，算法和模型是其核心竞争力所在。智慧投顾以客户画像为起点，需要客户的风险偏好、收益目标和财务数据等，投资组合再平衡也需要以实时数据为基础，动态调整资产配置。此外，海量有效的金融数据是机器学习的依据，没有数据就没有人工智能，也就没有智慧投顾。

算法、模型是智慧投顾的核心组成部分，算法决定了投资分析方法，模型决定了资产配置比例。现阶段，智慧投顾更多的是解决效率问题，利用算法来寻找最优调仓方式，提高效率。在智慧投顾领域,要想结合自身优势,提供差异化产品,模型、算法的优化非常重要。

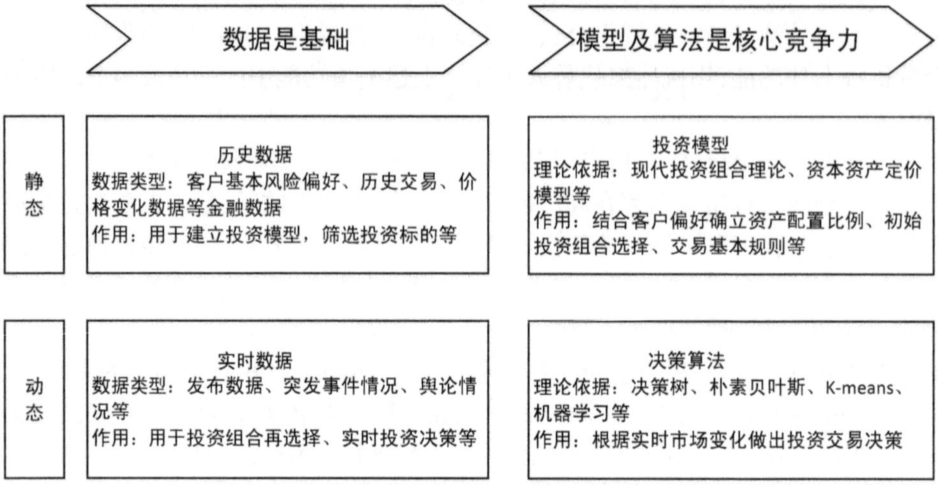

图 12-4　智慧投顾的技术支点

12.3.2　智慧投顾的数据分析和量化策略运作模式

在数据分析方面,智慧投顾有两种运作模式:一类是侧重信息的输入端,利用机器的优势收集并处理海量数据,从海量噪声信息中快速且准确地找到有价值的信息,提高信息筛选效率;另一类是侧重信息的输出端,运用机器学习、自然语言处理和知识图谱等人工智能技术分析宏观经济、公司业绩、网络舆情等数据,判断信息与市场之间的关联性,进而输出投资决策建议(图 12-5)。

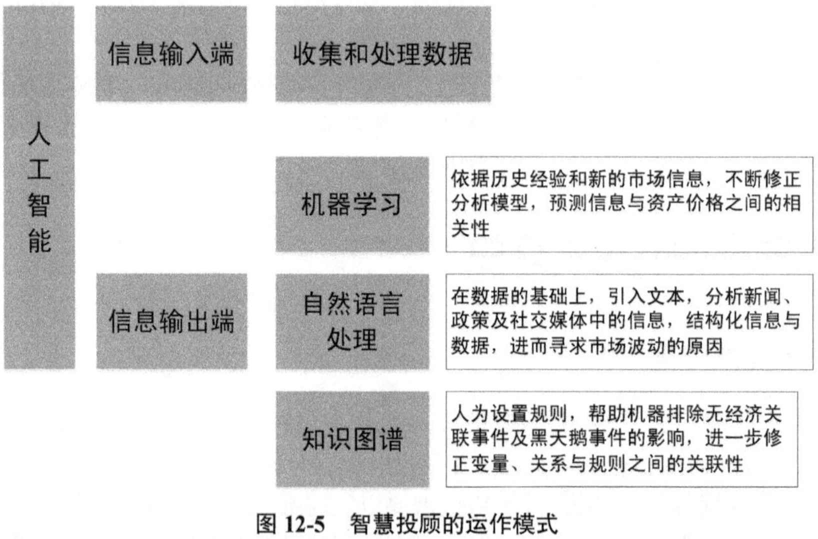

图 12-5　智慧投顾的运作模式

在量化策略方面,智慧投顾提供全流程管理,承担咨询建议及资产管理的角色。与传统量化策略相比,其更加强调应用机器学习、知识图谱等人工智能技术。

【知识窗】

美国三款主流智慧投顾产品对比

美国三款主流智慧投顾产品对比见表 12-1。

表 12-1　美国三款主流智慧投顾产品对比

产品类型	独立性平台		传统金融机构旗下产品
产品名称	Wealthfront	Betterment	嘉信理财 Schowab Intelligent Portfilos
上线时间	2011 年 12 月	2010 年 5 月	2015 年 3 月
资产管理规模	100 亿美元	140 亿美元	333 亿美元
商业模式	基于现代投资组合理论提供资产配置建议	基于现代投资组合理论提供资产配置建议	基于客户基础，拓展导流方式
投资门槛	500 美元	0	5 000 美元
ETF 交易费用	无佣金 需缴纳 ETF 管理费 （0.05%~0.4%）	无佣金 需缴纳 ETF 管理费 （0.05%~0.34%）	无佣金 需缴纳 ETF 管理费 （0.03%~0.55）
其他费用	0	对 1 万美元以下的账户收取每个月 3 美元的账户管理费	0
资产池	美股、新兴市场股票、债券等十一大类资产	股票、债券型 ETF 和现金等资产	20 种大类资产，54 支 ETF，其中有 14 只 Schwab ETF，8 只 Schwabone Source ETF。5 万美元以上的账户免费提供
税收收割服务	所有客户	所有客户	
是否提供人工服务	否	Betterment Plus 服务：投资门槛 10 万美元，年管理费 0.4% Betterment Premium 服务：投资门槛 10 万美元，年管理费 0.5%	7 天 24 小时的在线咨询服务以及分支机构的面对面咨询服务
创新服务	直接指数化 单只股票分数化	Smart Deposit TaxMin lost selection	Goal Tracker

资料来源：兴业证券经济与金融研究院。

【重点案例】

同花顺智慧投顾

自 2009 年起，同花顺开始布局人工智能投资领域，其具有技术、客户和数据等领域的资源储备和先发优势。其于 2013 年推出 i 问财，以财经类垂直领域搜索作为入口；2015 年，注资 1 000 万元成立同花顺人工智能资产管理公司，并在 iFinD 金融数据终端的投研 BBC（社交投资工具）板块添加了智慧投顾板块；2016 年 5 月，同花顺 iFinD 智慧投顾正式登陆同花顺 i 策略平台；2019 年的 3 月 20 日，同花顺人工智能资产管理公司成功备案了旗下第一只私募基金产品，即同花顺阿尔法一号私募证券投资基金。从同花顺的业务布局、资源优势和私募基金名称上来看，这只新备案的基金将会在量化、高频方面，探索机器学习类的智慧投顾。同花顺智慧投顾的发展历程如图 12-6 所示。

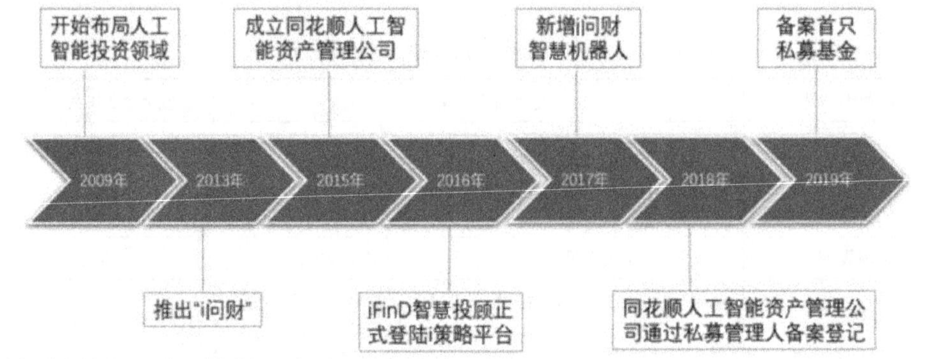

资料来源：兴业证券经济与金融研究院。

图 12-6　同花顺智慧投顾的发展历程

梳理同花顺的发展历程可以发现，同花顺在智慧投顾领域的布局主要有两条主线：一是做投资，二是做服务（图 12-7）。在做投资方面，同花顺在 iFinD 金融数据终端里嵌入了智慧投顾模块，运用人工智能技术基于策略组合提供大盘走势预测，为客户提供投资建议；在用技术做服务方面，同花顺构建了 AI 开放平台，将领先的智慧语音、自然语言处理、智慧金融问答、知识图谱、智慧投顾等多项 AI 技术运用于银行、证券、保险、基金、私募等行业，为各类客户提供智慧化解决方案。具体到智慧投顾，同花顺打造了投顾 AI 辅助系统、智慧机器人、资产配置三款产品，重点基于 i 问财提供服务。

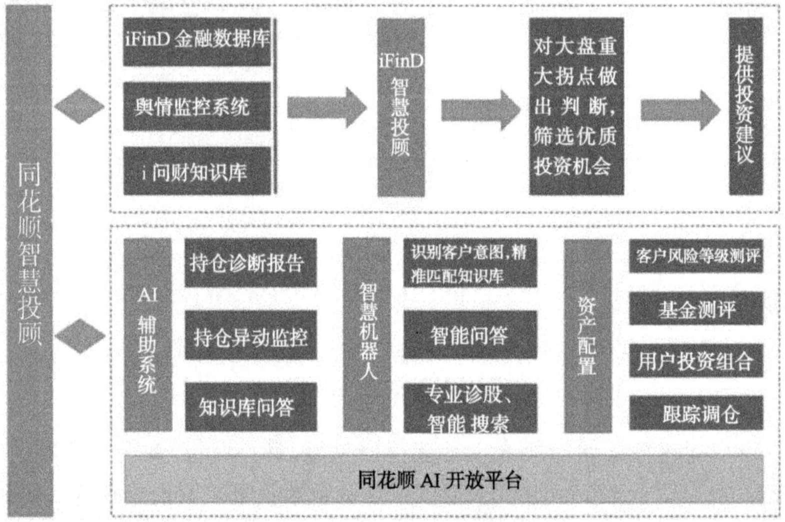

资料来源：兴业证券经济与金融研究院。

图 12-7　同花顺智慧投顾的服务组成

iFinD 数据流量基础扎实,数据抓取和大数据分析能力极强,且面向个人客户免费开放,主要通过对 iFinD 金融数据库、舆情监控系统、i 问财知识库等的深度学习来构建动态的资本市场知识图谱及其投资决策模型。iFinD 通过对市场实时信息(即“情境”)的抓取和分析,不断对大盘重大拐点做出判断,筛选高胜率投资机会,为客户提供 A 股市场投资建议。

【本章小结】

智慧投顾帮助客户把一部分的钱分散到许多不同的资产类别当中去,针对不同的人给出定制化的最优方案。它并不追求短期的涨跌回报,而是追求长期的稳健回报。

【思维拓展】

机器学习能对整个资产的超配低配进行辅助决策。为什么不依赖机器学习来进行一个全面的判断呢? 如果人工智能技术判定一种资产会涨,那么根据这种信号来做重仓的投资行不行呢?

金融市场非常复杂的一个地方就在于它的开放性、模糊性和复杂性。其中的博弈方非常多,影响它的变量也非常多,你在影响金融市场的同时,金融市场也在反过来影响你。一个混沌的系统具有较强的不确定性。

货币面、情绪面和基本面交织地影响着金融市场,特别是在我国,在信息还不是特别透明的情况下,不确定性更加突出。比如 A 股有一只股票叫獐子岛,某天公告称其业绩会受一个冷气团的影响,因为冷气团把扇贝都带走了, 6 个月以后,公告又称这些扇贝游回来了。这是机器学习无法预测的。

【自测题】

“帮你投”开创了“100”理财服务模式,即“1”分钟匹配投资建议,几乎“0”门槛购买,投资者“0”操心。上支付宝搜“帮你投”,系统会给每一个投资者做风险测试,根据结果给出不同的目标收益率建议,并推荐匹配的基金组合。投资者选择自己认可的建议,转入拟投资的金额,接下来所有的投资操作都将由“帮你投”背后的智慧模型和专业团队完成。

请对这款产品的优缺点做出自己的分析,并给出投资建议。

第 13 章　智慧保险

【思维导图】

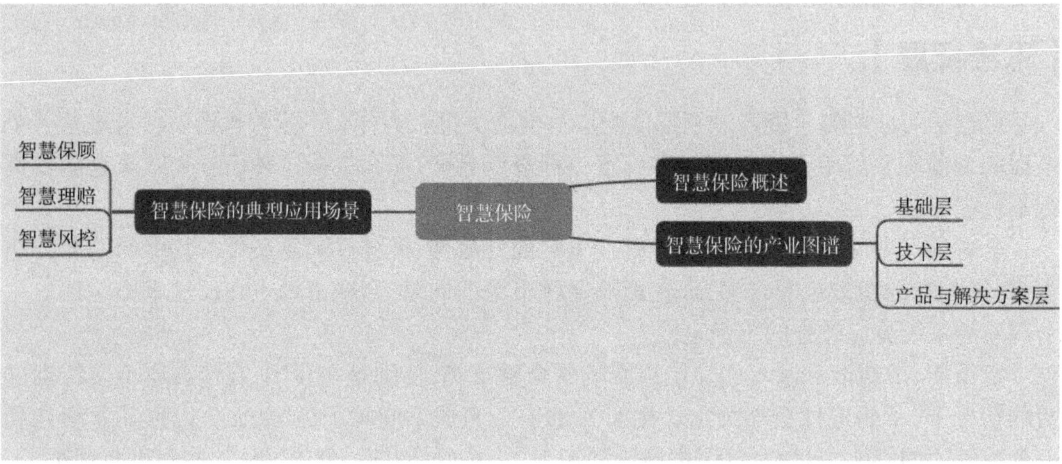

【导入案例】

2017 年,一款智慧保险顾问“ 阿尔法智能保险顾问”在网络上悄然走红,一连串的数字令人意想不到: 9 月 1 日正式上线后,用户访问量 1 天突破 20 万,3 天达到 100 万,4 天达到 200 万。不得不说,“阿尔法智能保险顾问” 起到了很好的保险普及教育作用。

目前,人工智能在保险业的创新持续升温,各家公司基于大数据的人工智能创新应用花样不断,人工智能对于保险行业的改造已经逐渐落地,一场智慧保险盛宴已然拉开帷幕。

【思政目标】

通过对智慧保险相关内容的学习,培养学生的家国情怀和职业荣誉感。

【思政案例】

中国智慧保险行业的飞速发展

伴随人工智能技术的日渐成熟与完善,其在保险行业中的应用将迎来高峰期,其在保险各环节的应用比例逐渐提升。2010 年,人工智能技术在保险客服与核保两个业务环节的运用率高达 25% 。2023 年,人工智能技术在保险行业的全流程业务中的运用率将突破 25%,人工智能保险行业的市场规模有望增长至 76.3 亿元(图 13-1)。

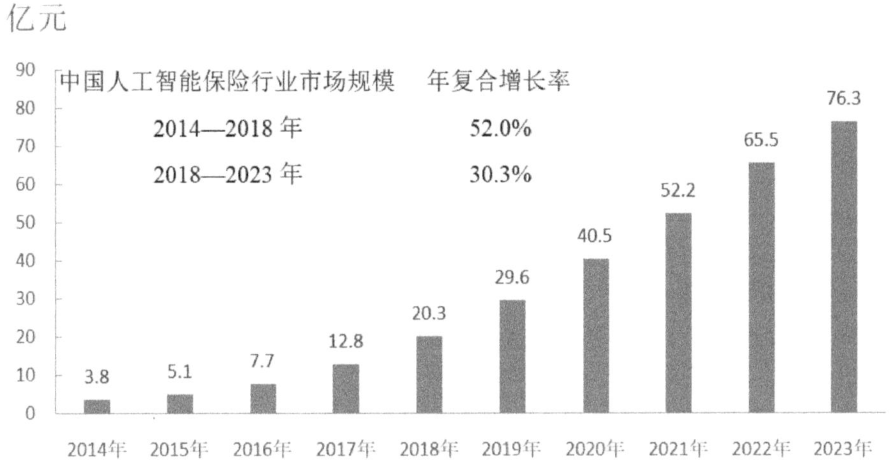

图 13-1　智慧保险行业发展概况

13.1　智慧保险概述

保险数字化升级服务覆盖了保险行业从前端到后台的全域业务流程,包括移动展业、数字营销、保险数字中台、互联网核心系统等。

2019 年,保险数字化升级服务市场规模约为 21.4 亿元,仅占保险 IT 解决方案总体市场的 27.2%,但是随着保险公司数字化升级需求的持续增长,2024 年保险数字化升级服务市场规模有望突破 90 亿元,在保险 IT 解决方案总体市场中的占比将提升至 43.3%。

互联网自诞生以来,横扫各行各业,影响着很多行业的游戏规则。

保险与互联网友好握手,在带来更多便捷的同时,亦产生了更大的风险。互联网保险如雨后春笋般萌芽,但用户信息不准确,甚至是恶意伪造的现象频出,成为影响保险行业口碑的一大隐患。

智慧保险是时代发展催生的一个保险业界的新叫法,如果为其定义,其应该是以客户为中心、以科技为基石、以数据驱动经营、线上线下融合发展的新保险业务模式。

社会对智慧保险的需求,主要表现在保险消费端和保险供给端。

1)保险消费端

保险消费升级不断催生出个性化、优质化的保险需求,反向对生产端提出要求,这将导致保险的智慧化能力向一定高度提升。

对保险消费市场各种需求的满足,会加速人工智能与保险的结合,推进保险智慧化升级。

2)保险供给端

无论是大型险企还是中小型险企,面对越来越发达的保险市场,固守传统技术,将会使他们的发展受限,要想有更大的发展,必须在技术上创新。

人工智能正成为一个时代铺设的新发展途径,而这一新发展途径不仅会为险企提供新的发展动能，还会给保险消费者带来很强的获得感和满足感，将增强保险行业对我国经济社会发展的保障功能。

13.2 智慧保险的产业图谱

智慧保险产业图谱包括基础层、技术层、产品与解决方案层。

基础层的核心产品为传感器、芯片及数据服务，为人工智能保险产品提供数据及计算载体。技术层包括计算机视觉、智慧语音识别、自然语言处理、知识图谱和机器学习技术，为人工智能保险产品提供感知与认知技术服务。产品与解决方案层以人工智能技术加持保险业务流程，包括产品设计、市场营销、定价承保、理赔和客服，提高保险业务运营效率，降低运营成本。

13.2.1 基础层

1. 芯片

芯片是人工智能计算力的重要载体，需满足主流人工智能算法框架兼容、可编程、可拓展、低功耗、体积小及造价低等需求。按技术架构划分，执行人工智能任务的芯片可分为四类：以 GPU 为代表的通用性芯片、半定制芯片、全定制芯片、类脑芯片。

2. 数据服务

数据是智慧保险发展的核心支撑，数据服务采购成本占智慧保险企业基础成本支出的10%~20%。数据服务供应商为智慧保险企业提供图像、视频、语音和文本等形式的数据收集、数据清洗、数据标注等服务，典型代表企业有明略数据、新华数据等。数据服务供应商根据数据质量及清洗与标注情况收取相应费用，平均每条数据收费 0.2~200 元，利润率高达100%。

13.2.2 技术层

智慧保险行业的技术层依托基础层的网络架构和数据进行海量识别、训练和机器学习建模，进而开发面向保险业务不同流程的应用技术，包括计算机视觉、智慧语音识别、自然语言处理、知识图谱和机器学习。

计算机视觉以动静态图像识别和人脸识别为重点研究方向。现阶段，由于动态检测与识别的技术门槛限制，静态图像识别与人脸识别的研究暂时处于领先位置。与智慧语音识别相比，计算机视觉的应用场景更为多元化，包括用户人脸识别登录、人脸支付、智慧理赔，且每个场景对数据的种类与数量、技术的难易度、误判的容忍度的要求具有差异，因此计算机视觉企业通过深耕场景产品的差异化服务，提高产业附加值。

13.2.3 产品与解决方案层

人工智能技术可应用于保险行业的关键环节，包括产品设计、定价承保、市场营销、理赔和客服，解决保险公司面临的精准定位客户难、获客成本高与渠道窄、保单继续率低、理赔成本高等问题，提升保险服务能力，优化用户体验。

在产品设计层面,智慧保险企业通过"大数据+人工智能"模式为用户提供精准的产品设计服务,典型代表企业为平安科技、风险管家。智慧保险企业基于海量用户数据,利用大数据分析建模,直观呈现用户画像,精准洞悉用户需求,打造场景化与个性化产品。同时,基于人工智能技术赋能,智慧保险企业为用户提供自动化的产品匹配服务,促使保单签订成功率提高。

在定价承保层面,智慧保险企业通过推出智慧保顾平台为用户提供保险需求分析、保险产品对比和推荐等服务,及时且准确响应用户对保险产品的需求,典型代表企业为第四范式、栈略数据。

在市场营销层面,智慧保险企业基于海量数据全面洞察用户行为并基于语音识别、机器学习等技术杜绝营销欺诈行为,提升保险机构产品与服务安全性,典型代表企业为众安科技、爱保科技。

在理赔层面,智慧保险企业基于图像识别、自然语言处理和深度学习技术推出智慧理赔产品,例如蚂蚁金服的"定损宝"、栈略数据的"栈舰健康险智能理赔平台"等,实现移动化、远程化理赔服务,高效、快捷满足用户理赔需求。

在客服层面,智慧保险企业为用户提供"7×24h"的智慧机器人服务,降低客服人员的工作量及保险机构管理成本,典型代表企业为爱保科技、风险管家、众安科技。

13.3 智慧保险的典型应用场景

13.3.1 智慧保顾

随着保险产品的不断迭代和数据精准度的提高,智慧保险企业将基于大数据的分析与挖掘呈现用户画像,并借助智慧机器人为用户提供保险普及、产品导购、自动化理赔等服务,从而形成智慧保顾平台。智慧保顾平台通过智慧机器人的语音交互技术对保险用户的性别、年龄、职业、家庭结构等数据进行提取、筛选和分析,最后为用户匹配相应的保险产品。

智慧保顾平台的典型产品包括众安科技的"众安精灵"、太平洋保险的"阿尔法智能保险顾问"、风险管家的"大白"等。

以众安科技的"众安精灵"为例,其基于众安科技的规模化保险数据,针对保险人群画像搭建数据化模型,并设置多维度信息选择,在保险用户提交信息后,快速提供科学化的风险保险防御和保障方案。同时,"众安精灵"允许用户根据自身需求自由增减保额、删减条款,进而满足不同用户的差异化需求,实现保险产品的定制化功能。此外,"众安精灵"采用问答形式的语音交互方式与保险用户交流,通过智慧语音识别和自然语言处理技术,根据保险用户的回答分析出具体场景的潜在风险,从而为用户推荐合适的保险产品和服务。例如,保险用户通过语音唤醒"众安精灵",并说"我要去坐飞机","众安精灵"将立即反馈询问保险用户乘坐班次、前往的目的地等信息,最终根据保险用户提供的信息分析出飞机出行场景中的潜在风险,并推荐相应的保险产品和服务。

13.3.2 智慧理赔

传统理赔流程包括用户报案、现场等待、勘察定损、递交材料、理赔核算、赔款到账，流程烦琐且部分环节需用户等待较长时间，导致用户对理赔服务的满意度低，因此理赔难、理赔慢、手续烦琐是传统保险理赔面临的困境。基于人工智能的图像识别技术、人脸识别技术、自然语言处理及机器学习技术，结合医疗、交通、公安数据，智慧理赔可建立理赔案件的模型和规则，为保险企业提供智慧化的理赔服务，提高理赔服务效率。

智慧理赔的服务流程为：用户将材料拍照上传到理赔平台，平台根据材料进行识别、确认并自动给出理赔金额、来年保费等解决方案。人工智能技术的应用简化了理赔流程，改善了用户体验，同时减轻了理赔工作人员的任务量，进而降低了理赔运营成本。例如中国平安推出的"智能闪赔"服务平台，对车险理赔的端到端流程进行全面优化，并应用人工智能技术为保险用户提供高效、优质的智慧车险理赔服务。"智能闪赔"覆盖所有的乘用车型、全部外观件及 23 种损失程度，识别精度高达 90%以上。"智能闪赔"以海量真实理赔图片数据作为训练样本，运用机器学习算法，自动判定车辆外观损失，并秒级生成维修方案定价。"智能闪赔"通过人工智能技术的应用，能自动理算 99.7%的案件，将定损速度提高了 4 000 倍，减少了 30%的审核人力投入。

13.3.3 智慧风控

随着中国保险市场的逐步扩大，保险欺诈随着保险订单的增加与日俱增，这一现象将严重影响并威胁当前保险行业的健康发展。同时，由于线上视频理赔无法直接目击现场，审核流程简单化，不法分子通过摆放现场、二次碰撞、故意出险、虚报盗抢等形式进行保险欺诈。中国保险欺诈规模年均高达 250 亿元。欺诈案件导致保险行业理赔成本居高不下，同时损害了被保险人的利益。

基于人工智能的机器学习技术，智慧风控可有效提高保险机构的欺诈识别、监控及决策能力。传统反欺诈通常基于已知的欺诈模式设置相应的规则与策略。传统反欺诈模型在缺乏数据或者冷启动阶段的应用效果明显，但面对不法分子的层出不穷欺诈手段，传统反欺诈模型难以识别，这导致保险机构的欺诈赔付增加。而基于机器学习与大数据的量化决策模型，可实时基于规模化数据进行挖掘与分析，预测欺诈行为，进而更有效地识别欺诈风险，优化理赔流程。例如栈略数据的"栈卫医保智能风控平台"根据保险用户的既往病史等相关信息，通过分析报销记录的欺诈、过度医疗倾向性进行预测评分，进而发现异常欺诈行为。

【知识窗】

宙斯盾

宙斯盾 2019 年上线的"AI+区块链保险解决方案"应用于个性化保单与定价、智能受理与核赔等保险业务场景中，为用户提供精准风控方案和定价模型，提高保险业务性价比（图 13-2）。

区块链技术与人工智能的结合应用，可基于区块链的分布式架构解决人工智能整体系统的调配问题，实现数据、算法、模型资源的自由流动，激励孤岛化、碎片化的数据趋向共享化，推动人工智能以共享方式实现通用智能。

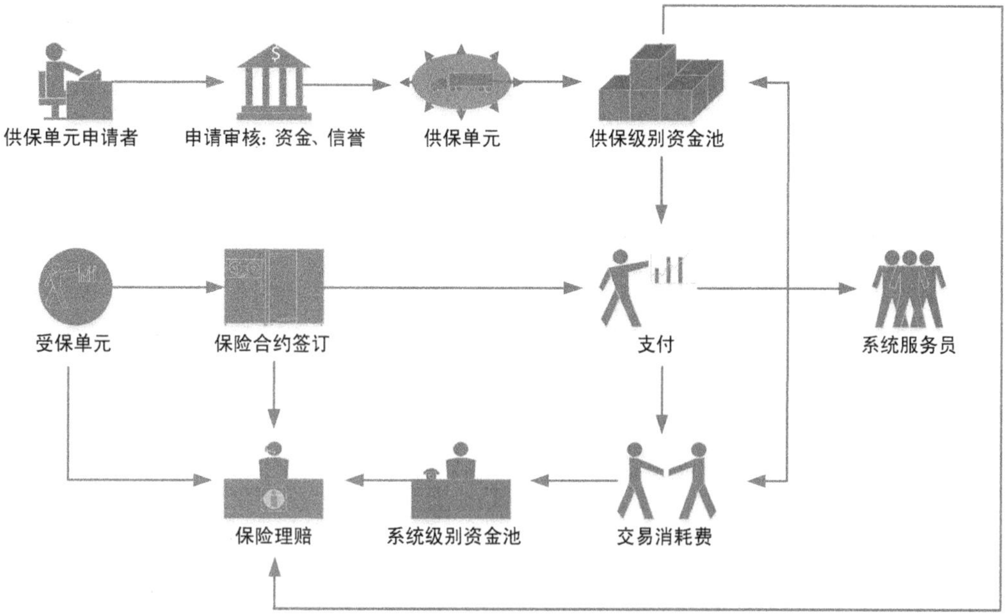

图 13-2　宙斯盾"AI+区块链保险解决方案"

【重点案例】

蚂蚁金服"定损宝"

"定损宝"基于人工智能技术，模拟车险定损环节中的人工作业流程，对用户远程拍摄的车辆损伤图片进行精准识别，帮助保险机构实现简单、高效的自动定损，降低理赔服务流程中的运营成本。2017 年 6 月，蚂蚁金服针对车险定损推出智慧化解决方案，即"定损宝"1.0 版。"定损宝" 1.0 版面向保险机构开放，使用者需具备一定车险理赔专业知识，产品使用门槛较高。

2018 年 5 月，蚂蚁金服发布"定损宝"2.0 版。"定损宝" 2.0 版将"定损宝" 1.0 版的图像识别升级为智慧视频识别，新增视频追踪、AR、损伤实时监测等技术手段，优化升级产品服务，实时反馈车辆损伤情况，降低产品使用门槛，使得普通用户可远程简单定损。截至 2018 年 5 月，"定损宝"已为中国太平、大地保险、阳光保险、安盛天平等保险企业提供定损、定价调用服务超过千万次，共计节省定损人员工作量 75 万个小时，为保险企业节省的案例处理成本超过 10 亿元。

"定损宝"的定损结论基于用户借助移动互联网上传的照片给出。移动化上传单据可使用户随时进行自动理赔，操作简单，高理赔效率高。同时，"定损宝"对车辆受损程度的判定借助云端服务器的算法模型进行。"定损宝"的云端服务器算法模型针对不同的车型、颜色和光照条件进行模型迭代学习，融合多个模型的经验，产出了现在的"定损宝"解决方案。

此外，“定损宝”还能为用户提供维修方案、附近修理厂信息和来年保费预测信息服务。

【本章小结】

智慧保险将改变险企与用户互动的方式，利用人工智能的突破性技术解决保险业务中的棘手问题，能够在任何环境下全天候等待用户发出指令并快速响应，做到实时在线，实现全天候服务，从而帮助险企在广泛的场景中创造用户价值，同时也创造企业更大的商业价值。

【思维拓展】

声纹识别

声纹识别是一种根据说话人的声波特性进行身份识别的生物识别技术。与指纹识别和人脸识别相比，声纹识别从说话人发出的语音信号中提取声纹信息，而这种声纹信息具有个体声音唯一性，难以被模仿与复制，安全性能较高。与虹膜识别相比，声纹识别可远程操作，对应用环境的要求较低。

声纹识别技术的应用流程包括两个部分：说话人的声纹注册、说话人的声纹验证。声纹识别技术可应用于用户登录、黑名单检测等场景。在用户登录场景中，系统要求用户朗读指定文字进行声纹数据比对，进而确认用户身份，保障用户的合法权益。在黑名单检测场景中，系统根据用户的在线语音实时与黑名单声纹数据对比，进而提醒保险客服人员该用户的风险等级，提升保险业务安全性能。

泰安在线于 2018 年实现声纹识别登录操作，同时计划将声纹识别同步到保险产品支付理赔等环节；2019 年，平安科技的声纹识别准确率超过 99%，已在声纹登录、电话核身、黑名单检测等 20 余个保险应用场景中应用。声纹识别技术在保险领域仍属于一种辅助手段，尚未形成主流应用技术。未来声纹识别技术的算法将不断优化创新，不仅能提升保险产品的安全性能，而且在保险领域的应用场景也将日渐丰富。

【自测题】

截至 2021 年 9 月，水滴保的累计保险用户数达 1.087 亿，付费保险用户数达到 2 720 万。按首年保费规模计算，水滴保已经成为国内最大的独立保险科技平台。

2021 年上半年，水滴保平台线上申请理赔率 100%，平均理赔时效缩短至 15.7 小时，最快理赔时效为 8 秒。

试分析，与传统保险公司相比，水滴保智慧化业务平台的优势有哪些？

第4篇　智慧金融的其他业态

金融是我国最早进行信息化的行业之一，但信息化技术发展迅猛，尤其是互联网的发展，相对来说，传统金融机构在思维上、速度上还是慢了，所以给很多非金融机构提供了机会。传统金融机构如何更快、更好地充分利用互联网等信息化技术，并依托自身资金实力雄厚、品牌信任度高、人才聚集、风控体系完善等优势，成为未来互联网金融的主力军，将是其重要课题。而非传统金融机构的相关业态的发展如火如荼，“智慧金融+”正逐渐演变成“5G+”。于相关产业而言，客户的消费需求正在发生深刻的转变，更趋向于高效便捷的线上模式。新模式的诞生也引发了银行的一系列变革。商业银行间争夺客户资源的焦点便集中于智慧场景下提供的金融服务。

在智慧金融产业的推动下，金融业务的数字化、智慧化程度也在不断提升。当前，供应链金融、普惠金融已经成为热门，更好地提升了金融业的服务水平。同时，各家金融机构也在积极布局智慧金融产业，争相开展智慧化金融产品和服务的研发和推广。

第 14 章　供应链金融

【思维导图】

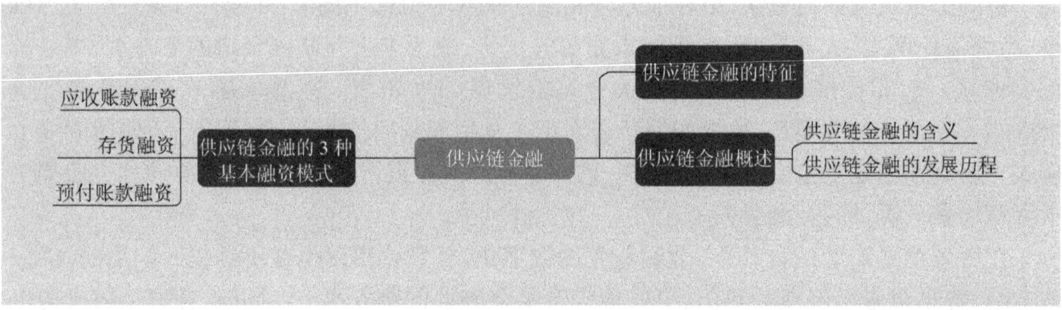

【导入案例】

中小企业的困境

在商业环境中的中小企业,因为没有资产、没有背景,很难获得银行等金融机构的信任。而拥有资源的金融机构,对这些中小企业也根本不感兴趣。实力雄厚的核心企业,不缺钱、也不缺资源,身边围着很多追随者。

在供应链金融的运作中,核心企业都比较强势,有绝对的议价权。它们一般会要求上游中小企业“先货后款”,要求下游中小企业“先款后货”。核心企业以此来占用上下游中小企业的资金,以缓解自身的资金压力。

这样一来,它们之间做的生意越大,中小企业的资金压力也就越大。为了弥补资金缺口,中小企业迫切希望从银行获得贷款。但由于中小企业自身条件有限(如信誉不够、资产较少、财务报表不健全等),银行不愿意贷款给这些中小企业。

【思政目标】

通过案例展示,帮助学生理解供应链金融业务,引导学生运用所学金融知识发现并分析现实生活中的金融现象,培养学生的实践能力和学习意识。

【思政案例】

万科供应链保理 ABS

供应链保理 ABS 是供应链金融与资产证券相结合的模式,这里我们以万科供应链保理

ABS 为例进行分析。原始债权人为众多的上游供应商,实际债务人是万科集团及下属的项目公司,双方存在应收应付的关系。对于供应商而言,这是一项由万科作为核心企业,以其信用支撑的应收账款收益权,现在该收益权被打包卖给中间的保理商,保理商将该应收账款收益权通过资产支持计划,转化为资产证券化产品,由市场投资者认购份额。到期日,万科将账款划入专项账户,兑付给市场投资者。这里较为关键的环节是:第一步基础资产的确认,需由万科出具付款确认书且作为本项目每笔应收账款的债权的共同债务人。也就是说这种模式同样依赖核心企业的支付能力。

14.1 供应链金融的特征

1. 基于现代供应链管理

供应链金融业务是现代供应链管理的衍生产品。开展供应链金融业务不仅要看单个企业的信息,更要看整个链条上的来往情况。

2. 借助信息技术和大数据分析

借助信息技术和大数据分析,对融资企业进行整体评价,是开展供应链金融业务的技术前提。

3. 闭合式资金运作

供应链金融业务必须要在供应链内部完成交易,并且以一笔交易,一次融资的方式进行。这样不仅可以最大限度地保证资金的使用效率,还可以控制风险。

4. 构建商业生态系统

供应链金融业务需要各参与者(供应商、生产商、销售商、投资人、市场中介、服务单位、政府、消费者等)共同构建一个经济联合体,发挥不同作用,相互依赖、共存共生。

5. 服务成长型的中小企业

服务对象是成长型的、存在资金缺口的中小企业,至于其资产规模是否够大、财务报表是否健全并不重要。

6. 针对流动性较差资产

房产、粮食、烟酒等属于容易流通、容易变现的资产,不是供应链金融服务的对象。工业半成品、零部件或专业领域的特殊资源,属于流动性较差、不容易变现的资产,这些才是供应链金融服务的对象。

14.2 供应链金融概述

14.2.1 供应链金融的含义

2020 年 9 月,中国人民银行、工业和信息化部、司法部、商务部、国资委、市场监管总局、银保监会、外汇局等八部委发文,给出了供应链金融的定义。

供应链金融是指从供应链产业链整体出发,运用金融科技手段,整合物流、资金流、信息流等信息,在真实交易背景下,构建供应链中占主导地位的核心企业与上下游企业一体化的金融供给体系和风险评估体系，提供系统性的金融解决方案，以快速响应产业链上企业的结算、融资、财务管理等综合需求，降低企业成本，提升产业链各方价值。

14.2.2 供应链金融的发展历程

供应链金融早在20世纪80年代就出现了，发展到现在也经历过很多次的变化和更新。不同时期大家对供应链金融的看法也有所不同。这里把供应链金融的发展分成3个阶段。

1. 供应链金融1.0

此阶段主要由商业银行主导，围绕核心企业整合供应链的上下游企业。银行依托对核心企业的信任，为上下游企业提供金融服务。由此，银行不仅能获得整个供应链上的高端客户，还能借此进一步拓展其他业务。

（1）优势：操作起来简单、灵活，容易管控。

（2）缺点：覆盖面比较小。

2. 供应链金融2.0

此阶段的供应链金融业务主要围绕焦点企业展开。在这里要说明一下，焦点企业不一定是核心企业，而是具备资源整合能力的企业。焦点企业利用IT技术、互联网技术，将业务在线化，实现四流（物流、商流、信息流和资金流）合一。

在这一阶段，资金主体开始多元化，其可以是商业银行、保理机构、焦点企业等。

（1）优势：围绕焦点企业或某块业务形成一个圈子，供应链金融服务可以在这个圈子里全面铺开。

（2）缺点：过于依赖焦点企业，脱离焦点企业这种模式就行不通了。

3. 供应链金融3.0

这一阶段利用现代的技术手段（人工智能、区块链、云计算、大数据），将互联网、产业链和金融高度融合，形成一个大生态。在这个大生态环境下，每家企业都可以获得独立的信誉。这样一来，依靠信誉融资的模式就水到渠成了。

这一阶段的供应链金融不再受焦点企业的限制，采用的是所谓的“依托中心化、去中心化”模式。

这3个阶段不是迭代关系，不是2.0取代了1.0、3.0取代了2.0。而是，每个阶段，各有优势。开展供应链金融业务应该根据自身的情况，选择适合的模式。

现在，我们国家的供应链金融绝大多数处于1.0和2.0阶段，只有少数在2.5阶段，极少能达到3.0阶段。开展供应链金融业务是一个需要资源、需要积累的过程。随着科技的发展、产业整合程度越来越高，供应链金融3.0将是未来发展的趋势。

14.3 供应链金融的3种基本融资模式

14.3.1 应收账款融资

在应收账款融资模式下，基于供应链中买卖双方签订的真实贸易合同，上游企业以应收账款为还款来源，向金融机构申请融资。

运作流程如下。

第 1 步:上游企业与核心企业签订合同,形成应收账款。

第 2 步:上游企业按照约定发货。

第 3 步:上游企业以应收账款的单据为质押物,向金融机构申请贷款。

第 4 步:核心企业向金融机构承诺按约支付账款。

第 5 步:金融机构基于上下游企业之间的真实交易,向上游企业提供资金。

第 6 步:约定到期后,核心企业支付账款给金融机构。

应收账款融资模式是金融机构与企业之间合作最多的一种融资模式,这种模式主要解决的是供应链上游中小企业资金周转难题。

该模式在实际运作中有多种方式,如“直接保理融资”“反向保理融资”“保理池融资”。

14.3.2　存货融资

在存货融资模式下,融资企业以贸易过程中的货物为质押,向金融机构申请贷款,同时将货物存放在第三方具有合法保管存货资格的监管仓库。这种模式是物流企业参与下的动产质押业务。

运作流程如下。

第 1 步:融资企业将贸易中的货物以质押的形式存入第三方监管仓库。

第 2 步:金融机构获得货物的担保权益后,向融资企业发放资金。

第 3 步:融资企业销售货物得到货款,将资金偿还给金融机构。

第 4 步:金融机构收到还款后,通知第三方监管仓库放货给融资企业。

第 5 步:融资企业根据偿还货款的比例,将货物取回(循环操作,直到将货取完为止)。

存货融资模式一般发生在大宗商品贸易中。因为现货库存占用大量的流动资金,所以企业会利用这种方式将资金套现。

该模式在实际运作中有多种方式,如“静态抵质押融资”“动态抵质押融资”“仓单质押融资”。

14.3.3　预付账款融资

在预付账款融资模式下,基于供应链中买卖双方签订的真实贸易合同产生的预付账款,银行为下游企业提供以其销售收入作为第一还款来源的短期融资业务。

运作流程如下。

第 1 步:下游企业与核心企业签订合同并协商由下游企业申请融资,专门用于支付购货款项。

第 2 步:下游企业凭合同向银行申请仓单质押贷款。

第 3 步:核心企业与银行签订回购及质量保证协议。

第 4 步:银行委托监管仓库验收并监管该协议中的货物。

第 5 步:核心企业根据约定发货到监管仓库。

第 6 步:银行获得监管仓库确认信息。

第 7 步:银行将货物全款打给核心企业。

第 8 步:下游企业支付部分货款给银行。

第 9 步:银行通知监管仓库发放部分货物给下游企业(循环操作,直到将货取完为止)。

预付账款融资模式多用于采购场景,利用预付账款作为融资资产,解决采购过程中遇到的资金瓶颈问题。

该模式在实际运作中有多种方式,如"先票后货融资""担保提货融资"。

【知识窗】

供应链金融需要规避哪些风险?

开展任何业务都是有风险的。那么供应链金融业务都需要规避哪些风险呢?主要是信用风险、操作风险、法律风险。

信用风险主要是指借款人违约风险。借款人如不能按期还款,会给参与供应链金融服务和管理的银行、物流企业、商贸企业造成损失。

操作风险主要是指由于供应链内部操作控制不完善、人为错误、系统失灵而导致参与供应链金融服务和管理的银行、物流企业、商贸企业发生损失的可能性。

法律风险主要是指对借款人的流动性资产(包括存货、应收款项、应付款项等)进行控制的过程中可能导致的法律风险,包括金融机构及其代理人在法律上的无效行为、法律规定的不确定性、法律制度的无效性等。

【重点案例】

蚂蚁金服布局供应链金融

从农资到农产品的生产、销售,再到客户的菜篮子,蚂蚁金服的业务覆盖了整个供应链的各个环节。在这个链条里,农资企业、农户、产业龙头企业还有买家,其实都已经被蚂蚁金服赋予了信誉。例如,我们个人用的芝麻信用,在支付宝里面就能查看。有了这个信用,就能解决供应链上的很多问题。

由于这种模式涉及的参与者比较多,图 14-1 只画了一部分。

我们重点说下农户涉及的供应链金融业务。农户不仅可以从蚂蚁金服获得资金,还能通过保险业务为自己做风险兜底。农户的上游有专门为其服务的农资采购平台,下游有定向的采购商。农户上不愁物料的来源,下不愁销路,只要辛勤劳作就可以了,并且多劳多得。像这样的生产模式,在传统农业中,几乎是做不到的。因为农产品产业链条各环节的管理很烦琐,所以很少有金融机构支持。然而这个模式更厉害的是,蚂蚁金服从信贷切入,再加上支付、理财、保险等,为整个链条上的参与者提供了全方位的金融服务。

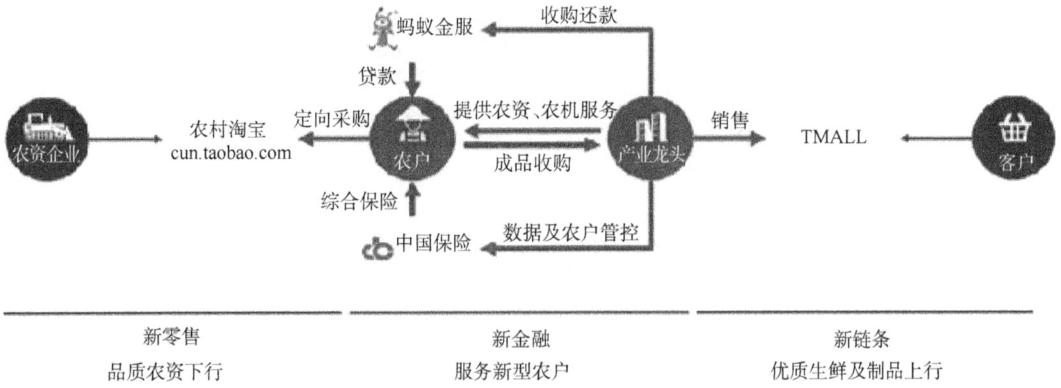

图 14-1　蚂蚁金服供应链金融布局

这种模式创造了一个产业生态，就像前文所说的供应链金融 2.5，为什么不是 3.0 呢？因为这个生态还依赖于阿里巴巴，如果没有阿里巴巴，这种模式也就很难推进了。

【本章小结】

供应链金融是指以供应链为基础，通过金融手段解决供应链中企业的融资需求和风险管理问题的一种金融服务模式。它通过对供应链中各个环节的信息流、资金流和物流进行整合和优化，为供应链中的企业提供全方位的金融支持，以提高企业的资金利用效率，降低融资成本，增强供应链的稳定性和竞争力。

【思维拓展】

供应链金融与传统金融的对比如下。

1. 供应链金融

（1）集物流运作、商业运作和金融管理为一体。

（2）将供应链中的买方、卖方、第三方物流以及金融机构紧密联系在一起。

（3）实现了运用供应链管理盘活资金，利用资金推动产业链、供应链升级。

2. 传统金融

（1）银行主要面向大企业，从不关注供应链以及交易流程。

（2）很少关注上下游中小企业。

（3）客户群体较少、业务也较少、金融产品相对单调。

【自测题】

供应链金融的发展离不开信息共享、风险管理和金融科技的支持，同时也需要面对信息不对称、信用风险和监管政策等方面的挑战。未来，供应链金融将向多层次、多样化的方向发展，并不断推动供应链的协同发展，请谈谈供应链金融所面临的挑战都有哪些？

第 15 章　普惠金融

【思维导图】

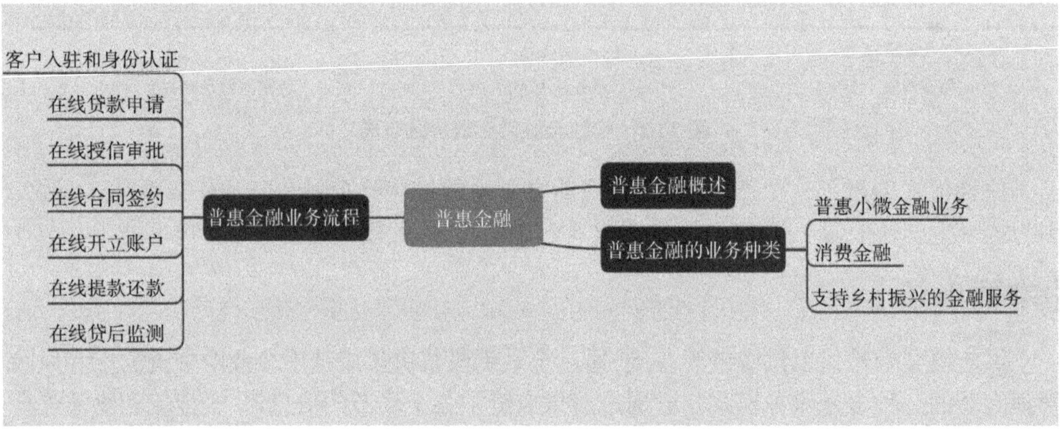

【导入案例】

桂林银行:科技赋能普惠金融

金融科技建设为桂林银行促进普惠金融发展提供了新动能和新途径。一是以大数据分析系统为突破,拓展获客渠道。桂林银行推出为小微企业提供金融信息的云平台应用程序产品,通过掌握的数据信息实现信用分析和线上授信,增强客户黏性,提升线上服务小微企业等实体经济的能力。二是建立“普惠金融大数据管理系统”,对社区及农村金融相关数据进行全面整合、分析和展示,为社区及农村的各类交易提供风险预警,最终通过大数据手段提升经营决策能力和金融服务的精准性。三是积极推动智慧柜台、移动平板电脑、助农终端等电子智慧机具,由城市下沉至县、乡、村一级单元,持续提升运营管理水平,努力为客户提供安全方便快捷的金融服务,有效提高金融服务下沉效率。

【思政目标】

通过相关学习,让学生了解金融反诈防骗的知识及保险的基本概念和分类,掌握防范风险的实用技能,增强安全意识。

【思政案例】

赢基金融集资诈骗案

（1）诈骗模式：用酒会、旅游等方式，夸大宣传对外投资项目；以高年化收益率且承诺到期还本付息为诱饵，向社会公众公开销售债权转让类、股权转让类等众多理财产品，诱骗社会公众投资购买。

（2）诈骗金额：向 7 000 余人非法募集资金约 26.59 亿元，至案发共计造成 4 000 余名被害人经济损失 11.32 亿余元。

15.1　普惠金融概述

2005 年，联合国首次提出了普惠金融的概念，即一个能有效、全面地为社会所有阶层（特别是贫穷、低收入群体）提供服务的金融体系。

随着普惠金融的不断发展，普惠金融的概念也逐步得到完善。

致力于国民生活水平的提高，最大限度消除贫困，是我国普惠金融的最终目的。

国务院在《推进普惠金融发展规划（2016—2020 年）》中，对普惠金融的定义是："立足机会平等要求和商业可持续原则，以可负担的成本为有金融服务需求的社会各阶层和群体提供适当、有效的金融服务。"

我国普惠金融的重点服务对象是小微企业、农民、城镇低收入人群、残疾人和老年人等特殊群体。

提供普惠金融服务的主要是商业银行，因为普惠金融属于金融业务，所以其和商业银行关联度比较高。与普惠金融相关的主体，除了银行，还有保险行业、政府部门等。

15.2　普惠金融的业务种类

15.2.1　普惠小微金融业务

加强对小微企业和个人经营者的金融服务，是金融支持实体经济和稳定就业、鼓励创业的重要内容，保中小微企业对保就业、保民生具有重要意义。绝大多数小微企业和个体户的资金缺口很小，扶一把就能活，在政府和监管部门的大力支持下，我国银行业在解决小微企业融资难、融资贵的问题上已经取得了一定成果，以超常力度支持小微企业稳定发展。

为加大金融对实体经济的支持，特别是帮助小微企业渡过难关，中国人民银行创新了两项直达实体经济的货币政策工具，激励银行普惠小微企业贷款应延尽延，大幅增加信用贷款投放。2021 年 3 月，中国人民银行、银保监会等五部门发布了《关于进一步延长普惠小微企业贷款延期还本付息政策和信用贷款支持政策实施期限有关事宜的通知》，决定进一步延长普惠小微企业贷款延期还本付息政策和信用贷款支持政策，实施期限至 2021 年底。

银行业金融机构积极落实为企业延期还本付息的政策要求，通过提供"无还本续贷"产品、贷款展期、调整还款计划等方式，有效减轻小微企业还本付息压力。数据显示，2020 年银行业减费让利 3 568 亿元，较 2019 年增加 40%，与降低利率、贷款延期还本付息等政策相配合，完成金融系统向实体经济合理让利 1.5 万亿元的目标。

15.2.2 消费金融

消费金融泛指向消费者提供融资服务，以解决其收入和支出时间错配的问题，满足其购买生活耐用品和其他消费品需求的现代金融服务方式。与传统金融服务主要覆盖高收入人群不同，消费金融更加体现了普惠金融的理念，将传统金融服务无法覆盖的长尾人群纳入金融服务体系之中。消费金融业务一直是商业银行零售业务的主体部分，不过对于大型银行而言，其零售业务更多以个人住房按揭为主，而对于中小银行来说，零售业务更多由消费金融业务构成，比如招商银行、平安银行、宁波银行（零售业务的 90%以上为消费金融）和上海银行等。

15.2.3 支持乡村振兴的金融服务

当前，农民的金融需求存在贷款需求金额不高、资金需求具有季节性、资金主要用于农业生产、贷款成功率不高、贷款期限较短等特点。

在乡村振兴背景下，县域产业和居民收入结构稳步优化，数字经济已成为重要发展动能。虽然县域的第一产业仍然占据重要地位，但近年来非农产业在吸纳就业、增加居民收入方面正发挥日益重要的作用，农村居民的工资性收入占比超过了经营性收入，且“兼业收入”特征明显。

自 2018 年，网商银行运用数据化风控取代传统风控方式，与县域政府合作，为县域小微企业及农户建立专属的数字化风控模型，提供更精准的数字画像和更高的数字信贷额度。截至 2022 年末，超过 1 200 多个涉农县、区政府与网商银行合作，覆盖全国约一半涉农县域。这种风控模型成为地方金融的有益补充。

15.3 普惠金融业务流程

15.3.1 客户入驻和身份认证

客户在正式申请贷款前，要先在线办理客户入驻信息登记。入驻信息登记包括个人入驻登记和企业入驻登记，个人入驻登记主要是在线上传身份证和填写个人基本信息，并进行个人身份认证；企业入驻登记一般先要由法人代表办理个人入驻登记后，通过在线上传营业执照复印件和填写企业基本信息，完成企业身份实证。

个人身份认证采用的技术通常是四要素认证+身份证 OCR（光学字符识别）+公安联网核查+人脸识别+活体监测；企业身份认证采用的技术通常是营业执照 OCR+工商联网核查。

四要素认证包括对姓名、身份证号、手机号、银行卡号的核实。四要素认证是目前应用最广泛的实名认证，四要素全部被盗取的可能性较小。其中，对姓名和身份证号的核实主要是通过和公安身份数据库中的信息进行比对来完成，对手机号和银行卡号的核实主要是通过和银联数据库中的信息进行比对来完成。

身份证/营业执照 OCR 是由客户通过拍照在线上传身份证/营业执照，通过身份证/营业执照 OCR 技术自动识别并提取身份证/营业执照上文字信息，避免人工录入，提升用户体验。

公安联网核查是通过比对公安身份数据库，核查用户的姓名和身份证号，核实用户身份真伪。

工商联网核查是通过比对工商信息数据库，核查企业的基本信息，核实企业身份真伪。

人脸识别是通过摄像头在线采集人脸图像，并与公安大数据留档照片进行比对，核实用户上传的身份证信息是否为用户的真实身份信息。

活体检测是通过摄像头拍摄及采集人脸图像的同时，结合云端人脸防伪监测技术，判断图像是否来自真人，有效防范纸质图片、屏幕翻拍、面具模型等类别的欺诈，保证人脸信息的真实有效性。

15.3.2　在线贷款申请

客户通过手机应用程序、PC 端进入贷款申请页面，录入借款申请信息并按要求上传资产证明等各类影像文件，并在线签订征信查询授权、综合信息查询授权。

征信查询授权通常包括个人/企业征信查询授权委托书，个人/企业综合信息查询授权委托书。国家现在对个人和企业信息的保护较为严格，除在中国人民银行征信中心查询征信信息需要征信查询授权书外，查询其他大数据信息也同样需要客户的充分授权。

15.3.3　在线授信审批

银行结合工商、司法、纳税、海关、征信、交易数据、内部黑名单、行业数据等构建风控模型，对客户进行在线实时审批，并反馈审批结果，对审批通过的客户出具授信批复。如贷款有增信方，可将客户信息和审批信息推送给增信方，增信方在线进行担保确认、核心企业确权或出具保单，并反馈给银行系统。

银行风控模型一般包括五个功能模块：反欺诈模块、核额模块、评分模块、审批模块、定价模块，对客户进行评估，并给出额度、期限、利率等批复信息。

15.3.4　在线合同签约

在审批通过后，客户需在线签订贷款合同等法律文本，对于在线签订的合同文本，银行一般会通过 CFCA（中国金融认证中心）等认证机构进行存证和电子签章。

CFCA 是经中国人民银行和国家信息安全管理机构批准成立的国家级权威安全认证机构，是国家重要的金融信息安全基础设施之一。在《中华人民共和国电子签名法》颁布后，CFCA 成为首批获得电子认证服务许可的电子认证服务机构之一。CFCA 是我国最具影响力的电子认证服务机构，为全国 98%的银行提供电子认证服务。

15.3.5　在线开立账户

银行发放线上贷款一般需要在线给客户开立电子账户，电子账户通过绑定实体账户后进行收支。个人电子账户开立相对简单,大多银行都能实现;对公电子账户开立难度较大,只有少数银行可以实现。所以,目前银行线上产品大都面向个人借款人,将对公企业作为借款人的银行线上产品较少。

银行给客户开立电子账户后不能立即使用,需要客户转入一笔小额款项后激活电子账户,只有账户激活完成的客户才能正常提还款。电子账户一般不能作为结算账户使用(在线上供应链金融中可特殊设置),只能作为贷款专户使用,需要通过绑定的实体账户进行转入转出操作。

15.3.6 在线提款还款

客户可在线发起提款申请,银行收到提款指令后,可在线将款项发放至客户电子账户绑定的实体账户中,并记账和核算,客户通过实体账户进行对外支付。因客户实体账户可能是他行账户,因此银行对资金用途的把控有一定的难度。

银行线上贷款一般是可以做到随借随还的,因此客户通常可选择全额提前还款、部分提前还款。客户可在线发起还款申请,银行收到还款指令后,在线对客户电子账户中的款项进行扣划,完成还款操作。

15.3.7 在线贷后监测

银行线上贷款业务一般采取线上化的贷后风险监测,在线实时预警和监测,对出现风险信号的,由银行和增信机构采取现场检查、催收和诉讼等措施。对平台贷业务,银行通常会按一定的业务比例开展抽样检查,对交易真实性、贷款真实性、资金流向真实性、数据真实性等进行检查;也会按要求对客户进行一定比例的回访,回访包括现场回访和非现场回访(电话回访),核实借款人是否为本人和基本信息、资金用途等。

为控制线上贷款业务风险,银行一般会设立产品的止损机制:在逾期或欠息的余额达到一定比例时(1%),触发预警线,及时调整借款人准入标准或审批模型;在逾期或欠息的余额达到一定比例时(1.5%),触发停止线,暂停一切新增客户准入和贷款发放。

【知识窗】

信贷工厂

2007年起,建设银行、中国银行、杭州银行、富登担保公司等开始引进新加坡淡马锡"信贷工厂"信贷技术,并在局部地区试用这一模式,取得初步成效后,向全国铺开。

淡马锡"信贷工厂"模式通过标准化作业方式,把中小企业信贷业务像工厂流水线生产产品一样高效率地生产出来,将信贷流程中的营销、产品设计、获客、审批、贷后管理各个环节模块化、标准化,为每个模块配备专门的业务团队,批量、集中作业,就好像工厂的流水线。

淡马锡"信贷工厂"模式实现了"五化",即产品标准化、作业流程化、生产批量化、队伍专业化、管理集约化。对比IPC技术模式,其标准化程度更高。精细化的分工增强了各环节的产能,有利于发挥规模化效应,降低操作风险和道德风险。

淡马锡"信贷工厂"模式通俗地来说就是"分工模式",不再由一个客户经理从头到尾完成全流程操作。

①产品标准化。进行产品设计时，在充分的市场调研的基础上，首先确定目标客户群体，然后进行标准化的产品设计和研发，申请材料、贷款调查、审批和贷后管理也尽可能实现标准化管理。

②作业流程化。小企业信贷操作前、中、后台分离，按统一制定的标准分岗操作，提升各环节效率和专业化水平。

③生产批量化。不再一户一户操作，充分发挥规模效益，批量生产，做大总体规模，降低个体风险和成本。

④队伍专业化和管理集约化。通过专业化的分工，打造专业化的产品营销设计团队、管理团队和风险控制团队、集中作业团队，使各团队各司其职，以实现集约管理。

【重点案例】

拉卡拉

易观国际（Analysys International）认为，新型金融服务企业做普惠金融服务有着天然优势，能把服务覆盖到传统金融体系中的中小微地带，成为传统金融体系的有效补充，而这些中小微地带中，恰恰有普惠金融的重点服务人群。拉卡拉发展十余年，是提供普惠金融服务的代表之一，采用"征信+大数据+云平台+风控系统+产品+服务"模式，提供收单机具、金融、经营、行业应用等综合服务，通过推动中小企业、小微商户在数据、平台、风控和受理端进行低成本、高效率的运转，弥补企业资金缺口，解决中小微企业的融资、经营等发展难题。

多牌照、多渠道同步覆盖资源协同为普惠金融奠定基础。

拉卡拉普惠金融资源如下：

（1）十余年积累，拥有广泛线上和线下资源，在全国 300 个多城市覆盖超过 270 万商户和 1 亿个人用户；

（2）大数据+征信的风控系统，使服务安全和高效；

（3）征信+大数据+云平台+风控系统+产品+服务，综合系统的输出模式保证中小企业、小微商户在数据、平台、风控和受理端保持竞争优势。

拉卡拉普惠金融特点如下：

（1）交易规模大，边际成本低；

（2）线上+线下，覆盖人群广；

（3）大数据+征信，交易效率高；

（4）具有先发优势，把握痛点，助力小微企业升级转型。

拉卡拉以支付业务为基础，逐步拓展其他金融业务，为个人用户及小微商户提供综合普惠金融服务。

拉卡拉支付业务种类丰富，对中小微企业及商户和个人覆盖度较高。

拉卡拉在 2011 年获得牌照之后，围绕普惠金融服务的核心，在个人支付、收单、信贷、理财、征信等多领域开展业务。几年时间，其做到了中国第三方移动支付市场前三，中国线下收单市场交易规模第三。在便民支付领域，其是中国最大的社区金融自助终端运营商，覆盖全国 300 多个城市，为超过 1 亿的个人用户提供服务，95%以上的品牌连锁店均将拉卡拉作为合作伙伴。在智慧支付领域，其是中国最大的智慧支付硬件运营商，产品覆盖个人与企业用户，创新推出互联网 POS+、手机收款宝、开店宝等产品。

【本章小结】

为什么传统金融不能解决“瘦”客户——广大农民、小微企业、城镇低收入人群和残疾人、老年人等特殊群体的信息问题并为其提供融资服务，而普惠金融却能做到呢？

这是因为普惠金融拥有金融科技。普惠金融通过金融科技系统中的多重技术，例如生物识别、大数据等技术，能够有效地将“瘦”客户的“稀薄信息”转化为“硬信息”，成功对“瘦”客户进行身份识别，从而顺利解决“瘦”客户的风险定价和资质分层问题。

不止于此，金融科技还将透过智慧投顾、大数据风控和“千人千面”画像等，为客户提供更加多元、便捷、低成本的金融产品与服务。

【思维拓展】

2022 年上半年普惠金融的相关数据

银保监会披露，2022 年上半年普惠型小微企业贷款整体上继续保持着快速增长的良好态势，到 2022 年 6 月末，全国小微企业贷款余额达 55.84 万亿元，其中普惠型的小微企业贷款余额为 21.77 万亿元，同比增速 22.6%，较各项贷款的平均增速高出 11.69 个百分点。有贷款余额客户数达到了 3 681 万户，同比增加了 710 万户。2022 年上半年，普惠型小微企业贷款增量达到了 2.69 万亿元，比 2021 年同期多增长 2 100 亿元。2022 年 5 月、6 月，普惠型小微企业的贷款增量分别达到 3 300 亿元和 9 300 亿元。

【自测题】

到 2022 年二季度末，我国人民币普惠金融领域贷款余额为 29.91 万亿元，同比增长 20.8%，比各项贷款高 9.6 个百分点，比 2021 年末低 2.4 个百分点；上半年增加 3.41 万亿元，同比多增 1 535 亿元。

近年来，普惠金融取得的成绩有目共睹，但与人民群众的需要和新发展阶段的要求相比，仍存在一定差距。部分小微企业还面临融资难问题，增强金融普惠性与防范化解金融风险之间的关系，仍需进一步平衡。

金融业是对风险管理要求很高的行业。风险始终存在，关键在于防范和化解。请提出持续推动金融业供给侧结构性改革走向深入的措施与建议。

第 5 篇　智慧金融风险与监管

智慧金融是金融科技发展的高阶形态，是金融业未来发展的趋势。智慧金融涉及智慧客服、智慧风控、智慧投顾、智慧保险等多个行业，可有效推动银行业和保险业的发展从同质化竞争、粗放式管理向差异化服务、精细化管理转变。但智慧金融在发展过程中也面临着“算法黑箱”、技术不稳定等特有风险，存在着数据质量难保证、隐私难保护等传统风险，“技术共振”“羊群效应”“尾部效应”等带来的系统性风险也不可忽视。对监管而言，为推动智慧金融的稳健、可持续发展，一是需要及时制定并动态调整智慧金融的监管规则，提高监管规则的适应性；二是要不断完善智慧金融监管模式、流程和工具，以确保监管的有效性；三是要加强智慧金融的数据安全和个人隐私保护，处理好监管的平衡性。

第 16 章　智慧金融的风险

【思维导图】

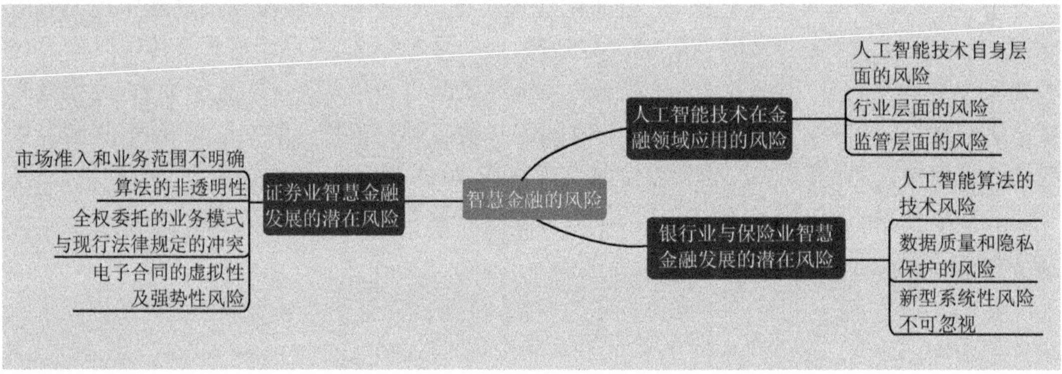

【导入案例】

数据与流量带来新风险

2019 年 9 月 17 日，“2019 中国银行业发展论坛智慧金融（上海）峰会”在上海举行，来自国内银行业和金融科技领域的高管、专家、学者齐聚现场，聚焦金融科技背景下的新机遇和新挑战，共议未来银行之路。江苏苏宁银行股份有限公司董事长黄金老出席并发表主旨演讲。他表示，智慧金融存在数据风险和技术风险，这让当下的风险管理变得更难，给今天的国内银行带来了很大的挑战。

“智慧金融就是聪明的金融，会思考的金融。”在黄金老看来，当下的智慧金融主要是指自动化水平越来越高的金融。过去，金融基础的原材料更多的是资金、渠道。现在，资金和渠道仍然需要，但多了两个关键要素，一个是数据，另一个就是流量。“智慧金融非常依赖数据和流量，所以也会带来新的风险”。

【思政目标】

通过对相关案例和相关内容的学习，让学生意识到金融环境中风险无处不在，增强其风险意识，引导其掌握识别风险和防范风险的知识和技能。

【思政案例】

谨防电信诈骗

2022 年 1 月 21 日下午 4 时，一位 50 多岁的女客户来到中国银行（简称“中行”）义马支行营业部办理业务时，询问大堂经理：“手机银行转账限额如何提高？”大堂经理指导该客户开通中行手机银行手机盾功能，在办理期间委婉询问客户大额转账的用途。客户并未回答，只是对中行的服务表示感谢，随后独自坐在大厅等候区进行转账。

大概 10 分钟后，该客户再次询问大堂经理有无纸笔，想记录一下汇入方的银行卡卡号。此刻，大堂经理注意到客户手机上显示的是与某应用程序客服的聊天页面。出于职业的敏感性，当即询问客户：“是否向该客服进行转账，是否认识这个客服人员？”该客户一开始吞吞吐吐不肯回答，经大堂经理反复询问后，她才道出事情缘由。原来一周之前，该客户在网上下载了一个应用程序，客服人员告知应用程序上面有“高息理财”，能获取不菲的收益。该客户表示前期已经在该平台投资了 3 万元，有可观的收益，本次准备继续投入 50 万元。听完客户的话，大堂经理结合日常学习的防诈骗案例，判断该客户遭遇了电信诈骗。大堂经理第一时间上报网点主任，并电话联系义马市公安局反诈中心协助中行对该客户的转账行为进行制止，最终为客户挽回损失 50 万元。

16.1 人工智能技术在金融领域应用的风险

作为一项新兴技术，人工智能技术在实际运用过程中会存在一定的潜在风险。在风险尚未发生时，人们通常无法预估其后果的严重程度。而金融业对国民经济的重要性毋庸置疑。因此，在将人工智能技术应用于金融领域时，一定要预判其中的潜在风险并做好风险管控工作，这对我国的金融安全乃至经济安全意义重大。

16.1.1 人工智能技术自身层面的风险

1. 信息安全隐患

人工智能技术本身的特性及其应用领域导致其存在信息安全隐患。个人隐私和个人信息的保护是如今大众十分重视的问题。人工智能和互联网联系紧密，而互联网环境中存在的漏洞极易被一些不法分子利用。这不仅威胁到大众的信息安全，而且可能会影响大众的财产安全甚至生命安全。

2. 系统自身风险

系统是一个更为广泛的整体，其存在风险的后果是无法估量的。人工智能归根到底是非生物通过一系列算法进行的机械活动，其失控风险无法彻底消除。黑客攻击、运转出错、网络设施受损等内外部的刺激都可能诱发系统的故障。

16.1.2 行业层面的风险

1. 缺乏创新

目前,我国金融领域运用的人工智能技术引入了很多国外成熟算法、开源代码,过度依赖国外现成技术,缺乏创新。事实上,使用别人的技术,会使我国金融业的发展受到制约,对国家科技水平的提高及金融领域的健康有序发展也会形成很大的阻碍。因此,国家应当重视这一领域的自主创新。

2. 忽视从业人员的知识和技能的训练

尽管智能系统可以准确、直观、有效地开展金融领域的相关工作,但这并不意味着金融行业从业人员的专业素质门槛可以降低。正如,医院的自动看片系统和实时影像系统可以辅助医生进行诊断和手术,但这并不意味着医生可以从此不用学习如何看医学影像片等。因此,金融业从业人员必须掌握专业的金融知识和必要的技能,而不是过分依靠智能系统。当然,技能训练的侧重点可以有选择性地向帮助从业人员高效利用人工智能技术倾斜。

16.1.3 监管层面的风险

1. 相关法律不完善

欧盟法律事务委员会建议,在针对人工智能制定政策时,应该进一步完善设计保护隐私、默认保护隐私、知情同意加密等系列条款。但就我国目前的法律法规来看,这一方面的条款设置还不完善,无法考虑到所有可能的情形。

2. 监管难度不断增大

监管难度随着智能化的进一步加深而不断增大。我国当前的监管法规往往落实到行为主体,即法人或自然人。拿现有的智慧投顾平台来说,其旗下的投资账户的资金归属权为所有的用户,而开展运营投资活动的平台本身作为实际控制人,并不是某个特定的法人或自然人。此时,传统监管中用于追溯行为主体的穿透原则将在智慧金融领域面临巨大挑战。

16.2 银行业与保险业智慧金融发展的潜在风险

客观来看,智慧金融就是人工智能等技术与金融业务的深度融合,有助于金融业务、模式和流程创新,重塑金融价值链和金融生态,拓展金融服务的广度和深度。但这种融合也带来了一些新的风险隐患。

16.2.1 人工智能算法的技术风险

数据、算力、算法是人工智能的三个核心要素,近年来均获得了长足发展,它们是支撑人工智能技术在各个领域快速应用的基础。在算法上,人工智能算法的过程和原理往往存在不透明的问题,输入和输出之间存在“算法黑箱”,中间的分析、决策过程对用户隐藏。这导致智慧金融发展隐藏着极大的算法风险。“算法黑箱”问题不解决,算法透明性和可解释性差,一方面,会导致智慧金融产品难以得到普遍接受,智慧风控系统的稳健性难以获得高度信任;另一方面,也会导致智慧金融产品存在极大的“暗箱操纵”风险。例如,发展智慧金融的一个重要目的是提升金融服务的普惠性，但若智慧金融的发展建立在大数据偏见和歧视性选择基础上，反而可能会加剧金融服务的不公平。在技术上，一旦技术不够成熟和安全，智慧金融的发展就会遭受大量的技术风险，导致智慧金融产品营销、定价、风控出现系统性偏误。例如，数据投毒通过在训练数据里加入伪装数据、恶意样本等，破坏数据的完整性，可导致智慧金融的算法模型决策出现偏差；人为构造对抗样本进行攻击，可导致智慧金融系统产生错误的决策结果；动态环境的非常规输入，可导致智慧金融系统运行错误；模型窃取攻击，可对算法模型的数据进行逆向还原，使开源学习框架存在安全风险，从而导致智慧金融系统数据泄露。近年来，360、腾讯等企业的安全团队曾多次发现 TensorFlow、Caffe、Torch 等深度学习框架及其依赖库的安全漏洞，攻击者利用相关漏洞篡改或窃取人工智能系统的数据。

16.2.2 数据质量和隐私保护的风险

数据是工智能浪潮兴起及其与金融业务快速融合发展的关键要素，但这也使得智慧金融的发展面临严重的数据质量和隐私保护问题。一方面，数据质量和安全，会直接影响人工智能系统算法模型的准确性，进而影响信贷和保险业务智慧获客的可得性、智慧定价的准确性、智慧风控的稳定性。另一方面，智慧金融的快速发展可能会反过来导致个人数据的过度采集，加大隐私泄露的风险。技术是中性的，在利用人工智能技术提高金融服务效率和质量的同时，如果对其管控不当，也会提升网络攻击的智能化水平。例如，如果在数据脱敏管理、敏感信息风险评估和数据泄露检测等关键环节的管控不到位，一旦技术被恶意利用，智慧金融就会演变成对金融数据的智慧窃取，个人隐私和数据安全就会遭受威胁。此外，人工智能技术的大规模应用，还可能会间接导致数据权属问题、数据违规跨境等对数据治理的挑战进一步加剧。

16.2.3 新型系统性风险不可忽视

在信息科技和智能算法带来的系统性风险方面，由于智慧金融的发展是建立在人工智能、大数据分析等新兴信息技术之上的，其信息科技风险更加突出。在技术支撑上，许多智慧金融业务基于相同的大数据分析、人工智能算法，因此一旦这些技术和算法被破译或遭受黑客攻击，所有应用这些技术的智慧金融业务体系都会在短时间内陷入瘫痪或遭受重大损失。与此同时，人工智能技术也存在着算法一致性的问题，可能导致智慧金融产品存在市场单边共振风险或者“算法共振”风险，从而加剧市场波动。在业务模式和服务对象带来的系统性风险方面，获客、定价、风控能力的提升使得智慧金融的发展更加注重“尾部效应”和“网络效应”。但风险一旦爆发，这些效应可能会反过来放大风险的传染性和影响面，诱发更大的“羊群效应”。跨业务、跨市场、跨区域传染的过程更加复杂、传播速度更快、影响范围更大、涉及主体更多，从而使风险控制与处置更加困难。特别是尾部客户的风险承担能力较小，在经济下行时期更容易出现违约情况，从而放大金融的顺周期性，引致更大的系统性风险。

16.3 证券业智慧金融发展的潜在风险

智慧投顾是金融和科技融合的产物。在证券投资领域，除了需要弥补传统金融的漏洞和不足之外，还要注意防范智慧投顾可能会给传统金融带来法律规制和监管体系方面的影响和冲击，从而规避法律监管方面的问题。

16.3.1 市场准入和业务范围不明确

在证券市场快速发展的背景下，我国证券领域已初步建立起市场准入制度。但智慧投顾的出现，给当前的市场准入制度带来了挑战，可能会引发牌照短缺的问题。

（1）当前我国尚未明确智慧投顾在证券市场中的性质。我国现行的证券市场法律法规明确要求在金融证券市场中，依托人工智能技术而进行的证券活动，必须持有许可牌照，但法律未就持何种牌照予以明确。

（2）参考国内外实践可知，在证券市场中，智慧投顾开展的业务除了有为投资者制订投资计划和推荐投资组合外，还有资产管理和证券经纪等业务。但在我国法律体系中，若狭义解释投资顾问，智慧投顾显然为荐股软件，只是依托更强大的技术为投资者提出投资建议而已，但不少提供智慧投顾服务的平台，已囊括资产管理业务，出现连续管理投资者账户的功能，但对此法律规定尚未完善、滞后明显，这给智慧投顾在法律许可的范围内开展业务带来了挑战，也潜藏了一定的金融风险。

16.3.2 算法的非透明性

各智慧投顾平台的主要区别在于算法，出于平台竞争的考虑，各平台的算法均处于保密状态。算法是人为设计的，在设计中很难保证不掺杂个人情感，而投资与群众利益密切相关，投资的算法在一定程度上决定了投资的合理性和科学性。因此，如何保障智慧投顾在决策中秉持科学、客观的算法态度，成为关键问题。算法是机密，受知识产权保护，但我国证券业的相关法律也规定，在帮助投资者投资的过程中要保证信息公开透明。可以确定的是，算法的科学和客观是保证投资建议科学的基础。如果设计者设计的算法脱离了实际，或与理论相悖，那么智慧投顾无疑会将投资者利益置于不顾。此外，如果智慧投顾平台的算法被别有用心之人利用，那么可能会导致平台被非法利用，以谋取不当收益，进而给智慧投顾带来信任危机。

16.3.3 全权委托的业务模式与现行法律规定的冲突

根据《中华人民共和国证券法》等的规定，在证券交易服务中，证券机构、投资咨询公司仅可根据客户需求，为客户提供符合其心理需求的投资建议或意见。《证券投资顾问业务暂行规定》等明确规定，证券投资完全由客户自行操作，证券公司和机构不得违规替代客户进行决策和交易。但智慧投顾理念自出现以来，就是以客户为中心，在客户的全权委托下，帮助客户做出投资决策或向客户提出资产管理建议。因此，在当前法律框架下，智慧投顾服务只能依照客户需求提出相应建议，而不能代替客户进行交易等操作。受现行法律条文的影响，智慧投顾在发展中受到了明显的掣肘，使智慧投顾仅能为客户提供咨询服务，而非帮助客户进行决策并替代其进行交易。此外，尽管有部分智慧投顾平台融入了一键理财，企图通过基金推荐的方式来帮助投资者决策交易，但显然有悖于当前的法律体系，违反了基金销售规定，可能滋生非法中介，进而侵蚀投资者的投资权益。

16.3.4　电子合同的虚拟性及强势性风险

智慧投顾平台在服务投资者之前，都需要与投资者签订相应的协议，因为智慧投顾平台本身不销售基金，所以有时还需要与基金销售公司签订经济合同，合同的形式无一例外全部为电子合同。按照我国法律规定，电子合同具有纸质合同的全部效力。与纸质合同相比，电子合同的签订不受时间、地域的限制，有效便捷，但电子合同蕴藏的风险却高于纸质合同。首先，电子合同依托互联网媒介，而互联网本身存在虚拟性。投资者在签订合同时，如果提供的是虚假信息，那么可能会导致不必要的损失发生。同时，智慧投顾平台签订电子合同时，也无法考察签订者是否具有完全的民事行为能力。所以，电子合同的固有缺陷，可能会导致智慧投顾平台难以做出符合投资者实际的投资建议，也可能因投资者提供的虚假身份信息进而侵害其他主体的合法权益，比如未成年人使用父母身份证进行交易等。其次，格式合同存在一定的强势性风险。智慧投顾开展的是金融服务，与投资者切身利益息息相关，本身就有一定的风险，但多数智慧投顾平台都在合同中明文规定了免责条款，若使用智慧投顾平台，就必须接受这些条款。此外，相较于一般投资者，智慧投顾服务的运营商拥有专业优势，对运作模式也颇为熟悉，但投资者则处于劣势，对运作模式一无所知。 因此，订立某项服务时，投资者和智慧投顾平台显然未处于平等地位。

【知识窗】

数据智慧金融风控流程

数据智慧金融风控流程如图 16-1 所示。

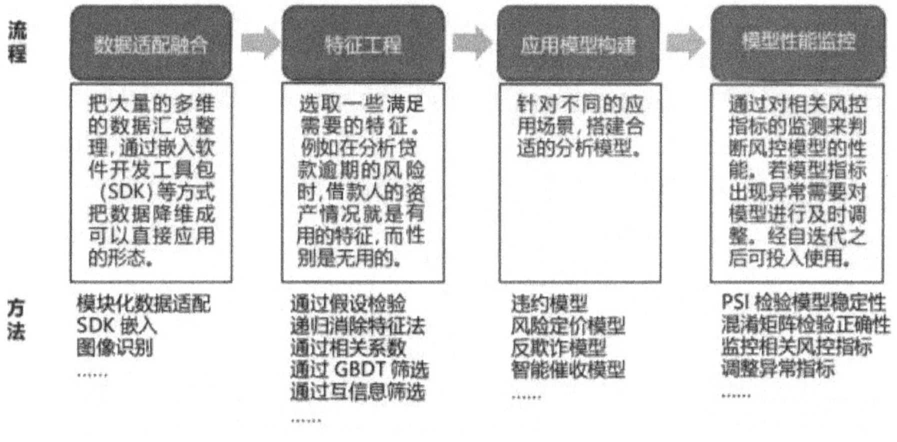

图 16-1　数据智慧金融风控流程

【重点案例】

主动监测拦截电信诈骗，帮助消费者挽回资金损失

某商业银行建立了零售业务反欺诈智慧风控系统。系统基于电信网络诈骗案例库，利用机器学习技术 7×24 小时监测账户异常行为，实现欺诈风险事件精准防控。2023 年 4 月下旬，该行智慧反欺诈系统监测到在客户王女士转账过程中，交易对手、交易金额、交易设备均具有可疑特征，属于疑似被骗高风险行为，系统自动保护机制被触发，并发出实时预警。1 分钟内，该行总、分、支行三级联动，迅速启动应急预案，支行理财经理第一时间联系王女士，告知其可能正在遭遇电信诈骗，耐心细致劝其不要上当，最终成功阻断诈骗行动，帮助王女士避免了 10 万余元的资金损失。据统计，2022 年以来，该行已累计通过反欺诈系统主动拦截和劝阻被诈客户近 1 300 户，保护资金近 1.7 亿元。

近年来，为坚决遏制电信网络诈骗犯罪快速上升势头，守护消费者钱袋子，各金融机构加强科技支撑、强化预警防范，积极运用大数据和人工智能等技术，识别网络钓鱼、电信诈骗、交易欺诈等行为，致力推动构建数字风控体系，实现更加精准化、体系化的反诈防控。

【本章小结】

金融作为现代经济的核心，素来离不开"风险"这两个字。近年来，一些互联网金融平台的风险事件更是给我们敲响了警钟，尤其是对于一些银行和信贷机构来说，风控可以说是必不可少的一环。然而传统的风控已经满足不了现在的市场需求，在人工智能、区块链的不断发展之下，金融机构俨然已进入智慧风控 2.0 时代。在这个时代，我们更应该重视智慧金融技术中存在的各类风险对我们生活的影响。

今天，大力发展智慧金融，就必须要尽快提高对数据风险和技术风险的识别、衡量和处置能力。

央行在《金融科技（FinTech）发展规划（2019—2021 年）》中指出，金融科技是技术驱动的金融创新。金融业要秉持"守正创新、安全可控、普惠民生、开放共赢"的四条基本原则，充分发挥金融科技的赋能作用，推动我国金融业高质量发展。

【思维拓展】

苏宁银行的数据风控技术

"存在着技术风险和数据风险的情况下，智慧金融的风险管理变得更加难。"江苏苏宁银行股份有限公司董事长黄金老认为，风险的管理无非就是风险的识别、衡量和处置。"智慧金融情况下，风险识别变得更难了，你怎么识别数据的真伪，你怎么识别模型的准确性，对今天的国内银行都是很大的挑战。"

作为一家定位为科技驱动的 O2O 银行，苏宁银行坚持以"研发能力、专业专注"为立行之本，秉承"科技密集、知识密集、风控严密、低成本运营"的经营理念，聚焦供应链金融、消费金融、微商金融、财富管理四大核心业务，已打造出升级贷、账易融、货易融、微商贷等

产品。

当下，苏宁银行大力发展和应用金融科技，尤其是在数据风控和金融 AI 两大领域，成绩不俗。

在数据风控上，围绕黑名单、地址和账户，打造了“风声”黑产监控系统，已拥有 10 万多条黑产信息；上线了区块链金融黑名单，已具有 1 100 万条黑名单数据；IP 画像系统，已归集地址信息 600 万个；黄牛地址识别模型，准确率达 70%；研发了商户交易监控模型，贷款中介识别，升级贷、微商贷和场景联合贷准入模型等多个黑科技，为业务安全保驾护航。

在金融 AI 上，智慧催收，基于智慧客服技术，综合采用智慧催收失联修复模型，催收接通率达 15%；“小 V”智慧客服，基于机器学习、自然语言处理、知识图谱、语义分析引擎和自动问答等技术，当前问答准确率达 90%；智慧投顾方面，理财咨询导购机器人为用户提供理财知识、业务咨询服务，接入智慧投顾场景，引导用户完成风险等级评估和投资组合选择，提升用户体验。

“金融科技+场景金融=普惠金融，这是苏宁银行的普惠金融新模式。”黄金老表示，苏宁银行将持续聚焦资金、流量、数据、专才，通过风险管理、财务管理、绩效管理、品牌管理和执行力管理，用科技的手段打造更多元、更普惠的金融产品，提供更便捷、更安全的普惠金融服务，让未来的金融服务像水一样渗透到各个业态。

【自测题】

结合“思政案例”中介绍的电信诈骗案例，请给自己的父母上一堂生动的防诈骗课程。

第 17 章　智慧金融的监管

【思维导图】

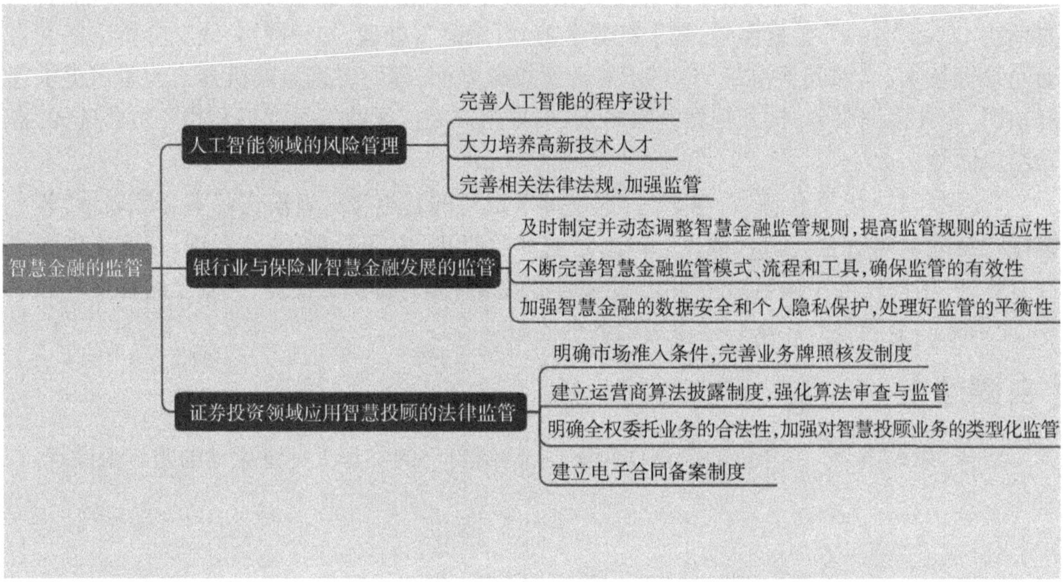

【导入案例】

泛亚“日金宝”事件

泛亚有色金属交易所（以下简称“泛亚”）号称是全球最大的稀有金属交易所，其成立后推出了一款名为“日金宝”的理财产品，宣称资金随进随出、年化收益高达 13.5%，以此吸引了多达 22 万名投资者。然而，2015 年 7 月 12 日，泛亚的一则公告让投资者惊慌失措。当日的公告宣布，2015 年 8 月 31 日起，泛亚原有的现货委托受托业务将终止，泛亚就此崩盘，“日金宝”平台彻底被封，投资者的钱就这样石沉大海了。

除了政府监管部门，相当一部分投资者通过银行的推销购买了“日金宝”投资理财产品。在泛亚资金链断裂致兑付危机出现之后，各地的泛亚投资者也在向不能兑付现金的银行抗议，要求还钱。

【思政目标】

通过案例介绍，展现监管机构的宣传教育和投资者保护政策的重要性，提高学生的风险意识和金融素质，避免其因不当交易和诈骗而遭受损失。

【思政案例】

保护投资者合法权益

2022 年 4 月中旬,河南个别村镇银行取款难问题引发关注,彼时多家银行先后发布公告称,因系统升级维护,网上银行、手机银行将暂停服务。随后,银保监会与中国人民银行持续关注河南 4 家村镇银行线上服务渠道关闭问题,责成河南银保监局和中国人民银行郑州中心支行切实履行属地监管职责,密切配合地方党委、政府和相关部门稳妥处置。

据了解, 4 家村镇银行股东——河南新财富集团通过内外勾结、利用第三方平台和资金掮客等吸收公众资金,涉嫌违法犯罪,公安机关已立案调查。

之后, 4 家村镇银行营业网点存取款业务正常开展,凡依法合规办理的业务均受到国家法律保护。银保监会与中国人民银行密切配合地方党委、政府和相关部门,严惩金融犯罪,依法保护广大金融消费者合法权益。

17.1　人工智能领域的风险管理

17.1.1　完善人工智能的程序设计

为了有效防范人工智能自身的技术风险,完善人工智能的程序设计至关重要。微软公司 CEO 萨提亚·纳德拉在有关人工智能的主题演讲中曾指出,需要落实设计员作为开发者的意识和明确设计原则。这就要求设计者在开发理念上遵循一定的社会公约或伦理道德,让人工智能真正为人类所用。

1. 提高信息加密技术水平,确保用户信息安全

信息安全性对人工智能在金融领域中的有序应用至关重要。目前,我国在保障信息安全方面的技术水平还较低,所以政府部门要加大对信息加密技术开发团队的支持力度,帮助加强技术团队与金融机构间的沟通与合作,从而利用前者的技术能力最大限度降低后者的信息泄露风险。

2. 加强风险排查与防范,预防技术失控

随着人工智能在金融领域的应用范围的不断扩大,人工智能在金融领域存在的潜在风险也在不断扩大,因此为了提高人工智能系统的质量,需要对潜在风险进行周期性的排查和防范,从而有效预防人工智能失控的风险隐患。

17.1.2　大力培养高新技术人才

科技是第一生产力,人工智能的发展离不开科技人员的不断研发。因此,要加强高新技术人才的培养,提高核心技术竞争力。对于金融领域的就业者,要培养其足够的应变能力和意识,做到机器人和人类的共同进化。对于整个金融体系,要推进在职人员加快转型升级。

17.1.3 完善相关法律法规，加强监管

如今，对于人工智能带来的风险，我国虽然可以依靠技术手段加以控制，但仍无法根除。鉴于推动智慧金融行业整体长远发展的需要，相关机构应尽快出台在金融领域应用人工智能的法律法规。法律条文要从运行机制、保障措施、监管水平等方面进行明确，做到真正的有法可依和有法必依。此外，传统金融监管的一些方法或原则，对智慧金融领域已不能完全适用。因此，应通过创新监管措施、加大监管力度，有效消除重大安全隐患，为人工智能在金融领域的应用和发展保驾护航。

17.2 银行业与保险业智慧金融发展的监管

当前，智慧金融发展的正面效应和负面影响正在动态演变，成为检验各国金融监管效果的现实压力测试。相对而言，与人工智能和金融业务的快速融合发展相比，人工智能在金融监管领域的运用尚处在探索和起步阶段。为趋利避害，智慧金融监管应该秉持鼓励创新和防控风险并重的原则，及时制定并不断完善监管法规，不断升级改进监管系统，加强数据隐私保护，以实现支持金融创新、提高金融效率与防控金融风险、保护金融消费者利益的有效平衡。

17.2.1 及时制定并动态调整智慧金融监管规则，提高监管规则的适应性

近十余年来，我国互联网金融发展的教训表明，对于新兴金融业态，及时制定出台适应性监管规则，有助于确立明确的政策预期，防范“劣币驱逐良币”的金融乱象。一方面，应遵循技术中立原则，坚持按照智慧金融的业务本质和风险特征，制定相关的监管规则，明确监管方向、监管职责，防止因监管规则制定滞后而引发监管套利、金融乱象和风险积累；另一方面，由于智慧金融背后的算法、技术较为复杂，建立在这些算法、技术等之上的业务风险也难以一时全面把握，所以智慧金融监管规则的制定应该秉持原则先行、动态跟进的思路，先制定大的监管原则、粗的监管规则、低层级的监管政策，后续再根据业务的发展和风险的变化，不断完善和提升层级。

17.2.2 不断完善智慧金融监管模式、流程和工具，确保监管的有效性

智慧金融业务虽然本质上仍属于金融业务，但较传统的金融业务在业务模式、技术支撑和风险属性等方面都更加复杂，因此智慧金融监管需要从监管模式、流程和工具等方面多措并举，以保障监管的效率和质量。首先，在监管模式层面，对于一些新兴的智慧金融业务创新，可以采取“监管沙箱”模式，在确保影响和风险可控的前提下，先行先试，在沙箱测试通过后再向市场推广。其次，在监管流程层面，应优化和缩短监管流程，以更加快捷地应对智慧金融业务的快速变化及其可能带来的风险的快速传染，化被动地防控、处置风险为主动地监测、识别风险。再次，在监管工具层面，应积极利用人工智能、大数据分析、云计算等完善监管系统，丰富监管工具。最后，还应加强对智慧金融背后的技术、算法的检查，综合实际业务场景、交易规模等深入研判新技术的适用性、安全性和稳定性，强化新技术应用的保障机

制，明确新技术应用的运行监控和风险应急处置策略。

17.2.3　加强智慧金融的数据安全和个人隐私保护，处理好监管的平衡性

金融发展越是数字化和智能化，越是要加强金融数据安全和个人隐私保护。首先，在国家层面，应积极推进人工智能和数据安全的相关立法工作，在《中华人民共和国网络安全法》的基础上，研究制定并完善有关数据安全、个人信息保护等的法律法规，以及与人工智能相关的法律，明确人工智能数据安全法律原则，确立不同参与主体在人工智能生命周期各阶段所享有的数据权利与承担的安全责任。其次，应制定专门的金融信息保护法规，根据金融领域数据和信息的独特性，尽快修改完善和发布个人金融信息保护办法，加强对信用信息主体权益的保护，防范金融信息泄露风险，完善金融信息主体的异议、投诉及责任处理机制，切实保障个人和企业的金融信息安全和隐私安全。最后，还应依据国家相关法律，结合人工智能在金融领域应用中的特点，针对智慧金融发展存在的数据安全风险，制定具体的法规或政策，明确智慧金融领域在人工智能算法设计、产品开发和成果应用等过程中的数据安全要求。需要注意的是，在加强数据安全和个人信息保护的过程中，相关政策既要确保金融数据的安全，又要打破数据分割与数据孤岛局面，还要有利于金融监管的协调统一。

17.3　证券投资领域应用智慧投顾的法律监管

在智慧金融时代，可以预见的是，智慧投顾必然会在证券投资领域有更广泛的应用。因此，针对应用智慧投顾存在的法律风险，政府部门应加强法律监管。

17.3.1　明确市场准入条件，完善业务牌照核发制度

政府部门应明确证券投资市场智慧投顾的准入条件，并完善相关的牌照核发制度。第一，明确市场准入条件。尽管智慧投顾属于金融创新服务，但究其本质而言，其仍属于投资顾问服务的范畴，从属于传统的投资顾问服务。根据《人民银行 银保监会 证监会 外汇局关于规范金融机构资产管理业务的指导意见》（银发〔2018〕106 号），智慧投顾业务开展必须得到金融监管部门的许可，否则属于违法开展投资顾问服务。因此，在智慧投顾服务中必须明确主体的适格条件，并向达到条件的主体下发牌照。对于不符要求、达不到规定要求的投顾机构和平台，限期整改，必要时予以清理。适时出台政策引导智慧投顾平台与具有合规牌照的金融机构开展合作，鼓励技术占优的平台与持有牌照的金融机构在业务上拓展合作，进一步壮大金融市场。对提供智慧投顾服务的市场平台，一律实行统一监管，进一步推动智慧投顾业务对外开放，不断提高我国智慧投顾业务的竞争实力和水平。第二，完善牌照核发制度。牌照是平台或企业开展市场服务的第一步，做好牌照核发工作，就是创建公平、健康市场的第一步。因此，管理部门要严格审核，确保牌照发放合法合规，同时根据市场发展，灵活调整牌照发放机制，满足市场需求。要做好引导发展工作，及时将达不到要求的智慧投顾平台清理出去，净化投资市场。由于智慧投顾业务种类繁多，所以在确保依法合规的基础上，可以优先为营运平台开发一类智慧投顾牌照，牌照发放的许可标准要符合现行法律规定，符合市场发展规律，制定详细和行之有效的考核标准，并按照标准进一步排查拥有智慧

投顾牌照但不开展相关业务的平台。进一步完善市场和健全审核制度，积极摸索建立智慧投顾算法的科学性和专业性测试平台，设立标准的算法模型准入门槛。

17.3.2 建立运营商算法披露制度，强化算法审查与监管

面对智慧投顾算法的非透明性带来的法律监管风险，相关部门应针对算法风险建立起相应的法律监管框架，具体应从以下方面入手。一是明确规定披露标准。现行法律规定已难以满足市场的监管要求，因此应健全监管法律体系，明确智慧投顾平台需要披露并上报算法功能，监管机构在技术审查中要保持中立态度，确保评价标准为技术产生的功能的合规性，而与技术内容无关。对算法实行功能报备，首先可以帮助使用者明确自身责任，其次可以督促运营者和技术开发者持续进行算法的更新和完善，在保护商业秘密的同时，促进智慧投顾行业朝良性方向不断发展。二是进一步加大对智慧投顾算法的审查和管理力度。要建立智慧投顾的信息披露制度，保障使用者的知情权，维护投资者合法权益。人工智能的基础在于算法，智慧投顾平台的运行依赖人工智能的支持，设计者设计的算法的科学性直接决定了技术的成效。所以，在法律制度的建设中，要依法将智慧投顾的研发、销售和使用纳入监管流程，使用法律对算法设计者予以约束。在智慧投顾出现违法服务时可以要求程序员以自然语言解释设计原理，支持相关机构开展违法侦查工作，维护投资者合法权益。

17.3.3 明确全权委托业务的合法性，加强对智慧投顾业务的类型化监管

面对智慧投顾全权委托业务模式与目前证券法律监管中不允许代替客户决策的矛盾，我国政府应通过修改上位法确立智慧投顾全权委托业务的合法性，并加强对智慧投顾业务的类型化监管。一方面，修订《中华人民共和国证券法》，确立全权委托业务的合法性。按照我国现行的法律要求，要想使智慧投顾全权委托业务合法合规，必须对《中华人民共和国证券法》进行修改和调整。参考《账户管理业务规则（征求意见稿）》的规定，许可合法合规的证券投资咨询机构和从业人员与投资者达成全权委托协议。同时，基于《中华人民共和国证券法》的调整，还要加快推动《账户管理业务规则（征求意见稿）》的落地，使其及早发挥法律效力。另一方面，加强对智慧投顾业务的类型化监管。在当前金融市场中，智慧投顾业务主要是围绕资产管理来进行的，智慧投顾本身发挥的也仅是工具作用。我国法律规定，投顾业务与资产管理业务是相互独立的，相关机构在开展服务时，不允许替代客户进行决策和交易，只允许面向客户提供操作建议。因此，建议根据智慧投顾的实际业务，将其分类为专业和兼业两类智慧投顾机构。专业的智慧投顾机构以智慧投顾为底线，不得越线开展资产管理业务。在具体的业务开办中，要依托持有牌照的专业金融机构开展产品服务，且不允许独立开办理财业务。在大型金融业务中，若获得理财业务资质，可以依法申请智慧投顾业务资质，获批后也只能在本机构内开展理财业务，不得将理财业务对外开放。

17.3.4 建立电子合同备案制度

在发放准入牌照时，要将智慧投顾平台服务协议作为备案条件，着重关注平台对免责条款的设置。这一行为可以看作监管机构在事前履行监管职责，也可理解为书面证据的获得，以防智慧投顾平台在运营中出现民事纠纷。需要指出的是，监管者在立场上要倾向于中立

或保护投资者,以此立场来开展条款核查。当市场、政策等因素改变需要对服务协议进行更新时,要首先在监管机构的备案库中进行更新。在智慧投顾的中后期发展阶段,监管机构可以制定电子合同拟定范本,规范电子合同的内容和签订,为营运平台和投资者提供具体参考。

【知识窗】

RegTech

RegTech,也称监管科技,是指应用 IT 新技术帮助银行和其他金融机构应对金融合规与风险管理等方面的挑战,帮助企业有效管理金融监管合规性的各式风险并降低与金融合规相关的成本,其本质是利用最新科技手段服务金融监管和合规,以实现金融机构的稳定的永续发展。

【重点案例】

交通银行利用 AI 技术提升信贷风险管理水平

为解决关联关系风险刻画不清晰、不全面,贷前、贷中、贷后风险预警不准确等难题,交通银行与 IBM 合作,引入知识图谱、机器学习等人工智能技术,完善原有智慧风控平台,助力交通银行的信贷风险管理。

随着经济增速下降,银行业不良贷款额坏账率和欺诈事件量持续攀升,风险全流程管理的问题日益突出,急需提升风险排查能力与临期风险预警服务水平。

对此,交通银行优化了对公/小微企业关联关系图谱,构建了全面的客户 360 度视图,为风险管理提供了深度业务洞察和数据分析支持;基于大数据体系构建了企业客户临期风险预警机器学习模型。构建的对公客户/小微知识图谱及相关模型已在交通银行的多个业务领域得到应用,取得了明显的业务收益,不仅提升了风险排查及逾期预测的准确率,同时也减少了风险管理及临期管理的工作量。

【本章小结】

智慧监管是金融监管部门在关键核心技术自主可控及网络安全风险有效防御的前提下,运用信息技术和数据驱动监管方式变革,通过积极应用人工智能、区块链、云计算、大数据等科技实现的金融监管数字化转型,其融合各方数据,挖掘数据价值,实现全方位态势感知、多维度分析评估和实时化预警处置。智慧监管是解决当前银行业、保险业监管资源严重不足,推动金融监管高质量发展的重要抓手。发展智慧监管需要革新理念、完善制度、再造组织和涵养生态,需要政府机关、科技部门、监管机构、金融和实体企业数据共享、协同监测、联动处置,需要将传统金融监管的“金融机构+监管部门”二元模式升级为智慧监管生态,实现跨区域、跨行业、跨市场的实时精准监管。

【思维拓展】

广东银保监局监管数字化转型创新实践

广东是我国改革开放的排头兵、先行地、实验区，是《粤港澳大湾区发展规划纲要》落地实施的核心区，金融主体多元、市场交易活跃、创新要素集聚、产业体系完备、人才资本雄厚，有能力、有条件在探索监管科技应用、促进监管数字化转型、以智慧监管引领金融高质量发展等方面贡献更多先行先试经验。近年来，广东银保监局坚决贯彻执行党中央、国务院的决策部署和银保监会的总体工作安排，围绕建设国际金融枢纽这一总体定位，提高政治站位，深化改革创新，加强多方联动，大力支持银行业、保险业运用前沿技术促进行业创新，积极研究智慧监管实践图谱，稳步推进数字化转型项目落地应用，以科技赋能为建设粤港澳大湾区提供金融支持。

广东银保监局通过加强系统建设、提升监管信息化水平、加速内部管理运行、提高监管资源配置效率和监管能力，推进金融监管供给侧结构性改革，使金融监管放得更活、管得更准、服务更优，让金融监管成为金融高质量发展的强大助推器。

【自测题】

温州市金融办通过平台提示，于 2018 年 7 月发现辖内一家名为“众人通融资信息服务有限公司”的企业存在极高涉众风险。系统提示“风险大脑对该公司进行风险分析，发现如下风险点：该企业近 2 年负面舆情 52 起，延期兑付，没有保险机构对平台产品进行担保，抗风险能力弱；收益率达到 20%，风险较大；从互联网上收集的对该平台的评价低；企业未上市，未加入任何金融监管协会，变更过经营范围，该公司存在疑似非法集资的风险，需重点关注该企业”。监管人员通过排摸发现，该企业确实存在较大风险，通过线下信息传递机制将相关信息传递至公安部门，公安部门于 2018 年的 12 月对其予以立案侦查。

试从财务分析的角度阐述该公司的问题所在，以及温州“金融大脑”信用评价系统应用的先进之处。

第 6 篇　智慧金融案例

最近几年来，人工智能、云计算、区块链等技术的发展日新月异，金融场景成为其最好的落脚点之一，智慧金融模式的出现是金融发展的必然趋向，也为金融业打开了一扇新的大门，崭新的服务模式的出现和业界生态圈的建立推进了金融发展的改革，划时代的技术创新萌发出的智慧生态也不断为传统金融业务注入新的发展活力，智慧金融的发展趋向已经不可逆转。在此大环境背景下，涌现出一批又一批的智慧金融创业企业，其中百度、阿里巴巴、腾讯和京东并称四大互联网巨头，其旗下的智慧金融服务在国内处于当先地位，不单带来了新的服务模式，也带来了新兴技术赋能金融获取盈余的新方式。

在国内，蚂蚁金服等企业已成功将人工智能等技术运用于互联网小贷、保险、征信、资产配置、客户服务等领域；智融金服利用人工智慧风控系统已经实现月均 120 万笔以上的放款，常规机器审核速度用时仅 8 秒；招商银行的可视化柜台、交通银行推出的人工智能机器人“娇娇”等则在智慧客服领域做出了早期的尝试和探索。

第 18 章　日照银行枣庄路支行

【思维导图】

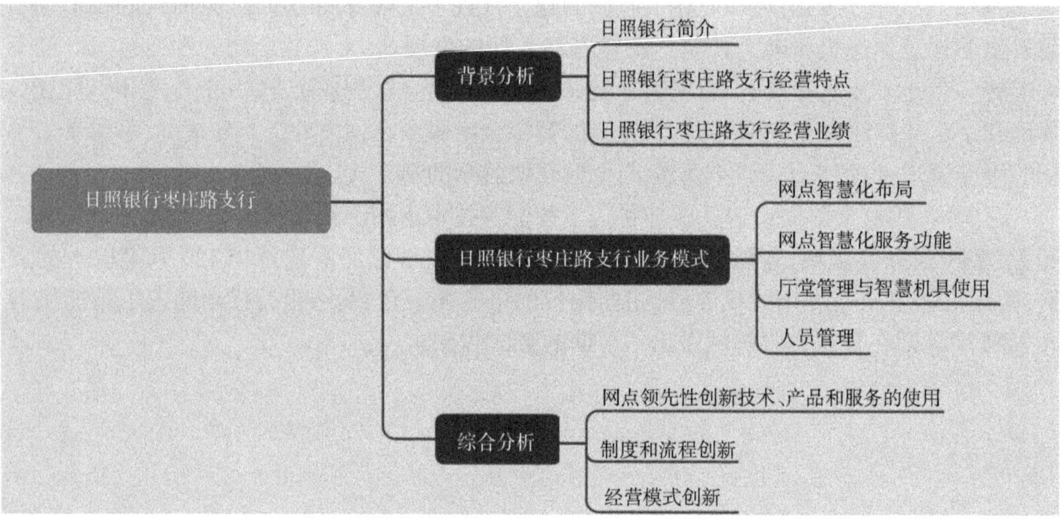

【导入案例】

虚拟门迎

虚拟门迎可设置于银行网点入口，采用红外线体感识别方式，当客户来到屏幕前，感应器感应到人体便会启动虚拟迎宾系统，三维仿真迎宾员或者其他虚拟动画人物会出现于透明介质上，为来客进行各方面的信息的讲解。

【思政目标】

通过对日照银行枣庄路支行的特色宣传展示——历史时间墙的介绍，引导学生体味商业银行的社会责任，号召学生开展公益活动，参与多种慈善活动，培养其爱心和社会责任感。

【思政案例】

历史时间墙（轴）

历史时间墙（图 18-1）能够形象地、多方位地展示银行的历史、发展历程等以时间为线索的信息，通过手指或鼠标点击、移动、拉伸时间轴或者时间文件夹，即可轻松浏览各个时间点上的事件。展示的资料信息可以是文字、图片、视频，具体内容可在外部设置。时间跨度有世纪、年代、年、月至日，通过时间轴的伸缩变化，时间跨度可自由切换。

图 18-1　历史时间墙（轴）

18.1　背景分析

18.1.1　日照银行简介

日照银行成立于 2000 年 12 月 28 日，前身为日照市商业银行，2009 年更名为日照银行，全力打造“本土最好的银行”“离百姓最近的银行”“区域精品银行”。做“离百姓最近的银行”，必须重新思考网点转型和功能定位。

18.1.2　日照银行枣庄路支行经营特点

做“离百姓最近的银行”，就要围绕便民、亲民、惠民做文章，不断下沉服务模式，提供体验良好的服务场景、高附加值的服务、更专业的服务。日照银行智慧银行旗舰店——枣庄路支行，顺应金融科技浪潮和普惠金融服务发展趋势，秉承智慧化、生态化的建设思路，将“阳光品质、真情相伴”的服务理念与移动互联、人工智能、大数据、VR、数字多媒体等多项金融科技创新技术深度融合，围绕“智慧服务、灵敏感知、实时响应、智慧洞察、深度协同、体验创新”六大方向开展了突破性创新实践，全力打造最佳客户服务体验银行。

18.1.3　日照银行枣庄路支行经营业绩

业绩是衡量银行网点转型的最好指标。枣庄路支行智慧化转型后，有以下变化。

（1）提升了重点产品的营销能力。枣庄路支行借助大数据客户画像，筛选重点产品的目标客户，采取有针对性的精准营销策略，营销成功率达到 15%以上。

（2）提高了 VIP 客户的保有率和增长率。截至 2018 年底，枣庄路支行 VIP 客户（资产

20万元以上)总数为1 094人,较2017年增长21.7%。

(3)提高了智慧机具的业务分流率。截至2018年底,智慧机具业务分流率达到73%,且在逐月攀升。

(4)提高了人均利润贡献率。截至2018年底,枣庄路支行人均利润贡献度为273万元。

(5)提高了年度经营指标完成率。截至2018年底,枣庄路支行账面存款为8.82亿元,储蓄存款为5.46亿元,各项贷款为3.96亿元,年度经营指标完成率达113%。

18.2 日照银行枣庄路支行业务模式

银行物理网点智慧化升级、提供智慧化服务、持续推动智慧化建设,已成为商业银行转型和创新的重要发展方向。通常的做法是,商业银行通过在网点定位、业态、功能和流程等方面的全面转型,智慧化布局网点,使用智慧机具,实现厅堂管理智慧化,提高网点综合竞争力,提升客户体验,增强客户黏性。遵循这个思路,枣庄路支行物理网点的传统功能和交易弱化,从“等客来”到运用数字技术主动“获客、活客、留客”,释放网点人力,将更多的操作人员转化为营销力量。

18.2.1 网点智慧化布局

传统银行营业网点面积较大、人员多、运营成本高,功能区隔简单,为了安全起见,早前的银行柜台都是齐胸高的,还会用坚实的玻璃将营业员和客户分隔开来。枣庄路支行按照客户进门后的视觉顺序、办理业务的行进线路和安保的需要,布局网点,为客户提供快捷、安全和方便的业务办理服务。

(1)功能分区。枣庄路支行设置了12个功能分区,分别为:智慧引导区、便民服务区、智慧服务区、互动体验区、现金服务区、综合低柜区(办理非现金、理财等业务)、智慧等候区、电子银行体验区、贵宾服务区、24小时自助银行服务区、公众教育区(消费者权益保护区)、办公区。

(2)分区布局。枣庄路支行分区布局合理并遵循以下原则:客户体验温馨舒适;客户动线科学合理;客户服务方便快捷;分区标识明显易懂。

(3)智慧设备配置。枣庄路支行配置了1台智慧排队机、1台智慧导览台、3台智慧柜台、1台电子回单柜、2台存取款一体机、2台网银体验机、1台智慧白板、8台厅堂PAD、4台互动桌面、2面互动体验墙、1台VR设备等智慧设备。

(4)智慧交易区安保措施及私密保护。智慧交易区设置监控摄像头、红外双目摄像头,支持人脸识别、活体检测、动账交易自动抓拍客户影像。智慧设备之间设置遮挡板,操作屏幕防窥视,设备前设置一米线。客户进入智慧交易区后,使用智慧设备均处在监控范围内,操作屏幕时出现安全、免责及风险等方面的提示。

18.2.2 网点智慧化服务功能

智慧设备可通过银行卡、存折、身份证、手机银行、人脸等多种方式识别客户身份,联动

CRM 系统，识别价值客户，推送信息到厅堂 PAD，提醒大堂经理和理财经理接待客户、服务客户，引导到店客户优先使用智慧设备办理业务，智慧设备无法受理的，再通过柜台办理。

1. 价值客户服务与营销、沉淀与挖掘

厅堂内设有半封闭理财区及贵宾服务区，大堂经理、理财经理通过厅堂 PAD 展示的客户信息和客户需求，引导不同层次的客户前往相应区域办理业务，有针对性地为客户提供服务并进行产品营销。对于潜在中高端客户，网点提供等同 VIP 客户的待遇，进行一对一专业服务，业务优先办理，积极将其拓展为有效价值客户。通过大数据平台，引入外部数据，构建客户数据画像，充分挖掘客户需求与价值，精准营销。

2. 厅堂客户管理与客户服务体验

通过厅堂 PAD，智慧监控网点即时排队人数、排队队列、排队客户详细信息，统一管控网点不同渠道及设备的服务呼叫需求，有序管理客户。客户服务体验包含进入网点前的智慧客服、业务预处理，进入网点后的智慧识别、智慧引导、智慧分流、智慧业务办理和智慧营销，离开网点后的电话客服跟踪、应用程序线上客户意见收集和客户经理主动维护等，竭力为客户提供优质服务体验。

3. 价值客户的持续服务、即时营销和交叉营销

枣庄路支行配有专职客户经理，为价值客户提供 7×24 小时持续不间断的专业服务。智慧设备自动分析客户数据，智慧匹配客户需求，即时精准推荐银行产品，提高营销成功概率。厅堂 PAD 具备线索创建和转介功能，柜员、大堂经理、理财经理可互相创建关怀线索、营销线索，为价值客户提供交叉服务与营销。

在智慧交易区，智慧柜台、电子回单柜、自动取款机、厅堂 PAD 等可完成占柜面业务量 90%以上业务的智慧办理，贵宾理财区通过理财 PAD 和双录系统，可实现 100%理财业务办理。

18.2.3 厅堂管理与智慧机具使用

厅堂管理运用心理学、行为科学、营销学等理论，研究了网点形象的确立、内部布局的规律，充分考虑客户的生理、心理和行为习惯。

1. 智慧机具嵌入客户交易和贵宾服务区

智慧交易区配置有 3 台智慧柜台和 1 台电子回单柜；在贵宾服务区理财室配置有涵盖“资产配置+非现金业务”的智慧交易 PAD 和理财双录系统。采用智慧化管控平台，统一管理智慧设备和声光电的启动、关停。通过厅堂 PAD，实现排队队列智慧监控、设备状态智慧监控、即时响应服务、全渠道联动营销、个人和网点绩效考核实时展示等精细化管理功能。通过智慧银行渠道协同平台，深度整合全渠道协同能力，实现智慧化厅堂管理的高效执行。

2. 引导客户使用智慧机具完成交易

智慧机具集中放置在厅堂入口处的智慧交易区，能够为客户提供非现金、现金业务一站式智慧服务。设备支持多种介质的客户身份识别，操作界面简洁易懂，业务办理快捷高效。智慧排队机的全渠道排队管理功能能将智慧机具纳入全网点统一排队序列，自动识别并分流客户前往智慧机具办理业务。厅堂内营销宣传屏及电子设备积极宣传智慧机具优点，培育客户使用习惯。通过激励措施和大堂经理的积极引导，95%以上的客户愿意使用智慧机

具完成交易。

3. 挖掘客户深度需求,进行交叉营销

以客户为中心的全流程智慧服务流程,包括线上查询、取号排队及业务预约预处理,厅堂客户智慧识别与引导分流,新客户差异化智慧服务,大众客户智慧设备服务,存量中高端客户智慧服务,潜在中高端客户智慧开发及转介服务,以及电话客服跟踪、线上服务跟进和客户经理跟进维护等。

以客户为中心的全链条智慧营销流程,将机器学习、大数据技术与 CRM 系统结合,深挖客户需求,打造数字驱动的一站式智慧营销管理平台,实现从客户洞察、活动策划、营销策略匹配、活动执行、效果评估的智慧营销闭环流程,帮助支行在合适的渠道、合适的时间为目标客户推荐合适的产品,打造数据驱动型的标靶交叉营销模式。

4. 设置智慧机具办理业务的激励措施

一是挂失免费,5 万元(含)以下转账免费,5 万元以上转账按柜面手续费的 5 折收取手续费;二是客户在智慧机具办理业务后可免费抽奖。通过宣传屏幕和手机银行、微信银行等电子银行渠道,加强智慧机具功能和操作的宣传,培养客户使用智慧机具办理业务的习惯。

5. 构建线上线下一体化高端客户服务体系

理财经理可以为中高端客户提供远程一对一个性化服务,为客户配置专属资产配置方案;主动邀约高端客户来网点参加沙龙活动或体验互动游戏,提供贵宾增值服务。智慧机具为客户提供的资产配置诊断分析覆盖理财、基金、贵金属、保险等产品,覆盖率达 50%以上。

18.2.4 人员管理

网点智慧化服务模式优化了人力结构,大幅降低了网点人力运营成本。网点配置现金柜员及会计主管 4 人,非现金柜员 3 人,大堂经理 4 人,贵宾服务区理财经理 1 人,个金客户经理 2 人,行长 1 人,营销人员占比超过 60%,明确了网点咨询引导、智慧交易和客户等候环节的人员配置和岗位职责。

基于智慧网点新的智慧交易模式和智慧服务营销模式,枣庄路支行重新梳理并设计了工作流程,从网点营业准备到网点营业结束,细化每一项工作任务,使流程科学合理;建立了专项考核机制及晋升规则,客户经理、理财经理、大堂经理需通过专业考核竞聘上岗,每年定期开展服务及营销能力专业培训,充分挖掘员工能力,激发员工积极性;建立了专项考核机制及晋升规则,每年考核外拓人员行为规范和业绩,定期开展外拓能力专业培训。

此外,枣庄路支行还进行了智慧机具使用中的沟通技巧和专业知识培训,制定了网点标准化服务营销管理手册,涵盖智慧机具使用中的沟通技巧。总行定期组织全行员工进行智慧机具专业知识培训,确保服务温馨、专业、合规。

18.3 综合分析

18.3.1 网点领先性创新技术、产品和服务的使用

在智慧服务方面,通过智慧柜台、大额高速现金副柜、存单副柜、电子回单柜、存取一体

机等智慧设备,实现个人业务平均业务办理时长缩减至传统柜面服务的 30%。

在灵敏感知方面,客户手持银行卡、身份证、存折、手机等介质均能实现身份智慧识别。

在实时响应方面,网点员工手持 PAD 移动终端,实时响应客户需求,与客户互动,智慧筛选匹配的金融产品和社交活动,为客户量身打造金融解决方案。

在智慧洞察方面,依托大数据技术,根据客户的习惯偏好和金融服务需求,为其提供个性化服务。

在深度协同方面,客户可以在电子银行查看网点业务信息、预约取号;客户在互动体验设备上选购金融产品或商城商品,在智慧柜台办理业务后,还可通过手机银行联动营销互动,参与抽奖。

在体验创新方面,通过 VR 设备,客户可以身临其境地体验各类国内外 VR 影片;通过社交互动体验,客户可以参与旅游金融、投资理财、商城、社交沙龙等金融服务活动;通过海底世界儿童主题游戏,客户可以在亲子互动游戏过程中掌握科学和金融知识。

18.3.2　制度和流程创新

在制度创新方面,基于新的智慧交易模式和智慧服务营销模式,制定了智慧设备操作流程化管理规范,以及新的大堂经理、理财经理和个人客户经理管理考评制度,重点加强了各岗位员工对智慧银行新模式的理解力和执行力。

在流程创新方面,在合规的前提下,对环节多、耗时长的业务流程进行优化整合,通过一站式多交易串联模式实现了业务流程简约化办理,客户只需要插入一次介质、签一次字,即可办理多项业务。

18.3.3　经营模式创新

借助金融科技新技术的创新应用,枣庄路支行从传统的交易型银行网点转变为集一站式智慧交易、顾问式专业服务、体验式产品营销、价值客户关系维护和 O2O 生态圈于一体的新型服务平台。

【知识窗】

重庆银行推出数字信贷产品

在服务小微企业方面,数字信贷已成重庆银行普惠信贷增长的“主力军”。该行推出的数字信贷产品“好企贷”系列,实现从申请、测算、签约、放款到还款全流程线上作业,从贷款申请到放款最快 24 小时, 3 分钟出具审批结果。经过 6 年迭代,该系列产品逐步扩展到科技创新、乡村振兴、外贸出口等 12 个应用场景,推出 51 款数字信贷产品,截至 2022 年末累计投放贷款超 330 亿元,服务客户近 6 万户。

【重点案例】

二维码上的中国商业变革

便捷的移动支付工具,在短短几年间让人们的支付行为跨过IT时代,商业、金融生态走进了移动互联网时代。这些变化,我们从微信支付官方行业纪录片《二维码上的中国商业变革》中可略见一斑。该纪录片介绍了4名背景、阅历各不相同的人。

人物1:潘艳卿。69岁的阿婆潘艳卿多年来到果园里摘水果上街售卖,收入微薄,而且由于年纪和身体方面的原因,零钱、假钞以及清点问题是困扰她的最大难题。自从她在水果摊的箱子上贴了微信支付的收款二维码后,移动支付对她来说就是整个生意的飞跃,她不需要再背着一个大的零钱包出门,也不用担心收到假钞,微信支付里的"收款小账本"功能,让那些像阿婆一样不懂技术甚至连智能手机也不太会用的小微商户也能用上简便的收银管理系统——收款有语音提示,有收款收入简报、提现免费等功能,每天可以知道自己赚了多少钱,可以灵活调整工作的时间和节奏。

人物2:刘家睿。某连锁饮品店督导,他所辖店铺用上了微信支付的智慧餐饮系统。通过自助点餐,人们可预约点餐、现场点餐免排队,无论人在不在门店里都可以使用,点餐小程序还有"猜你喜欢"功能,该功能根据消费者的消费历史向消费者推荐餐食。

人物3:王牧牧。2016年底,亚马逊的无人商店概念传到中国,几乎同时,微信发布了小程序。看到契机的王牧牧离开了媒体行业开始创业,利用微信支付和小程序开发出一套无人便利店的解决方案EasyGo——用户扫码进门、选取商品,到支付离店,都不需要有人值守。过去,开一家便利店至少需要二三十万元,而且还有六七个员工的人力成本。现在,无人零售店只要过去1/4的成本。

人物4:李剑。他是PP停车创始人,通过使用微信"无感支付"功能重新调配社会资源,他设计出了一个更高效的停车场模式——用摄像头拍摄并且识别车牌,开通免密支付之后,车主出入停车场不需要长时间停下来。停车难问题的背后,其实是交通运转效率低、人们出行需求增长比较快等问题。

对于上述4名背景、阅历各不相同的人,移动支付切实改变了他们的生活。尽管这是微信支付拍摄的商业纪录片,但它大致回答了这样一个问题:要做引领时代走向的科技,引发真正的互联网变革,到底需要我们为他人和社会提供什么价值,扮演怎样的角色?

【本章小结】

智慧银行的支撑平台是智慧门户。其主要特征是社会化、智慧化和多样化,目标是增强银行的核心竞争力,促进信息科技与业务发展的深度融合,推动业务创新、产品创新、服务创新、流程创新、管理创新,增强可持续发展能力,为社会公众提供丰富、安全和便捷的多样化金融服务。

【思维拓展】

移动支付在我国出现虽短短几年,但"出门不带钱包"已成为中国领先于全球的生活方式。纪录片《二维码上的中国商业变革》讲述的并非只是 4 个不同背景的人的故事，而是我国各行各业数字化进程的缩影。消费者的体验升级、商业创新和社会资源配置交织在一起，改变了绝大部分移动互联网使用者的生活。

以微信支付为代表的移动支付技术，从一个简单的二维码支付工具，迅速发展成了我国各行业数字化进程中最重要的推动力量。

【自测题】

日照银行枣庄路支行在办理业务的区域的基础上，开辟出了独有的书香区域。两排书架上排满了社科文学类、儿童读物类等 1 600 余册图书，种类丰富，适合各个年龄段的市民阅读，市民有喜欢的图书可以直接在银行内购买，享受八折优惠。书架一侧还安置了休闲舒适的沙发，让市民在银行等待的时间有书可读，真正让阅读成为市民的一种生活方式。

在等待区，顾客优雅的阅读画面俨然成为一道靓丽的风景。顾客王女士感慨地说："因为有了书的陪伴，等待的时候感觉不那么无趣了。"银行工作人员介绍，等待区设置了阅览书架后，放下手机挑一本自己喜欢的书阅读成为很多顾客的共同选择。

请对我国目前的智慧银行的典型特色进行归纳，并提出自己的建议。

第 19 章　陆金所

【思维导图】

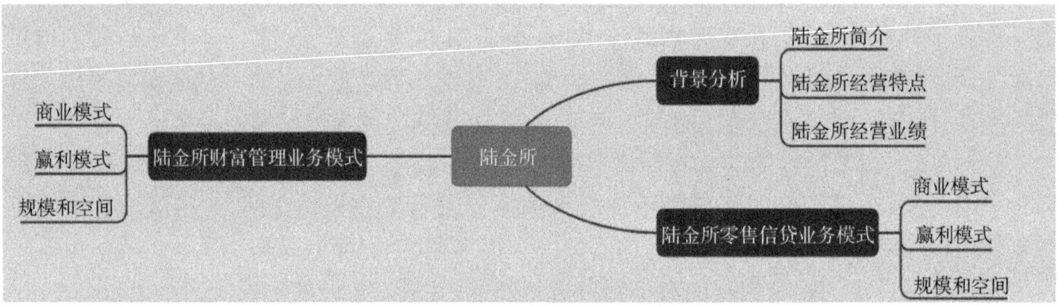

【导入案例】

中国平安的互联网金融

上海陆金所信息科技股份有限公司（以下简称“陆金所”）背靠中国平安（图 19-1），曾经被认为是中国最大的 P2P 公司。经过转型，陆金所逐步褪去 P2P 的标签，转型为以小微企业贷款业务为主、兼具财富管理业务的信息平台。

图 19-1　中国平安业务架构

【思政目标】

通过以案释法的方式，更直观地展示洗钱犯罪的主要表现形式、危害及法律后果等，引导学生提升防范意识，强化自我保护能力。

【思政案例】

洗钱犯罪的本质

2021 年 3 月 19 日，最高人民检察院联合中国人民银行发布了惩治洗钱犯罪的 6 个典型案例，雷某、李某洗钱案位列其中。因一起集资诈骗案的近亿元赃款去向不明，办案人员顺藤摸瓜发现了“案中案”，雷某、李某洗钱的犯罪行为才被发现。

经审理，浙江省杭州市拱墅区法院做出判决，认定雷某、李某犯洗钱罪，判处雷某有期徒刑 3 年 6 个月，并处罚金 360 万元，没收违法所得；判处李某有期徒刑 3 年，并处罚金 170 万元，没收违法所得。

洗钱犯罪的本质是破坏国家金融管理秩序，为非法资金披上合法外衣，逃避法律的追究与制裁。由于洗钱犯罪的社会危害性极大，司法理应对其重点打击。2021 年 3 月 1 日起，《中华人民共和国刑法修正案（十一）》正式实施，新增“自洗钱”行为构成洗钱罪的规定。为贯彻新规定，最高人民检察院会同最高人民法院研究修改洗钱罪，掩饰、隐瞒犯罪所得、犯罪所得收益罪的司法解释，对长期存在的法律适用难点和争议点予以明确，对不适应执法司法实际情况的部分规定进行调整。

2021 年 3 月下旬，最高人民检察院联合中国人民银行发布了惩治洗钱犯罪的 6 个典型案例，雷某、李某洗钱案为其中之一。该案件不仅在事实认定、法律适用上对司法办案工作具有重要指导作用，而且对金融行业的健康发展有一定教育警示意义。金融机构是预防洗钱犯罪的“第一道防线”，如果履职不到位，就会给犯罪分子提供可乘之机。只有将行政监管和刑事处罚结合在一起，充分发挥金融机构、行政监管和刑事司法反洗钱工作合力，共同落实反洗钱义务和责任，才能更好地惩治洗钱犯罪和促进金融业发展。

19.1　背景分析

19.1.1　陆金所简介

陆金所在 2011 年 9 月于上海注册成立，是一个非标准交易平台。陆金所的业务范围包括金融创新产品的咨询、开发、设计、交易等；金融类应用软件开发、电子商务；金融市场调研及数据分析。其旗下有两个交易平台——专门针对个人投资者的网络投融资平台 Lufax（即 P2P 业务）和针对机构、企业和合格投资者的金融资产交易服务平台 Lfex。其中，Lufax 于 2012 年 3 月正式上线运营，作为中国平安倾力打造的网络投融资平台，结合全球金融发展与互联网技术创新，在健全的风险管控体系基础上，为中小企业及个人客户提供专业、可信赖的投融资服务，实现财富增值；而 Lfex 致力于通过优质服务及不断的交易品种与交易组织模式创新，提升交易效率，优化金融资产配置，为广大机构、企业和合格投资者等提供专业、高效、安全的综合性金融资产交易相关服务及投融资顾问服务。

19.1.2 陆金所经营特点

（1）陆金所的信贷、理财两大业务采用中心辐射型（hub & spoke）的商业模式，线上线下相结合，获取并运营自有客户；平台化运作，对接金融机构的资金和理财产品。

（2）陆金所的商业模式形成于中国平安禀赋及历史发展积淀，其更偏向于传统金融机构，同时数字化程度更高。平安普惠 15 年线下展业经验奠定了 O2O 的借贷模式。陆金所理财业务早期以提供 B2C 和 P2P 产品为主，积累中产、偏好固收类产品的客群。区别于互联网头部平台的流量变现打法（场景获客、支付引流、数据和流量变现），陆金所直接获取有借贷或理财需求的客户，向他们提供定制化产品及服务。

（3）目标客群和产品定位上的差异化竞争，使其专注于利基市场。借贷业务客群主要为小微企业主，对细分客群议价权更强，业务利润率更高（年度百分比利率（APR）和助贷费率均高于头部互联网公司的消费金融产品）。

19.1.3 陆金所经营业绩

1. 营收净利双高增

2021 年，全年总营收同比增长 18.8%，达 618.35 亿元人民币，全年净利润达 167.09 亿元，同比增长 36.1%，经调整全年净利润同比增长 29.1%，超业绩指引与市场预期。

随着国内经济持续稳步恢复，在经济高质量发展主线下，企业经营性融资需求旺盛。陆金所聚焦小微群体融资需求，助力其更好地融入新发展格局。零售信贷业务方面，陆金所 2021 年四季度新增贷款同比增长 14.3%，达 1 516 亿元，其中八成流向小微企业主，借款综合费率持续下降。财富管理客户资产规模、注册用户数、活跃投资者数均实现稳健增长，截至 2021 年 12 月 31 日，客户资产规模达 4 327 亿元，注册用户数同比增长 11.7%，达 5 160 万人。

2. 业务模式成功转型

依托独特的线上线下融合的业务模式，陆金所零售信贷业务积极运用科技手段主动压降综合借款成本，加大对小微企业的扶持力度，优化小微企业服务有效性——2021 年四季度约 80%新增贷款流向小微企业，较 2020 年同期的小微企业覆盖比例提升 5 个百分点。

零售信贷业务整体规模稳健增长。截至 2021 年 12 月 31 日，累计借款人数同比增长 16.4%，近 1 680 万人；管理贷款余额达 6 610 亿元，同比增长 21.3%；四季度单季新增贷款 1 516 亿元，同比增长 14.3%。

3. 积极开展开源节流

与此同时，陆金所持续积极降低融资成本，综合利率按 2021 年平均管理贷款余额口径同比降低 3 个百分点；为实现更加可持续的风险分担模式，陆金所主动提升自担保比例，优化业务模式与收入结构，季度新增贷款中由陆金所承担风险的比例达 20.8%，2020 年同期仅为 10.0%。

财富管理业务在提前完成网贷清理之后，业务增长保持稳健。截至 2021 年 12 月 31

日，客户资产规模已达 4 327 亿元，财富管理平台注册用户数同比增长 11.7%，达 5 160 万人，活跃投资者数由 2021 年末的 1 490 万人增长至 1 550 万人。

19.2　陆金所零售信贷业务模式

19.2.1　商业模式

陆金所和平安普惠均隶属于中国平安保险（集团）股份有限公司。平安普惠主要致力于满足小微企业和个人的消费金融需求，而陆金所属于互联网 P2P 理财平台。陆金所以平安普惠为品牌，采用资产端闭环+资金端平台的助贷模式。平安普惠成立时间早于陆金所，在线下积累了 15 年的小贷业务经验，对线下借贷市场需求和目标客群画像有深刻的理解。平安普惠选择小微企业主作为目标客户，一方面是因为该目标群体数量庞大、融资需求旺盛，利润空间大；另一方面，平安普惠相比传统金融机构和互联网平台在这一借贷细分市场具备能力和经验上的相对优势。

资产端采用轻资产模式，以第三方放款为主，自担风险比例低。资金端来源丰富，授信充足。2018 年以来，放贷资金主要来自外部，自有小贷公司和消费金融公司的出资比例极低，2018 年、2019 年和 2020 年分别为 3.2%、0.2%和 0.7%。平安普惠的资金来源广泛，包括 49 家银行和 5 家信托公司，单一机构出资比例均超过 10%，银行和信托公司的授信使用率分别为 49%和 31%，资金供给充足。消费金融公司于 2020 年上半年正式开业，随着借贷业务监管政策的变化，预计自营业务的比例或有所提升。通过与第三方增信机构合作分散风险，公司自留极少部分的风险敞口。根据招股书披露的数据，2018 年、2019 年和 2020 年，公司自担风险比例分别为 5.3%、2.2%和 2.8%。资金方分担的风险比例分别为 0.6%、2.2%和 3%，大部分风险敞口由信用保险和融资担保承担。公司与 4 家保险公司和 2 家担保公司合作。这些第三方增信机构受监管部门监管，偿付能力需要满足监管的要求。

总体来说，其商业模式有以下特点。

（1）客群以小微企业主为主（2020 年在新增贷款中占比达 69%），工薪阶层为辅，客户画像为与银行客户重叠度高，而融资需求未得到充分满足（平均 39 岁，高于互联网金融平台客户平均年龄，92%有信用卡，57%无其他银行贷款，57%有房产）。

（2）资金端采用以第三方放款为主的轻资产模式（自有出资不到 1%，银行与信托公司出资比例约为 6：4），自担风险比例低，同时加强外部增信（截至 2020 年，94.2%风险敞口由第三方增信机构承担，其中平安财险承担 91.2%）。

（3）产品为高额度（抵押贷户均为 40 万元以上，信用贷约为 15 万元）、长久期（1~2 年）的产品，定位与互联网平台产品形成差异，借款利率（APR 口径 2020 年信用贷为 28.6%，抵押贷为 17.4%）高于蚂蚁金服等平台。

（4）风控为全流程业务闭环风控，逾期率指标与蚂蚁金服接近。科技方面，提升运营能力及风控能力。

19.2.2 赢利模式

助贷服务费为主要收入来源(2020年占比超80%),其余为利息收入、担保费用等。助贷费率高(综合收费率约10%)。成本主要包括营销及市场费用和减值损失。

19.2.3 规模和空间

陆金所提供的资产管理产品种类繁多,覆盖货币基金、定期理财、股权投资等多个领域。这些产品根据不同的风险偏好和投资期限,满足不同群体的理财需求。随着用户对金融产品的认知度的提高和理财观念的转变,陆金所的资产管理规模不断扩大。

陆金所的资产管理规模还受到市场环境和监管政策的影响。在金融市场波动较大的时期,投资者更倾向于选择相对稳健的资产管理产品。而在监管政策趋严的情况下,投资者对金融机构的信任度会有所下降,从而影响资产管理规模的增长。因此,陆金所需要密切关注市场环境和监管政策,及时调整资产管理产品的结构和策略,以保持资产管理规模的持续增长。

陆金所还通过技术创新和合作扩大资产管理规模。作为互联网金融平台,陆金所借助大数据、人工智能等技术手段,提高资产管理的效率和风控能力。通过与各类金融机构的合作,陆金所不断拓宽资产管理产品的来源和渠道,吸引更多的资金流入。这些举措有助于提升陆金所的竞争力,使其进一步扩大资产管理规模。

未来,随着中国金融市场的不断发展和互联网金融的普及,预计陆金所的资产管理规模将继续保持增长。首先,中国经济的持续增长和居民收入的提高将促进金融需求的增长,进一步推动资产管理规模的扩大。其次,互联网技术的广泛应用将降低金融服务的成本和门槛,吸引更多投资者参与资产管理。最后,监管政策的逐步放宽将为互联网金融平台提供更多发展空间,有利于资产管理规模的扩大。

陆金所作为中国领先的互联网金融平台,其资产管理规模具有良好的发展势头。通过不断创新和拓展,陆金所能够满足不同投资者的需求,提高资产管理的效率和风控能力,进一步扩大资产管理规模,实现更大的增长。

19.3 陆金所财富管理业务模式

19.3.1 商业模式

一站式数字化财富管理平台,以陆金所为品牌,通过数字化、定制化的理财服务(底层构建数字化营销及运营系统LuFlex,前台是功能强大的数字化理财平台Lufax),提升用户转化率和留存率。

(1)获客:渠道包括平安生态、线上直销和会员推荐,三种渠道用户数接近,平安生态客户户均资产更高。

(2)客群:中端客户(中产阶层及大众富裕客户,户均投资约3万元,高于蚂蚁金服、腾讯等平台),投资资产超过30万元的用户贡献3/4的规模占比。

（3）产品：固收类产品配置比例高，新产品增长抵消老产品停售空缺（于 2017 年、2019 年分别停售 B2C、P2P 产品）。

19.3.2　赢利模式

盈利来源主要为代销佣金及技术服务收入。产品调整导致利润率有所下降，2020 年老产品的费率为 0.75%，新产品的为 0.382%，新产品中费率最高的为私募基金，达到 0.883%。

19.3.3　规模和空间

中端市场增长潜力大，陆金所活跃用户数量保持增长，新产品增长（近两年增速 45.7% 和 33.5%）部分抵消了老产品的停售影响；同时，陆金所积极拓展海外业务。

【知识窗】

差异化的市场定位

陆金所有零售信贷业务和财富管理业务两大业务板块，采用中心辐射型的商业模式以及线上线下相结合的平台化运作方式，获取并服务自有客户，对接金融机构的资金和理财产品。

整体业务模式更偏向于传统金融机构，但数字化程度更高。区别于互联网头部平台以场景切入，以支付业务为基础，通过数据和流量变现的商业模式，陆金所本质上更偏向于采用传统金融机构的业务模式，直接获取有借贷或理财需求的客户，然后为客户提供定制化的产品或服务。陆金所在数字化程度上领先于传统金融机构，采用线上化、移动端的运营模式，以数据驱动业务迭代，提供比传统金融机构更好的用户体验，在成本效率和定制化程度上领先。

【重点案例】

京东利用大数据技术生成用户画像，提升用户体验

京东利用大数据技术生成用户画像，并提供统一的数据服务接口，供网站其他功能调用，提高与用户之间的沟通效率，提升用户体验。比如，将用户画像提供给“推荐搜索”调用，针对不同用户属性特征、性格特点或行为习惯，在用户搜索商品时展示符合该用户特点和偏好的商品，给用户以友好舒适的购买体验，有效提升了用户的购买转化率，提高了用户忠诚度和用户黏性。正是基于这种用户画像技术，每个人在打开京东 App 时，首页推荐的商品都不尽相同：男大学生的推荐商品首页通常有时尚球鞋、数字产品、游戏装备等，而女大学生的推荐商品首页通常是服装、化妆品等。再如，将数据接口提供给网站智能机器人 JIMI，其可以基于用户画像，为用户量身定制咨询应答策略，如快速理解用户意图，有针对性地进行商品评测、商品推荐及个性化关怀等，提升了智能客服 JIMI 的智能水平和服务质量，赢得用户好评。

【本章小结】

陆金所战略转型的背后，是金融业尤其是小微普惠金融整体环境的变化。在由“高速增长”到“高质量增长”的时代要求下，为小微金融提供服务的金融机构与小微赋能机构均主动开启了由“量”到“质”的转变。

【思维拓展】

大数据技术可以帮助电商更准确、更全面地了解消费者对商品颜色、款式和功能等的偏好，了解消费者的购买习惯，并能知道什么价位的产品更容易被接受，从而更有效地向消费者推荐适合的商品，提升购买转化率。大数据技术离我们的生活并不远，我们身边的超市、银行、网购平台，都在运用大数据技术，改进服务质量，提高服务品质和效率。

【自测题】

北京时间2021年11月10日，陆金所（NYSE：LU）公布其2021年第三季度财务报告。报告期内，陆金所营业总收入同比增长21.8%。截至2021年9月30日，陆金所前三季度累计实现净利润138亿元，同比增长28%。值得注意的是，截至报告期末，其网贷产品历史存量已彻底清零。这标志着P2P存量资产曾达1 600亿元规模的陆金所实现了P2P业务的平稳退出，成为P2P行业完成良退的典型案例。

“陆金所历史网贷业务已完全清零，客户资产实现平稳退出，业务合规性进一步增强。”陆金所相关负责人表示。

请分析在保持客户与收益稳步增长的同时，陆金所为何能实现平稳良退。

第7篇　智慧金融发展的影响与趋势

智慧金融的发展前景充满了希望和机遇。智慧金融将成为金融业的主要驱动力之一。随着人工智能、大数据、区块链等技术的应用,金融服务将变得更加智慧化、个性化和高效化,提升用户体验,满足用户多样化的需求。

智慧金融将推动金融业务的创新和变革。智慧风控、智慧投顾、智慧保险等新兴业务,将为金融机构带来更多的收入。同时,智慧金融也将推动金融机构转型升级,提高金融机构的竞争力和赢利能力。

此外,智慧金融将促进金融与科技的深度融合。金融科技公司将成为金融业的重要参与者,通过技术创新和业务模式创新,推动金融业的发展和变革。同时,金融机构也将积极与科技公司合作,共同开发智慧金融产品和服务,实现互利共赢。

智慧金融具有巨大的发展潜力和广阔的市场空间。未来几年,智慧金融将保持高速发展,随着人工智能、大数据、区块链等技术的不断发展和应用,将为金融业带来更多的创新和变革。

第 20 章　智慧金融对行业发展的影响

【思维导图】

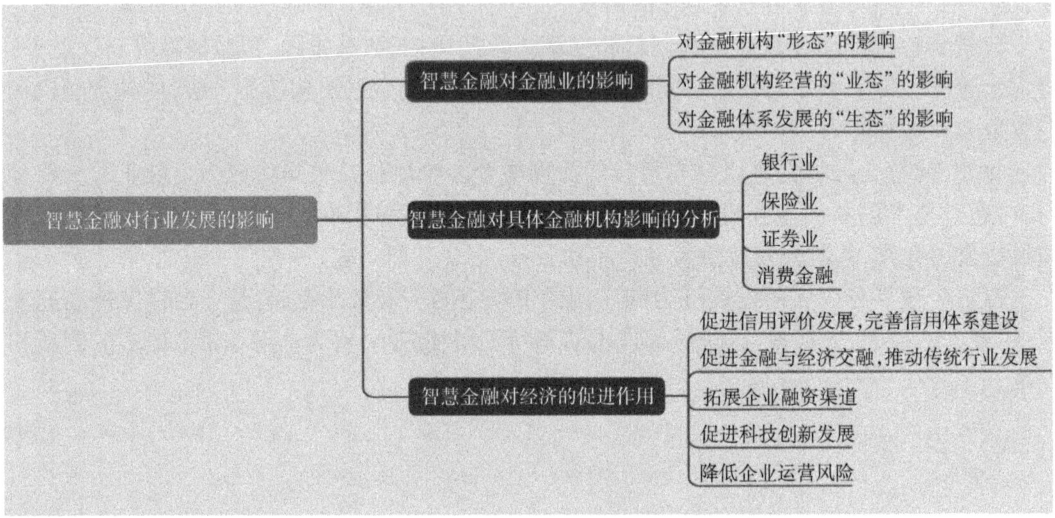

【导入案例】

金融大数据服务需求

2022 年 7 月，在位于海口西海岸的海南国际会展中心，备受瞩目的第二届中国国际消费品博览会正在进行中。在这里，新品发布、采购对接、行业推介如火如荼。

在交通银行精心打造的金融展馆（图 20-1），各类智能“黑科技”吸引了众多目光。动动手指就能了解交通银行支持全国小微企业的实时数据、壮观逼真的裸眼 3D 大屏、数字人“姣姣”、可以用数字人民币支付的咖啡机器人……交通银行展馆一系列科技感、现代感十足的成果令人目不暇接。除了科技和数字化，交通银行还展示了消费金融、普惠金融、乡村振兴等方面的一系列支持实体经济、服务自贸港建设的举措和成果。而盛况背后，我们看到的是交通银行的智慧金融服务正“飞入寻常百姓家”。

图 20-1　第二届中国国际消费品博览会上的交通银行金融展馆

【思政目标】

通过向学生系统讲授智慧金融的发展及传统金融机构尤其是商业银行在互联网、大数据、人工智能等科技的影响下的创新发展，培养学生的智慧思维，使其掌握现代金融及金融科技知识，培养其创新精神及风险意识。

【思政案例】

智慧金融的有序发展

2020 年以来，中国人民银行出台了《关于发布金融行业标准做好个人金融信息保护技术管理工作的通知》《关于开展金融科技应用风险专项摸排工作的通知》，发布了《金融科技发展指标》（JR/T 0201—2020）；银保监会发布了《商业银行互联网贷款管理暂行办法》《互联网保险业务监管办法》；证监会发布了《证券公司租用第三方网络平台开展证券业务活动管理规定（试行）》征求意见稿。这些政策的出台为金融云的建设提供了明确和具体的指引。2020 年 10 月，中国人民银行发布了《云计算技术金融应用规范 技术架构》（JR/T 0166—2020）、《云计算技术金融应用规范 安全技术要求》（JR/T 0167—2020）、《云计算技术金融应用规范容灾》（JR/T 0168—2020）等三项金融行业标准，结合金融云的运行机制与风险特性，从基本能力、网络安全、数据保护、运行环境安全、业务连续性保障等方面提出了有针对性的技术要求。

未来，随着智慧金融的持续发展，我国监管机构将持续完善监管体系和监管基础设施，并加强行业自律管理，以政策化和市场化的方式促进行业健康有序发展。

20.1 智慧金融对金融业的影响

20.1.1 对金融机构"形态"的影响

科技可以改变金融,但它不能替代金融,金融的本质是不会变的。因此,科技并不能够改变金融机构的属性,但科技的渗透使金融机构的存在形态发生了很大的改变。具体表现在以下几个方面。

1. 金融机构加大科技资源配置比重

加大科技资源配置比重的表现,首先是科技存在于各类金融机构业务的各个环节,这涉及银行的存贷业务、保险机构的承保与投资业务、证券机构的买卖方业务以及公私募基金的投资业务等;其次是科技人才特别是懂金融的科技人才,在金融机构员工中的比重在增加,甚至金融科技人才已供不应求,存在很大缺口;最后是金融机构在科技方面的资金投入在大幅上升,并已经成为金融机构成本中占比很大的一部分。

2. 重视科技资源管理及应用

对于金融机构而言,不管其具体是哪个行业的,都会面临这样一个挑战:一方面要增加科技资源的投入,另一方面则需要考虑投入方向和投入效果。因为金融科技竞争力高低不仅仅取决于科技资源能否应用,更重要的是要看应用的方向是否符合市场趋势,以及应用的效果是否可观,这也是当前金融机构管理层面对的共同问题。因此,更好地对科技资源进行管理和应用,或将是未来金融机构在激烈的竞争中胜出的关键,而这也是金融机构存在形态发生很大改变的另一个表现。

3. 金融行业内合作与竞争日趋常态化

科技使得金融机构间的合作与竞争变得更加频繁,金融科技公司既通过互联网金融相关业务与传统金融机构在消费金融、保险等领域展开竞争,又通过科技为银行、保险、证券等传统金融机构提供技术和智慧解决方案;而传统金融机构也通过参股或成立金融科技公司,在服务自身业务的同时,也与其他金融科技公司展开竞争,服务于其他金融机构。以银行业为例,为加快金融科技布局,截至 2020 年 8 月底,共有 12 家银行成立了金融科技子公司,注册资本从几亿元到十几亿元不等。这些金融科技子公司既为银行自身提供服务,又与其他金融科技公司和传统金融机构在科技服务和金融产品创新方面展开竞争。

20.1.2 对金融机构经营的"业态"的影响

业态也就是商业模式,不管是哪一类的金融机构,在融合了金融科技之后,商业模式都会发生很大的改变,而业态即商业模式的改变主要呈现在以下四个层面。

1. 业务模式的改变

过去金融业的业态非常依靠网点,不管是银行业、证券业还是保险业,曾经网点越多就表明实力越强,渗透力越强,竞争力也就越强。但现在移动客户端已经慢慢取代物理网点。移动客户端不仅改变了展业模式,也使业务界面和方式发生了改变。

同时,科技的运用使业务流程也发生了很大改变。以保险业理赔业务为例。在没有科技手段的情况下,客户的身份识别、后续的理赔和清算,都耗时冗长,用户对这些问题的反映特别突出。运用了科技手段之后就发生了很大改变,例如客户身份可迅速被识别,损失精算也更加精准,甚至实现了自动理赔。而在银行方面,过去的信贷模式需要对每一个客户进行各种实地和书面材料的尽调, 在融合了科技后,信贷模式也发生巨大变化。

2. 经营模式的改变

金融机构的经营模式比业务模式更加综合, 包括了产品开发、销售渠道和交易投资方式。金融科技的赋能使金融机构经营模式发生了很大改变。

过去在产品研发方面,由于没有科技的支撑,金融机构无法精准获取客户需求,因此很难满足市场需求。而金融科技可以通过人工智能、大数据等技术手段,更精准地为不同群体及消费者提供多样化的产品。

在交易方式上,如风靡全球的量化交易,依靠就是科技手段在金融领域的应用和创新。在金融科技的助力下,获取数据后进行的分析及建模,为量化交易创造了坚实的基础,而量化交易的崛起则改变了整个行业的经营模式,尤其是交易方式。

3. 管理模式的改变

金融科技促进传统金融机构的管理模式发生变革,其中包括客户管理、风险管理、成本管理等。

以银行客户服务为例,以前银行主要利用物理网点和自动取款机为用户提供服务并对用户进行管理。而近年来随着银行业积极拥抱前沿科技,加快传统网点智慧化改造,减少柜台人员投入,原有的以条线产品为主的管理模式逐步向以客户为中心的管理模式转变,利用大数据、云计算、人工智能和移动客户端、超轻型移动客户端,为客户提供更便利、更全面的服务及管理,进一步增大客户黏度。

4. 发展模式的改变

科技推动了传统金融机构产品及服务的转型升级,在为传统金融机构注入发展新动能的同时,也催生出新兴的金融业态,如各类互联网金融机构、金融科技公司、金融解决方案公司、专业的消费金融公司等,推动金融行业规模不断壮大,且业态更加多样。在金融行业的发展模式中,科技将发挥越来越重要的作用。

20.1.3　对金融体系发展的“生态”的影响

相对于业态而言,生态的范围更广,它不仅涉及金融机构和金融业,还涉及整个金融体系及金融体系赖以发展的环境。智慧金融对金融体系发展的“生态”的影响可以从以下三个角度进行分析,具体如下。

1. 金融消费者

因为数字化手段可以突破物理网点的限制,降低服务的成本,聚合被服务人群,获得关于偿债能力更为全面和丰富的指标,所以智慧金融在补足传统金融服务的短板、破除金融服务的门槛、增加金融服务的受众群体方面有着举足轻重的作用,极大地提高了金融普惠的可能。

智慧金融所期望的增强消费带动经济的基础性作用确实显著,其本质在于利用数字技术这一润滑剂,帮助市场顺畅运转,发挥资源配置功能,发现个人需求信息,从而释放被压抑的增长动力。智慧金融亦带来经济增长,继而增加金融消费者收入,因此即便从收入增加的角度来看,智慧金融也有利于增加金融消费者消费的资本,与此同时智慧金融平滑消费的功能增强了金融消费者抵御未来未知风险的能力,也有利于增强金融消费者进行当期消费的信心,但与此同时,也需提升金融消费者金融知识水平,避免其落入家庭杠杆率过高的陷阱。

2,金融业的法规

科技的发展必然带来金融业法规的调整,因为金融体系是在一定法规框架内发展的。但由于科技给金融机构的形态和金融业的业态都带来了诸多变化,使得现有金融法规不能够完全覆盖整个形态和业态变动的需求。随着金融科技的逐步渗透,金融法规必须要做出相应调整。

实际上,法律法规在整个金融体系发展的生态系统里具有支撑作用,若法规不能做出及时调整,便不能鼓励更多由金融科技驱动的金融创新。目前,国内相关监管部门正不断完善智慧金融法规,以便更好地支撑金融科技行业生态健康、稳定的发展。

3. 金融监管

监管是金融生态里的关键性因素,起着关键的作用。金融监管与金融科技必须形成互动。随着金融科技的发展,金融监管面临很大的挑战。金融科技的发展带来了金融创新,助力金融机构形态和金融业态的变化,但与此同时也会带来新的潜在风险。

行业业态发生变化之后,风险的形式、表现方式和传递模式,都跟过去不一样。同时,由于金融科技对金融业的渗透,信息安全的问题也很突出,这包括虚假信息、个人隐私等问题,这样一系列的安全问题对金融监管提出了挑战。

在风险面前,金融监管的发展有两个方向:一是阻断某类金融创新发展,但这明显不利于行业发展;二是全部放开,让金融科技快速渗透到金融机构,但风险极高,显然也不符合金融监管的审慎原则。

因此,在金融监管模式上,这几年非常流行的一个说法叫作"监管沙盒"。"监管沙盒"指金融监管部门为了促进地区金融创新和金融科技的发展,让部分取得许可的金融机构或初创科技型企业,在一定时间和有限范围内测试新金融产品、新金融模式或新业务流程,并在这一过程中对测试项目降低准入门槛并放宽监管限制。"监管沙盒"是介于风险和创新之间的一条监管路径,既不会切断金融科技驱动的金融创新之路,又不会完全放开对金融科技的监管。目前,国内也在针对"监管沙盒"做试点,这将有利于金融体系发展形成更好的生态。

20.2 智慧金融对具体金融机构影响的分析

20.2.1 银行业

银行智慧化运营通过5G、大数据、人工智能、物联网、VR/AR、音视频等技术的相互促进和协同融合,深化银行产品与服务模式创新,给银行前中后台带来新变化和新可能。

1. 银行前台:客户体验从平面到立体,服务更加多元

互联网技术打破了空间距离给银行客户服务带来的限制,为视频通信由现实到虚拟现

实、声音画面由高清到全息带来可能。在 5G 网络环境下,大数据、人工智能、VR/AR、多媒体等技术在银行网点前台得以灵活运用,助力前台部门在客户营销、融合服务创新等方面取得良好成效,如移动银行、8K 直播、VLOG 式全方位细致客户识别、远程视频专家服务等。

2. 银行中台:数据驱动精准决策,防控能力全面提升

基于前台多种场景的数据沉淀,后台智慧系统对多维度数据进行计算和分析,从而形成较为全面的用户画像,一方面为中台的政策与策略制定、产品研发和对市场环境、客户动向、内部资源的分析研判等提供有力的数据支撑和决策辅助;另一方面做到事前的风险预判和更加精准的风险控制,为前台提供科学的指导。

3. 银行后台:新技术协同融合,集中处理效率提高

通过对实时、海量、多态相互关联的数据进行分析,后台可识别企业或个人的关键属性,追踪其行为特征,掌握企业或个人的实时资产状态,以便开展更加有效的风险监控和全流程监测。这无论是对银行信用评估、风险监控,还是对中台的数据输出与数据支撑都将产生质的飞跃。

20.2.2 保险业

保险业智慧化场景的应用将推动人—物、物—物的互联,极大拓展监测设备的使用范围,实现实时数据的联通,进而为保险公司提供更加丰富、实时和细粒度的社会场景数据和客户行为习惯数据,极大地影响甚至改变保险公司开发新产品、营销、承保、理赔的模式。同时,5G、人工智能、物联网等行业和技术的变革也将催生出新的保险需求,间接改变保险业经营运作模式。

1. 保险前台

产品研发是保险公司的核心竞争力,产品研发能力的高低是衡量一家保险企业是否掌握真实可靠的保险需求、是否拥有足够的风险数据、是否具备定价能力的标准。智慧金融时代,更丰富、实时和细分的社会场景数据将有助于保险公司提升对场景化产品的设计能力。同时,5G、人工智能技术可以赋能保险营销,从而以个性化、公众更易触达的形式开展保险业务。

2. 保险中台

随着科技的发展,监控、传感器等设备的引入,保险承保开始由事前向事中转变,由被动决策向主动干预转变,特别是 5G 技术出现后,海量监控设备的接入、低时延的信息传递机制,让承保技术更加体现保险的风险管理价值。

3. 保险后台

保险查勘理赔环节是保险保障功能的主要体现。保险业智慧化运营模式将为保险公司提供全方位、更实时和更便利的远程查勘理赔能力。理赔模式将最大限度体现物联网采集信息的优势,再结合社交媒体等提供的外部非结构化数据,保险公司可减少空间距离对理赔服务的影响,缩减理赔成本,最终提供更为精准的理赔建议,提高理赔服务的质量。同时,在互联网时代,保险公司借助人工智能等新技术可提高解答客户疑问的效率和对话的精准度,从而获得更高的净推荐值与顾客满意度。

20.2.3 证券业

1. 证券前台

互联网、人工智能技术将给证券业带来新的交互方式，为客户带来全新交互体验，并拓展服务场景，进一步降低客户获取证券服务的门槛，从而促进证券业的发展。大规模机器类型通信（mMTC）将带动物联网产业升级，将消费半导体产业从围绕智慧手机发展生态系统的伴生模式，发展到大规模多样化独立终端的散生模式，从而打造证券业泛终端协同服务新业态。增强移动宽带（eMBB）则会引领视觉商务时代的到来，带动实时直播、远程视频全息开户和业务办理、一对一视频咨询等服务方式快速发展。此外，5G 网络下，超高可靠与低时延通信（URLLC）的技术标准尽管仍不能与专业投资机构利用交易所托管机房直接报单的延迟相媲美，但其与低延迟端到端分片技术的结合，或能以较低的成本来缩短与专业投资机构高投入方案的差距，从而吸引更多长尾客户的加入，改变交易型投资者的现有格局。

2. 证券中台

以 5G 技术为例，5G 技术有利于实现中台业务前置，助力前台业务的开展。5G+实时视频等多种交互方式促使中台业务人员摆脱时空限制，更方便地参与前台业务，从而更有效地支持前台业务的开展。例如，私募基金等私行产品的销售需要购买者亲临营业部，在录音录像的情况下开展交易，以保障销售人员行为适当，但这在一定程度上增加了销售难度。但在 5G 环境下，销售人员可以借助移动设备将实时视频回传到业务中台，实现对销售过程的实时管控。同样，在券商众多类型的尽职调查、资产证券化（ ABS ）等类型的项目中，应用 5G 技术可明显提升项目风险管理的质量。

3. 证券后台

证券业智慧化运营可带来新的工作协同方式，提升企业运作效率，也有利于数据采集，从而支撑券商数字化转型。例如投资银行项目团队有较强的移动远程协助需求，在 5G 技术的支持下，团队可通过 5G+VPDN（虚拟专有拨号网络）、5G+VR、5G+全息影像的方式更高效地开展项目协作，大大节省时间和各类资源成本，为业务赋能增效。5G 与物联网技术相结合，能完成多业务场景下关键数据的采集，有利于建立各业务对象的数字孪生，从而推进各类业务决策的数字化。

20.2.4 消费金融

科技赋能已经成为金融业的共识，科技手段及专利成果广泛落地于消费信贷的各个流程，极大地拓展了消费金融的业务发展空间。基于大数据、计算机视觉、知识图谱、云计算及语音识别等技术，金融科技具体赋能消费金融三大环节。

（1）风控环节，建立智慧风控体系，涵盖贷前、贷中、贷后全流程。智慧风控以大数据和人工智能为核心技术，在大数据应用的基础上，结合算法、机器学习和深度学习模型等 AI 技术的运用，有效提高风险管理效率，降低成本。

（2）营销环节，打造“千人千面”的智慧营销体系。智慧营销是指依托新兴技术，对海量客户数据进行分析利用，从中挖掘营销价值，并构建用户画像，进行用户分层，实现了线上化、自动化、智慧化的精准营销。其流程可以概括为以下五大方面：数据收集与处理、标签生成与补充、客户洞察、精准营销和营销数据反馈。

（3）服务环节，改善用户体验，提高复借率。为改善用户体验，借助金融科技技术，金融企业推出智慧面签系统、智慧交互系统、智慧催收系统及智慧客服系统，从最初产品申请到最后的贷款催收，进行全流程的服务升级，主要体现在申请便捷、操作便捷、催还方式人性化和客服方便易得。

20.3 智慧金融对经济的促进作用

20.3.1 促进信用评价发展，完善信用体系建设

我国在发展市场经济的同时，信用体系建设却相对落后，因此经济领域信用缺失，违约、造假、欺诈现象依然存在。智慧金融的出现，改变了原来银行信用一统天下的格局，多主体共同完成金融服务，信用评价业务由专门的第三方服务公司承担，信用评价更加科学、客观，且分担了银行的风险。社会化网络的发展，推动信息更加丰富、公开、透明，信用评价结果更加可靠。

20.3.2 促进金融与经济交融，推动传统行业发展

在现代市场经济中，金融的作用日益凸显，其已渗透到经济与生活的方方面面，金融与经济相互交融，两者之间的联系也越来越密切。

20.3.3 拓展企业融资渠道

金融机构业务多样化的发展趋势，拓展了中小企业的融资渠道。除了银行贷款，创业投资、股权融资、债务融资、小额贷款、私募基金、融资租赁等融资渠道也广开大门。企业可以选择多层次、多元化的融资渠道。互联网的即时化和透明化，使得金融机构及第三方服务机构更能即时掌握各家企业的真实信息，包括企业的基本情况、信用状况、运营情况和发展前景信息等。金融机构或第三方服务机构能够及时对所获得的信息进行信用评估、预警监测，方便决策和应急处理。

20.3.4 促进科技创新发展

在智慧金融体系下，高科技企业将获得更多的资金支持和金融服务，从而促进技术进步、科技成果的转化和普及应用，大幅度提高社会劳动生产率。智慧金融系统能够综合行业信息，判别资金需求项目的优劣和发展潜力，并引导资金流向最有发展前途、增值潜力最大的项目。智慧金融还可让信息更加透明，使得高科技企业信息能够与金融机构分享，有助于企业评价和控制风险。

20.3.5 降低企业运营风险

首先，智慧金融体系更加开放，信息透明度更高，企业的信用情况、运营情况、客户满意情况等都得以公开，有助于企业受到社会监督，使企业不断向正规化和专业化方向发展。其

次，由于具有专业性和丰富经验，金融机构能够及时发现所服务企业在发展中存在的风险和机遇，为企业发展提供改进建议。再次，在智慧金融生态系统中，不仅金融主体多样化，金融主体提供的金融服务产品也在深度、广度上进一步发展，呈现多样化的趋势。中小企业有机会按照投资偏好，选择投资组合，不仅可以增加收益，还可以降低购买单一产品所带来的风险。投资的多样化，能有效分散承担的风险，减少损失。最后，智慧金融平台还提供了许多风险控制工具，可以根据企业的运营状况和环境变化，随时给出风险评估结果，并在关键时刻发出预警，提醒企业采取应对措施，帮助企业掌控和化解风险。

【知识窗】

交通银行基于华为智能数据湖建设的“湖仓一体的数据中台实践”荣获了《亚洲银行家》2022 年评选的“最佳大数据应用”奖。其助力交通银行在多个领域实现了质的飞跃：在营销场景，基于用户交易交互行为建立用户画像，客户转化率较之前提升 164%；在风控场景，通过实时分析用户行为特征，实时识别欺诈行为，风险案件减少 52%；在运营场景，实现了银行业务实时报表查询和分析，快速支撑业务决策；在客户关系管理场景，建立客户流失预警模型，对流失客户及时跟踪和维护。

交通银行携手华为重构大数据基础平台，不仅提升了海量数据服务的时效性，在营销、风险、监管、运营等多个领域提供数据服务，更实现了数据治理监控集中化、管理流程化、数据资产全景视图化，逐步推进“业务数字化，数据业务化”，加速建设数字化新交行。

【重点案例】

华为智慧金融伙伴出海计划

数字化与绿色化已成为经济社会转型的两大趋势。全球范围内，多个国家与地区正加快数字化转型步伐，推动经济、能源和产业结构转型升级，以实现绿色低碳可持续发展。

金融行业是华为战略投入的价值行业。华为深耕金融场景，通过与国内外金融机构联合创新与战略合作，为行业找技术，为技术找场景，用技术更好地解决行业问题，致力于助力金融行业新的生产力和生产关系构建，筑牢数字化转型基石。

2021 年，华为启动智慧金融伙伴出海计划，携手金融业有能力且有意愿的伙伴，整合双方在赋能金融数字化转型上的经验、技术创新能力，一起构建行业领先的解决方案。

为了更好地推动金融业的智慧化和绿色化转型，2022 年 7 月 20 日—22 日，主题为“全联接、全智能，共建绿色数智金融”的华为全球智慧金融峰会 2022 在新加坡举行。铢积寸累，久久为功。自 2013 年开始，2022 年是大会的第十年。华为希望持续打造一个面向金融业的全球开放、合作、共享的交流平台，汇集全球金融业领军人物、意见领袖、学术大咖和创新践行者，共同探讨未来金融业发展趋势，共建绿色数智金融。

【本章小结】

当前，金融业正在向创新驱动转变，以全要素数字化转型为重要推动力的数字经济蓬勃发展。经济及金融业发展中存在的诸多重大课题，例如如何促进金融服务实体经济，如何畅通货币政策传导机制，如何适应实体企业多元化需求等，都要通过体制机制创新和金融科技创新找到答案。

【思维拓展】

金融业的新阶段

传统金融业已经满足不了智慧时代下人们对金融业务的需求，数智化浪潮中，金融业必须改变，用数字赋能，让金融变得更加智慧、更加绿色。

金融业正在高速发展，数字渠道和业务场景越来越丰富。在后端，数据规模逐渐增大，技术复杂度也越来越高。确保端到端的数字体验变得更加困难。这就需要新的能力来应对这一挑战。

华为数字金融军团 CEO 曹冲曾在主题演讲中表示："科技尤其是联接和智慧，持续推动着金融行业的发展。2022 年，我们正式迈入 AI 算力 ZFLOPS 时代，随着人工智能的快速发展，金融进入超个性化服务的时代。到 2025 年，超 1 000 亿的物理联接将催生针对'物'的金融服务。未来，智慧合约使随时随地的决策成为可能，新的服务和产品模式层出不穷，而端到端的用户体验，海量数据的实时处理，以及复杂网络的运维和管理都将成为金融行业所面临的挑战，金融机构的机遇与挑战并存。"

为了应对行业变化下的新挑战，华为公布了三大战略来促进绿色数智化金融的发展。

第一，提供更智慧的联接交互、数智融合与混合多云解决方案，提升客户数字交互体验；构建客户实时决策能力，实现数据驱动；通过基于混合多云架构的方案，让技术和平台更开放，业务更快捷。

第二，基于自动驾驶的数字基础设施，助力绿色与可持续性发展，实现金融机构高效、高可用、高性能的同时，促进多技术、异构技术、混合多云的协同。

第三，构建全球生态合作平台，推出 FPGGP(Financial Partner Go Global Program，智慧金融伙伴出海计划)的三大升级举措：发展更多想要走向全球的解决方案伙伴；扩展全球咨询和服务伙伴；用联合解决方案赋能本地销售和服务伙伴，为客户提供更好的本地服务。

很明显，三大战略以技术为基础，实现数据驱动业务，进而实现金融机构的高效率、高性能。可以说，从数据到 ICT 架构，再到业务场景与产业生态将被全流程打通，金融业将会走向下一个新阶段。

【自测题】

得益于百度人工智能技术的应用和强大技术基因的注入，度小满金融正在形成智能获客、身份识别、大数据风控、智慧投顾、智慧客服、金融云、区块链七大金融科技输出方向，并向金融业伙伴输出全套金融解决方案，成为推动传统金融智慧化发展和变革的重要力量。

这将是一个脑洞大开的时代，强者也不再依靠渠道和入口取胜。新技术革新会带来行业格局的巨变，而技术的沉淀、自我革新能力则是新胜出者的核心制胜武器。

试述在我们的生活中有哪些影响较大的人工智能技术。

第 21 章　智慧金融行业发展趋势分析

【思维导图】

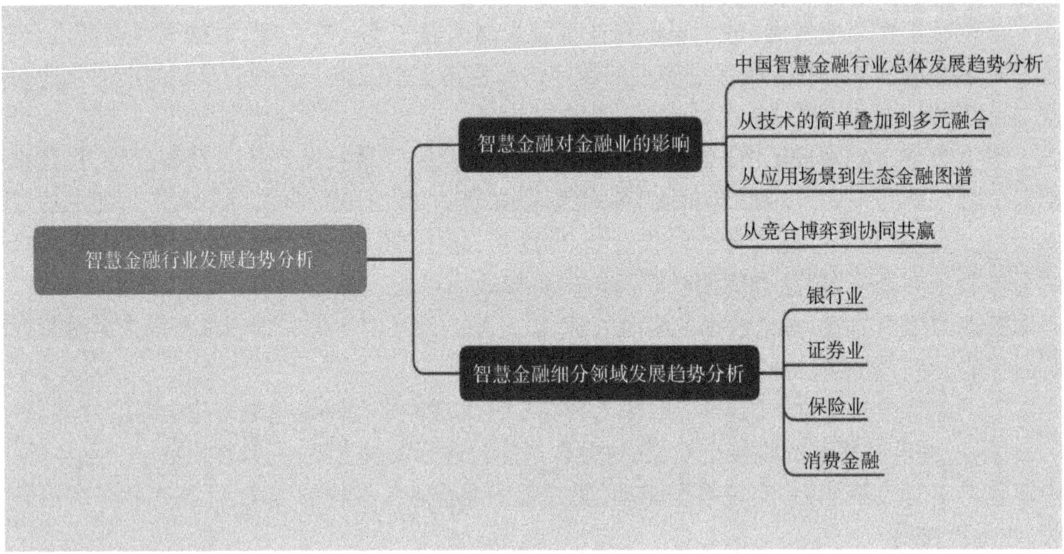

【导入案例】

金融大数据服务需求

全球最大的企业增长咨询公司 Frost & Sullivan 的数据显示，2019 年中国金融服务业大数据分析服务市场的收入总额为 1 093 亿元人民币，受新冠肺炎疫情影响，2020 年上半年，金融机构的业务发展步伐放慢，导致对大数据分析服务的整体需求下降，但随着经济持续恢复，未来金融服务业大数据分析服务有望持续快速增长。

从细分需求来看，2019 年在金融服务业大数据分析服务市场中，有 323 亿元用于金融风险管理，占比约 30%；770 亿元用于客户生命周期管理，其中包括吸纳新客及现有客户管理，占比约 70%。

【思政目标】

结合股市信息披露的重要性、内幕交易的危害性对学生进行法治教育，通过法治教育培养学生法治意识，指导学生在未来投资过程中要善于学法、知法、用法律武器保护自身合法权益。

【思政案例】

欺诈发行证券罪

欣某股份有限公司（以下简称“欣某公司”）原系深圳证券交易所创业板上市公司。该公司实际控制人温某乙与财务总监刘某胜为达到使欣某公司上市的目的，组织单位工作人员通过外部借款、使用自有资金或伪造银行单据等方式，虚构 2011 年至 2013 年 6 月间的收回应收款项情况，采用在报告期末（年末、半年末）冲减应收款项、下一会计期期初冲回的方式，虚构了相关财务数据，在向证监会报送的首次公开发行股票、创业板上市申请文件和招股说明书中记载了上述重大虚假内容，骗取了证监会的股票发行核准，公开发行股票募集资金 2.57 亿元。

欺诈发行证券罪在客观方面表现为在证券发行文件中隐瞒重要事实或者编造重大虚假内容，以欺骗手段骗取发行，数额巨大、后果严重或者有其他严重情节的行为。行为人必须实施了在证券发行文件中隐瞒重要事实或者编造重大虚假内容的行为；行为人必须实施了发行证券的行为。如果行为人仅是制作了虚假的发行文件，而未实际发行，则不构成此罪；行为人欺诈发行的行为，必须达到一定的严重程度，即数额巨大、后果严重或者有其他严重情节，才构成犯罪。欣某公司不仅在向证监会报送的发行文件中虚构财务数据，骗取股票发行核准，而且实际公开发行股票募集资金 2.57 亿元。

21.1　智慧金融对金融业的影响

21.1.1　中国智慧金融行业总体发展趋势分析

金融服务模式变化背后的推动因素是广泛且多元化的。其中，用户对服务和产品需求的缺口以及用户行为习惯的变化，成为重塑金融服务产业格局的重要驱动力。

作为体量庞大的单一市场，我国金融服务市场既存在传统金融体系未能有效覆盖的金融需求（集中体现在居民和企业可获得的金融工具有限，投融资渠道较为单一等方面），又存在不断涌现的新兴金融需求。随着经济活动朝着远程化、数字化、虚拟化方向纵深发展，用户对金融产品和服务的诉求逐渐发生变化，对便捷、快速、安全、低成本的金融服务的需求显著提升，除此之外，在互联网环境中成长的 85 后、90 后逐渐步入主流消费市场，这部分群体对线上沟通交流方式的偏好，对个性化服务和产品的青睐，进一步催生出全新的、差异化的金融需求和模式。

在这样的背景之下，互联网金融服务的供给不再是单纯地将传统金融业务互联网化以享受互联网红利，获取大量客户，而是更多地从客户视角出发，思考如今的消费者需要哪些金融产品和服务。在金融产品和服务的研发设计中，许多带有明显互联网思维的非传统金融服务商，尤为强调客户体验与算法结合，其产品功能丰富、操作简单、客户黏性较强，这使得这些服务商在短时间内积累了大量固定客户，市场份额持续扩大，由此也带来了新兴金融服务主体的涌现和崛起，在金融产业链条中的参与度明显提升。

未来，在满足支付、借贷等基础性金融需求之外，智慧金融将进一步引领金融服务向更为个性化、差异化、专业化的方向迈进。随着技术的升级与成熟，金融服务机构或将能够根据宏观市场波动、客户自身财务状况、日常消费习惯、风险承受能力等各种因素，为不同客户提供不同类别的金融解决方案，辅助客户做出更为理性、更为优化、动态灵活的财务规划与决策，实现金融服务的“千人千面”。

21.1.2 从技术的简单叠加到多元融合

在过去的数十年中，技术创新已成为金融服务产业转型升级过程中的基础性要素。此前，依托互联网、移动通信、智能手机等技术的应用和普及，我国互联网金融、金融科技产业在市场规模、客户数量、技术迭代等方面，一直处于高速增长态势，并跻身国际领先行列。随着互联网基础设施建设的不断完善，移动互联应用的渗透率持续攀升，截至 2020 年 6 月，我国网民规模达 9.40 亿，相当于全球网民的五分之一，互联网普及率达 67.0%，约高于全球平均水平 5 个百分点；手机网民规模达 9.32 亿，较 2020 年 3 月增长 3 546 万，网民使用手机上网的比例达 99.2%。

当前，大数据、云计算、物联网、人工智能、区块链等新兴技术，正在不断涌现并日益成熟，将进一步推动金融服务领域新一轮的创新浪潮。技术和金融服务模式的结合，不再是将金融业务简单“搬”到计算机、手机上，而是将新兴技术深度嵌入金融服务的各个流程和环节，从前端产品营销、客户服务，到后台风险控制、合规管理，体现出各类新兴技术的综合性、一体化应用趋势。以智慧投顾为例，大数据分析、云计算存储、机器学习等技术的无缝化衔接，为智慧投顾出具更为精确、个性化的投资建议和资产配置方案奠定了基础。

任何一种技术创新并非独立存在的万能之策，各项技术之间相互依存、彼此促进，为金融服务的创新发展提供了一个庞大的“技术工具箱”。现阶段，我国金融机构、互联网巨头、技术初创企业等市场主体，已经在区块链、人工智能等细分领域积极布局，研发验证项目，进行场景模拟，以期通过新兴技术“工具”的有机整合、组合运用进一步解决金融服务体系中现存的痛点，推动金融服务业效率提升，促进金融服务实体经济、社会民生，进而发挥技术创新的最大边际效益和核心价值。

21.1.3 从应用场景到生态金融图谱

如果说此前的金融模式创新大多建立在对细分应用场景的价值挖掘、对传统商业模式的升级改造上，那么未来的智慧金融有望进一步催生新的商业模式和经济增长点，形成更为广阔的生态金融圈。

以产业发展最早且最为成熟的第三方支付为例，从最初服务于电商交易场景开始，历经 20 余年的发展，第三方支付服务市场的广度和深度不断拓展。线下企业需要将客流量转化为有效数据，通过支付平台聚合与导入客户，挖掘并分析消费数据，以此推动支付+营销等模式的发展。从线上交易到线下消费体验、线下营销到线上交易等的 O2O 模式，同样也通过移动支付的入口得到迅速推广。

支付日益发展成为一种底层技术和基础设施，渗透至多元化的交易场景，催生出各类“支付+”的创新服务，甚至是全新的商业模式，比如扫码支付的推广与普及成为共享单车产业不可或缺的实现条件。

在“互联网+”发展初期,线上线下的边界非常清晰。随着移动互联在人们日常生活中的全方位渗透和普及,互联网经济线上线下模式彼此交融的特征逐步显现,从 O2O 到 OMO 的发展脉络日益清晰。传统行业的市场主体,通过互联网支付领域来搭建完整的线上商业链条。2017 年以来,众多互联网行业巨头,也开始密集向零售、制造、公共交通等传统线下产业进军,通过与不同行业主体之间的密切合作,延伸服务半径,优化业务流程,将一个个独立、具体的应用场景,串联成一体化、优势互补的生态金融圈,推进场景金融到生态金融的迁移。

21.1.4　从竞合博弈到协同共赢

新兴金融服务模式和服务主体的不断涌现,是我国金融改革过程中产业分工专业化趋势的集中体现。在整个金融体系中,新兴金融业态从体量和规模上仍属于补充性业务,定位于小额、快捷、便民,但是其在相当大程度上满足了市场多元化需求,为我国金融改革与创新贡献了积极力量。新兴金融服务主体促进了金融前端服务市场的竞争,对整体服务效率的改善产生了深远影响。激烈的竞争带来了金融服务成本的降低,拓宽了金融工具和渠道的选择范围,并从一定程度上倒逼传统金融服务产业改进服务,在产品和模式上寻求创新转型,从而进一步激发市场创新活力。竞争并不是市场主体关系的全貌,在金融服务的众多领域,特别是后台业务环节,新兴金融服务主体与商业银行等传统金融机构,充分利用各自优势,开展不同层面的合作。比如,在银行卡支付领域,作为收单服务机构的第三方支付机构负责商户拓展,POS 机等销售终端的布放和日常维护降低了银行的运营和维护成本,使银行也成为直接的受益者,促进了我国银行卡产业的发展壮大。

智慧金融与传统金融体系之间并不是纯粹的竞争关系,更多体现出的是“补强”关系,强调以技术综合应用为基础,提供更加专业化、个性化的综合金融服务及更加自动化、实时化的风险监测和管理,使金融体系的运行更加高效、安全,并通过与金融产业上下游主体的联动与合作,推动整体金融服务产业的持续健康发展。

21.2　智慧金融细分领域发展趋势分析

21.2.1　银行业

5G、人工智能、云计算、大数据、物联网、音视频、边缘计算等新兴技术的发展和应用,为银行业带来新的服务手段、交互方式,催生金融服务新业态,助推客户服务、运营模式、金融生态发生巨大变革,推进银行向数字化、智慧化、生态化发展,为银行业转型升级持续赋能。

目前,银行物理网点仍然是客户服务的重要渠道,承载面签、咨询等必须到店的业务办理服务。5G、生物识别技术结合新型金融机具设备,可简化网点高频、耗时长的业务的服务流程、操作方式,为客户带来无介质、无接触、无延迟的金融服务体验,解决原有网点的银行服务痛点。从 2019 年 4 月开始,中国工商银行、中国银行、中国建设银行、中国农业银行、浦发银行等陆续推出 5G 智慧网点服务,其中,中国工商银行基于 5G 应用的首家新型智慧网点(苏州)在5G支持下,构建了"技术应用+服务功能+场景链接+生态融合"四位一体的智慧服务体系。未来,随着5G的大范围商用,银行业将全面升级5G智慧网点。

21.2.2 证券业

随着新兴技术在证券业的应用,未来证券将围绕"智慧化、中台化、场景化"三大趋势发展。

1. 智慧化

人工智能、大数据、云计算、区块链等技术融合,从客户管理、渠道管理、产品配置等角度出发,为客户提供远程服务、精准营销、智慧投顾产品定制、智慧风控等智慧化服务,共同赋能证券业务。证券机构将统筹优化数据资源、算法模型、算力支持等,推进新兴技术与业务深度融合,构建全流程智慧服务模式,实现智慧化服务和运营。

2. 中台化

数据与业务中台本质上是企业在谋求平台化模式转型的过程中,为了解决既有的前台、后台协作不力问题所产生的新需求。数据与业务中台可以理解为一个机制或系统,也可以理解为一种战略,其通过强化数据能力,不断沉淀,再去反哺业务,为业务源源不断赋能,并助力创新。随着新兴技术在证券业的渗透率的加深,构建数据与业务相结合中台尤为重要,而通过中台可对资源进行合理的全局配置,同时能够有效地避免系统隔离、数据隔离,提升服务能力复用率,以快速响应需求。

3. 场景化

未来证券机构将更加注重建立"移动数字化全渠道",将证券业务融入各个场景中,连接客户、员工、合作方、产品、网点、设备等所有相关方,进行端到端数字化客户旅程改造,实现全渠道客户连接。

21.2.3 保险业

麦肯锡发布的报告显示,未来,科技将在三个方面(表层、中层、基层)深刻改变保险业格局:表层渠道变革,网络比价平台、直销网站、跨渠道动态营销等新式销售与营销渠道涌现;中层模式优化,产品设计、定价和运营等模式升级,出现如基于互联网场景的微保险、基于用户行为或用量的保险以及P2P保险等模式;基层架构演变,用户信息管理、征信体系等基础架构更加稳固,区块链、云计算等技术的应用促进了对用户账户的统一管理,使信息更安全可靠。

随着云计算、大数据、人工智能、区块链等科技手段与保险业态的深入融合,以及未来5G、物联网、基因技术等技术的广泛应用,互联网保险或将对整个行业格局产生深刻影响。

21.2.4 消费金融

消费金融业的未来发展趋势有以下五点。

(1)消费金融公司对金融科技的投入将不断加大。在技术层面,消费金融公司结合业务实际情况,有针对性地进行相关技术创新,以直接带来效益。在人才层面,金融科技的竞争归根到底是人才的竞争,未来技术型复合人才需求将十分旺盛。消费金融公司将加大对此类人才的培养。

（2）金融科技正逐步渗透到消费金融的诸多细分领域。不同细分的消费场景内，消费金融公司面对的竞争对手不同，客户特点也不同，这需要借助技术更好地实现金融与产品的结合，为长尾群体提供层次明晰、差异化的产品和服务，推动群体需求向个性化需求转变。

（3）消费金融公司将提升对核心技术掌握的重视程度。在行业竞争加剧、新的竞争格局显现的背景下，消费金融公司掌握核心技术，以基础研究带动应用技术创新是在金融科技浪潮中获取竞争优势的关键。此外，消费金融公司还要加强专业人才队伍建设和底层基础设施建设，在清晰的战略定位和开放式合作的共同作用下，实现核心系统升级、技术自主独立。

（4）打造开放平台、实现多方共赢。为了满足用户多种、多变的信贷需求，消费金融业的各类平台，要保持可持续化的发展方式，走向开放，在每一个流程环节与最擅长的企业进行合作，整合最优资源。这样不仅能分散风险，也能提升信贷服务能力。

（5）发展与安全并重。金融科技的运用在消费金融业的业务、技术数据等方面面临着风险和安全挑战。由于网络空间的开放性和互动性，多重风险叠加，对金融安全和稳定产生冲击。目前，在监管层面，相关监管部门要不断加强对风险的预研、预判及预警。在消费金融公司层面，各公司要持续提升风险防范的意识和能力，对风险管理安排与产品服务创新进行同步部署、同步推进，使金融科技创新可能带来的风险始终处于可管、可控、可承受范围内。

【知识窗】

智慧金融行业发展的有利因素

（1）政策推动金融机构科技创新和智慧化运营。近年来，国家发布了多项政策推动智慧金融的发展，如《金融科技（FinTech）发展规划（2019—2021 年）》，提出加强人工智能、移动互联网、大数据、云计算等科技成果运用，加快完善小微企业、民营企业、科创企业等重点领域的信贷流程和信用评价模型，引导企业征信机构利用替代数据评估企业信用状况，降低运营管理成本；《关于推动银行业和保险业高质量发展的指导意见》，提出充分运用人工智能、大数据、云计算、区块链、生物识别等新兴技术，改进服务质量，降低服务成本，强化业务管理等。

（2）新兴技术不断成熟，加速在金融领域应用。近年来，人工智能、大数据、物联网、区块链、云计算等新兴技术的不断成熟，为金融机构智慧化运营提供了良好的技术基础，智慧客服、智慧投顾、智慧风控等智慧金融场景加速落地。

（3）金融机构体系庞大，智慧金融需求前景广阔。截至 2019 年底，我国银行业金融机构网点总数达到 22.8 万个；证券公司 133 家，营业部共 11 703 家；保险系统机构 235 个。2019 年末，我国金融业机构总资产为 318.69 万亿元。其中，银行业机构总资产为 290 万亿元，证券业机构总资产为 8.12 万亿元，保险业机构总资产为 20.56 万亿元。我国金融机构和金融资产非常庞大，为我国智慧金融的发展提供了广阔的发展空间。

【重点案例】

智慧金融产业大脑

智慧金融产业大脑以产业数据中心为支撑，以智能数据标签引擎和全产业链知识引擎为核心底座，运用新一代信息技术，推动产业数字化、智慧化升级，实现政策、空间、供应链、金融、科技、销售等产业要素与产业主体之间的高效协同，为企业生产经营提供数字化赋能，为产业生态建设提供数字化服务，为经济治理提供数字化手段。

智慧金融产业大脑融合全面准确的公域产业数据、宏观经济数据与企业多维数据，并根据国际、国家标准制定了不同场景的产业链及上下游关系。

目前，系统融合 30 多亿产业要素明细数据、40 多万产业标签及 2 亿多产业动态本体、百亿级产业指标数据、2 000 亿特有另类数据。企业大数据涵盖工商、经营、司法、风险、知识产权、舆情、资质许可等维度。产业数据覆盖政策、人才、园区、行业会议、投资机构、产品信息、产业资讯、专利研报等维度。系统提供榜单、融资、招商、专利、境外、绿色、服务、动产、科研等专题分析数据，可广泛应用于商业挖掘、产业治理、精准招商等场景。

【本章小结】

近年来，我国智慧金融行业得到极高的重视并迎来了快速的发展，各类金融机构纷纷加大技术、资金和人力投入。但总体而言，我国智慧金融发展仍处于初期阶段，行业内专业技术人才较为缺乏，政策有待完善，新兴技术融合有待加强，场景应用较为单一且大多处于初级阶段，创新产品同质等。

展望未来，我国智慧金融的发展趋势如下。

（1）金融机构将持续加大科技方面的资金、人才投入，保证智慧金融落地升级转型的有序推进。

（2）继发布《金融科技（FinTech）发展规划（2019—2021 年）》，启动并扩大“监管沙盒”试点后，未来国家将加快完善智慧金融监管政策。

（3）未来随着智慧金融的持续发展，新兴技术的深度融合将加快。

（4）智慧金融场景应用将从单一或者简单的场景叠加向广阔的生态金融圈发展。

（5）当前中小金融机构在科技投入上存在同质化的问题，产品创新仍显不足。未来金融机构将加快转变服务思维，以客户需求为中心，不断创新产品并优化服务。

【思维拓展】

我国智慧金融的发展趋势

随着区块链、云计算、大数据、人工智能等金融科技的普及和成熟，智慧金融已经成为行业趋势，在交易欺诈识别、精准营销、信贷风险评估、股价预测、智慧投顾、风险定价等领域中，得到了广泛应用。智慧金融在风险管理领域的应用，有利于及时发现风险，提高风险管理效率，节省人力成本，降低资源投入。未来智慧金融领域的佼佼者，必定是那些能够高效满足监管要求、化被动为主动的企业。因此，无论是传统金融机构还是金融科技公司，都要增强风险意识，由内而外地打造合规经营的企业文化，同时善于运用监管科技，使风险管理的效益最大化。

【自测题】

金融业事关国计民生，同时也承担着巨大的社会责任。在低碳减排成为全球共识的今天，金融业也必然需要成为绿色低碳的先锋，金融数字化不能以高排放作为代价。请从绿色低碳、智慧化水准、生态化场景三个方面为智慧金融的发展提出自己的建议。